教育心理学

杨 峰 主编

宋玉冰 郑珊珊 副主编

清华大学出版社

北 京

内 容 简 介

本书在编写过程中，坚持以辩证唯物主义思想为指导，以社会主义核心价值观为引领，既注重专业科学性，又力求联系实际生活，努力实现基本理论和教育实践的结合，专业知识与考试重点的结合，科学专业性与通俗可读性的结合。

本书在编写时借鉴了国内外优秀教材的结构体系，形成了包括学生心理、教师心理、学习心理、教学心理4部分，共13章的教学内容。每章都设置了以下模块："学习目标"，帮助学生快速明确学习任务；"章节导读"，通过内容概述、生活实例或者小故事激发学生的学习兴趣，调动学习积极性；"本章知识要点"，帮助学生复习、巩固核心知识，打牢专业基础；"本章练习题"提供练习题，其题目包括研究生入学考试、教师资格考试等相关真题，以达到巩固知识的效果。

本书可作为心理学、教育学及其他师范类专业的专业课和公共必修课教材，也可作为教师资格考试、心理学和教育学硕士研究生考试的参考用书。

本书封面贴有清华大学出版社防伪标签，无标签者不得销售。

版权所有，侵权必究。举报：010-62782989，beiqinquan@tup.tsinghua.edu.cn。

图书在版编目(CIP)数据

教育心理学 / 杨峰主编. — 北京：清华大学出版社，2022.5(2024.9重印)
ISBN 978-7-302-60545-4

I. ①教… II. ①杨… III. ①教育心理学—教材 IV. ①G44

中国版本图书馆 CIP 数据核字(2022)第 062672 号

责任编辑：王　定
封面设计：周晓亮
版式设计：思创景点
责任校对：马遥遥
责任印制：宋　林

出版发行：清华大学出版社
　　　　　网　　　址：https://www.tup.com.cn，https://www.wqxuetang.com
　　　　　地　　　址：北京清华大学学研大厦 A 座　　　　　邮　　编：100084
　　　　　社 总 机：010-83470000　　　　　　　　　　　邮　　购：010-62786544
　　　　　投稿与读者服务：010-62776969，c-service@tup.tsinghua.edu.cn
　　　　　质 量 反 馈：010-62772015，zhiliang@tup.tsinghua.edu.cn
印 装 者：三河市人民印务有限公司
经　　销：全国新华书店
开　　本：185mm×260mm　　印　　张：17　　字　　数：447千字
版　　次：2022 年 7 月第 1 版　　印　　次：2024 年 9 月第 3 次印刷
定　　价：59.80 元

产品编号：094197-01

前　言

　　教育心理学是一门研究学校教育情境中学与教的基本心理规律的科学。从学科属性上讲，教育心理学是一门心理学与教育学的交叉学科，也是一门应用属性较强的学科，能够有效地指导学校教育情境中老师的教学和学生的学习。除了心理学和教育学相关专业的学生要以专业核心课的形式研修教育心理学以外，其他师范类专业的学生也要以公共必修课的形式研修教育心理学。可以这样说，想要成为一名合格的教育工作者，就必须了解教育心理学。

　　让人略感困惑的是，尽管教育心理学知识对教育工作的意义如此重大，而在实际教学过程中，学生对该门课程的兴趣度普遍不高。经过广泛调查，我们发现学生缺乏兴趣的一个重要原因是他们觉得教育心理学很枯燥，教材的理论多，案例少；文字多，图画少。鉴于此，在充分听取广大师范生意见的基础上，经过团队老师的反复商讨，我们决定编写一本面向本科师范生的准确、全面、简洁、生动、实用的《教育心理学》教材。为了做到准确，我们在撰写过程中广泛查阅学术论文和市面上流通的主要教材，尽可能引用那些已经被研究者广为接受的观点，避免引用有争议的观点。为了做到全面，我们在撰写前首先研究了市面上销量较大的心理学教材，然后进行比较，在此基础上勾勒出本书的大纲，以确保本书能够对教育心理学的主要知识点做到全面覆盖。为了做到简洁，我们在对书中的相关术语进行概念界定时，并没有进行过多的纵深讨论，而是直接给学生呈现目前已经被广大学者广泛接受的观点或概念。为了做到生动，我们在撰写过程中尽可能以通俗的语言解释一些理论或概念。此外，书中还设置了"心理学与生活"的漫画栏目，以增加趣味性。为了做到实用，我们设置了"猜一猜，想一想"栏目，将相对枯燥的教育心理学理论与生活中的实际案例相联系，帮助学生加深对相关知识点的理解，引导学生将理论知识应用于生活实践。

　　本书在编写过程中，编写组认真学习、领悟党的二十大精神，紧紧围绕服务"国之大计、党之大计"的根本宗旨，将服务师生、立德树人作为本教材的根本目标。对此，本教材编写人员在引用相关案例时，精挑细选，充分论证，尽可能以"润物细无声"的方式培养学生的教育信念和教育情怀。为了最大程度地服务师生、反哺社会，本教材所选用案例尽可能贴近生活实际，并兼具前沿性、启发性和引领性，努力做到"立足社会、回归社会、服务社会"。

　　本书主编为杨峰，副主编为宋玉冰和郑珊珊。各章节的撰写分工具体如下：第一章由泰山学院郑珊珊执笔，第二章由泰山学院周学辉执笔，第三章由泰山学院刘琳执笔，第四章由泰山学院李芳执笔，第五章由泰山学院寻凤娇执笔，第六章由泰山学院孙海潮执笔，第七章由泰山学院史晓冉执笔，第八章由泰山学院附属中学张艳艳执笔，第九章由泰山学院吴睿执笔，第十章由泰山学院田锐执笔，第十一章和第十二章由泰山学院杨峰执笔，第十三章由黄前小学马娟执笔。本书"心理学与生活"栏目中的漫画均由泰山学院教师教育学院应用心理学专业 2018 级本科生李怡萱同学绘制。本书的统稿工作由杨峰、宋玉冰和郑珊珊合作完成。

在本书的编写过程中，我们得到了清华大学出版社王定编辑的悉心指导与鼎力帮助，在此对王编辑表示衷心的感谢！

由于编者水平有限，书中难免存在缺陷与不足，欢迎广大读者批评指正。

本书提供电子教案、教学大纲、教学课件、习题参考答案，读者可扫码下载。

电子教案　　　　　　　　教学大纲　　　　　　　　教学课件　　　　　　　习题参考答案

杨　峰

2023 年 8 月

于泰山学院教师教育基地

目　录

第一章

总　论

▌学习目标

1. 了解教育心理学的研究对象与研究内容。
2. 掌握教育心理学的产生与发展历史。
3. 理解教育心理学的研究原则，掌握教育心理学的研究方法。

▌章节导读

　　提到心理学，大家可能只是想到"催眠"或者"心理咨询"。实际上，自从1879年世界上第一个心理学实验室诞生以来，心理学已经衍生出很多分支，如军事心理学、发展心理学、工程心理学、心理咨询、教育心理学等。不同的心理学分支，意味着不同的研究方向。那么，你知道教育心理学是研究什么的吗？可以这么说，如果你要成为一名教师，那么教育心理学是一门必修课；如果你要做一名优秀的父亲或母亲，那么教育心理学也是一门必修课。

　　本章通过介绍教育心理学的研究对象与研究内容帮助大家了解这门学科的重要性。此外，本章还介绍教育心理学的发展历史，以及教育心理学领域常用的研究方法。

第一节　教育心理学概述

　　教育心理学作为心理学的一门分支学科，有其专门的研究对象与研究内容。本节将帮助大家明确教育心理学的学科定义与学科性质，了解教育心理学的研究内容，掌握本书的知识结构，并认识研究教育心理学的重要意义。

一、教育心理学的学科定义

教育心理学是应用心理学的分支，是教育学和心理学的交叉学科，兼具社会科学和自然科学的属性。以下从不同的角度定义教育心理学：广义上讲，教育心理学的研究对象是教育过程中的种种心理现象(潘菽，1980)；狭义上讲，教育心理学是研究学校教育情境中学与教的基本心理学规律的科学(皮连生，2010)。目前，较权威的观点认为，教育心理学是研究学校教育情境中，学与教及其互动过程中产生的心理现象与心理规律的科学(陈琦，刘儒德，2019)。

二、教育心理学的学科性质

首先，从学科范畴看，教育心理学既是心理学的分支学科(见图 1-1)，又是心理学与教育学的交叉学科。

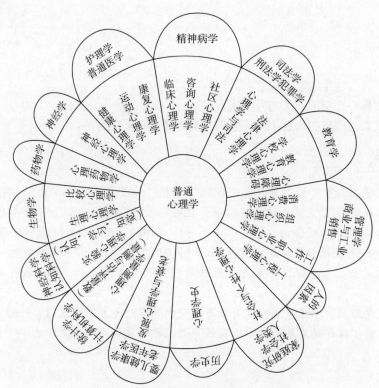

图 1-1　教育心理学是心理学的分支学科

其次，从学科作用看，教育心理学是一门理论性和应用性兼备的学科，并以应用为主。一方面，教育心理学在服务于教育和教学实践的过程中，形成了比较完整的学科理论体系，是一门理论性很强的学科；另一方面，由于教育心理学的研究对象具有特殊性，决定了它必须紧密联系教育和教学实践，因而也是一门应用性很强的学科。

最后，从学科性质看，目前，多数心理学家认为心理学是一门兼有自然科学和社会科学性质的中间学科。教育心理学作为心理学的一门分支学科，也是一门兼有自然科学和社会科学性质的中间科学。但是，教育心理学是研究学校教育情境中学生学习与教师教学的心理规律的科学，研究对象的特殊性决定了它与教育领域中人们的教育实践活动密不可分，教育心理学被看作教育科学体系的一部分。在这个意义上，教育心理学更偏重于社会科学的性质。

三、教育心理学的研究内容

教育心理学的具体研究工作是围绕学与教的相互作用过程而展开的。学与教相互作用的过程是一个系统过程，该过程包含学生、教师、教学内容、教学媒体和教学环境 5 种要素，由学习过程、教学过程和评价与反思过程这 3 种活动过程交织在一起组成。

(一) 教学过程中的 5 种要素

(1) 学生。学生是学习的主体因素，主要从两个方面来影响学与教：一是群体差异，包括年龄、性别和社会文化等差异；二是个体差异，包括先前知识基础、学习方式、智力水平、兴趣和需要等差异，这些是学习和教学的重要内在条件。

(2) 教师。在教育过程中，学生是学习过程的主体，但这并没有否定教师对学生的指导地位。学校需要按照特定的教学目标来有效地组织教学，教师在其中起着关键的作用。教师的专业素养体现在职业理想、专业知识、专业技能和教学风格等方面。

(3) 教学内容。教学内容是学与教过程中有意传递的主要信息。教育心理学重点关注教学内容的结构、难度与学生心理发展水平之间的关系，非常重视教学目标的设置、教学内容的分析和组织。

(4) 教学媒体。教学媒体是教学内容的载体，是教学内容的表现形式和师生之间传递信息的工具，如书本、投影仪及计算机等。随着科技的发展，教学媒体不仅影响教学内容的呈现方式，而且对教师和学生在教学过程中的作用、教学组织形式和信息量等都有重要的影响。

(5) 教学环境。教学环境包括物质环境和社会环境两个方面，前者涉及课堂的自然条件、教学设施及空间布置等，后者包括课堂纪律、师生关系、校风、社会文化等。教学环境既影响学生的学习过程和方法、认知发展过程，也影响教师的教学方法和教学组织形式。教学环境尤其是社会环境不仅影响学生情感和社会性的发展，而且对学生的认知发展过程也有直接的影响。

(二) 教学过程中的 3 种活动过程

(1) 学习过程。学习过程是指学生在教学情境中通过与教师、同学及教学信息的相互作用获得知识、技能和态度的过程。学习过程是教育心理学研究的核心内容，如学习的实质、条件、动机、迁移，以及不同种类的学习的特点和有效策略等。

(2) 教学过程。教学过程是指教师使用教学媒体传递教学内容的过程，一般由教学设计、组织教学活动、师生信息交流及教学评价等过程构成。此外，教师还要进行教学管理，调节教学的进程，以确保教学的有效性。教育心理学对教学过程的研究起步较晚，目前已逐渐形成了一套完整、有效的教学理论。

(3) 评价与反思过程。评价与反思过程是指对整个教学过程的效果和价值进行评估，并与预期的目标进行比较和反思，以达到对教学过程和学习过程的监控与调节，提高学与教的互动过程的有效性，增强教师和学生的自我效能感。评价与反思过程虽然是一个独立的过程，但它始终贯彻整个教学过程，包括教学前对教学设计效果的预测和评判、教学过程中对教学的监视和分析，以及教学后的检验和反思。教学结束之后，教师要特别注意评价现实的学习效果，看是否达到预期的效果。

总之，教学过程中的 5 种要素与 3 种活动过程交织在一起、相互影响。学生的学习过程是以自身先前知识和学习发展水平为基础的，是在教学过程中进行的，学习的进展因教学质量而变化。反过来，教学过程要以学习过程为基础而开展，以促进学生的学习为着眼点。教学过程还要根据教师的自身特点、教学内容的难易，以及教学媒体和环境情况而加以调整。评价与反思过程随学习过程和教学过程的进行而侧重于不同方向，反过来又促进学习和教学，从而确保教学过程达到最好的效果。

四、研究教育心理学的意义

教育心理学是心理学与教育学的有机融合，聚焦学习过程和教学过程中的心理学问题，研究教育心理学具有以下重要意义：从学生角度讲，有利于促进学生的学习；从教师角度讲，有利于促进教师的专业发展；从社会角度讲，为教学改革奠定理论基础。

(一) 有利于促进学生的学习

1. 研究学生的心理发展特点，做到因材施教

教育心理学研究个体的身心发展规律，有助于教育者在不同的学段采用不同的教育手段，如幼儿阶段主要通过游戏活动促进儿童学习，这是由该阶段儿童的社会认知发展特点决定的。此外，教育心理学对个体发展差异的研究，有助于教育者对学生实施针对性的教学。例如学生在气质类型方面存在差异，对于精力旺盛、热情外向、急躁易怒的胆汁质学生，要重点培养其自制力；对于多愁善感、敏锐稳重、不善交往的抑郁质学生，要重点培养其自信心。教师根据个体的身心发展规律和个体的发展差异，可以针对不同发展阶段和不同特点的个体进行因材施教，从而促进个体的学习与发展。

2. 研究学生的具体学习心理，做到有的放矢

教育心理学研究学生具体的学习心理，如学习动机中的德西效应启示教师要处理好内部动机与外部动机的关系，在教育教学活动中，要培养学生积极主动、持之以恒的学习精神；再比如学习策略的相关知识能够启示教师"授人以渔"，帮助学生形成行之有效的学习策略。教师对学生具体学习心理有了深入了解，可以从情感、态度、策略、方法等方面有的放矢地促进学生全面发展。

(二) 有利于促进教师的专业发展

1. 理论指导实践，有利于教师解决实际教学问题

学习理论为教师解决实际问题提供理论指导。例如针对低年级学生的课堂管理，可以使用行为主义学习理论的具体方法。针对低年级学生的教学中，课堂纪律的维护是开展教学的有效保障，对此教师可使用"代币法"。比如，向学生明确规则，遵守课堂纪律、积极回答问题的学生可以给予小红花以示奖励，集齐 5 朵小红花的学生可以获得流动红旗荣誉。这样的奖励机制有助于学生形成纪律意识，同时为大家树立了学习的榜样。

2. 提供理论基础和科学方法，有利于教师开展教学研究

学习理论是教育心理学的重要内容，不同的理论有不同的视角，教师可以从理论出发结合教学实际，采用科学的研究方法开展教育心理学教学研究。例如人本主义学习理论强调以学生为中心，教师可以尝试课堂改革，在两个平行班级中分别采用"以教师为中心"和"以学生为中心"两种不同的教学模式，对比哪一种教学效果更好。

(三) 为教学改革奠定理论基础

成功的教学改革离不开教育心理学的支撑。教育心理学的学科体系日臻完善，其研究成果从多方面推动了我国教育的改革和发展，为素质教育提供了理论依据，为教学改革奠定了心理学的理论基础，服务于中国当代的教育实践。例如当前倡导的研究性学习，可以培养学生发现问题、提出问题从而解决问题的能力，其理论基础是教育心理学中的问题解决理论。

如前所述，教育心理学研究的对象是学与教的基本心理规律，涉及教育活动的两大主体——学生和教师，其知识是围绕学与教的相互作用过程而组织的。

五、本书的知识结构

概括来讲，本书的主要内容包括学生心理、教师心理、学习心理、教学心理四大部分。

(一) 学生心理

教育心理学关注的两大主体之一是学生。教育心理学对学生的心理进行了研究，主要涉及学生的个体心理发展与教育的关系(详见第二章)，包括：①个体的认知发展与教育的关系，如处于前运算阶段的儿童(2～7岁)认知具有自我中心的特点，幼儿教师对孩子所谓的"自私"行为不能进行道德审判，可以通过游戏培养孩子的换位思考能力；②个体的人格发展与教育的关系，处于不同人格发展阶段的个体所面临的具体发展任务是不同的，教师要帮助个体克服发展过程中的困难，顺利度过所处的发展阶段；③针对学生的个体差异因材施教，根据个体在智力、性别、认知风格和性格方面存在的差异采取不同的教育策略，因材施教，促进个体健康发展。

(二) 教师心理

教育心理学关注的另一大主体是教师，所涉及的教师心理(详见第十三章)包括：①教师角色与教师威信，教师作为"传道授业解惑"者，其角色具有多重性，为了更好地完成多重角色所赋予的责任，教师需要利用主客观因素树立起威信，对学生的心理和行为产生积极的影响；②教师的职业心理特征，包括认知特征、人格特征、行为特征等；③教师的专业发展，"给学生一滴水，教师拥有一桶水"，教师必须做到终身学习，不断充电，实现向专家型教师的蜕变，还要注意职业倦怠问题。

(三) 学习心理

在关注学生心理的基础上，教育心理学还关注学生在学习过程中的具体的学习心理。学习心理部分的内容主要包括学习理论(详见第三章)、学习动机(详见第四章)、学习迁移(详见第五章)、知识的学习(详见第六章)、技能的学习(详见第七章)、问题解决与创造性的培养(详

见第八章)、学习策略(详见第九章)、品德的形成与品德不良行为矫正(详见第十章)。

(四) 教学心理

教育心理学作为一门应用性学科，还研究如何有效地设计和开展教学，以促进学生学习。教学心理部分的内容主要包括有效的课堂管理背后的教育心理学规律(详见第十一章)，以及进行教学设计与评价时所涉及的相关教育心理学知识(详见第十二章)。

教育心理学的研究内容主要和教育有关

第二节 教育心理学的发展历史

教育心理学是第一门从心理学中分化出来的应用学科。从最初依附于普通心理学，到成为一门独立学科并形成完整的体系，教育心理学经历了一个漫长的发展过程。

一、教育心理学的初创

19 世纪瑞士的教育学家裴斯泰洛齐(J. H. Pestalozzi)第一次提出"教育心理学化"，主张从教育实践中探讨和研究儿童心理特点及规律，并与具体教育工作结合起来，提倡因能施教。德国的教育家赫尔巴特(J. F. Herbart)明确提出教育方法应以心理学为基础。他把教学过程分为四个阶段，即明了、联想、系统和方法，后来发展为广为流传的五段教学法，即预备、提示(介绍新知识)、比较(比较新旧知识的联系与区别)、总结(归纳与系统化)和应用(把新知识应用于实际)。在教育史上，赫尔巴特是第一个明确提出将心理学作为教育学的理论基础并付诸实施的教育学家。

与此同时，1868 年，俄国著名教育家乌申斯基出版《人是教育的对象》一书，对当时心理学的发展成果进行了系统的总结，由此，他被称为"俄罗斯教育心理学的奠基人"。1877 年，俄国教育家与心理学家卡普捷列夫出版《教育心理学》，这是最早以教育心理学命名的书。

德国心理学家冯特(W. M. Wundt)于 1879 年在德国的莱比锡大学创立了世界上第一个心理学实验室，将实验法引入心理学研究，形成完整的心理学体系，并培养了一批心理学人才。然而，真正使教育心理学成为一门独立学科的人是美国教育心理学家桑代克(E. L. Thorndike，1874—1949，见图 1-2)。从 1896 年起，桑代克就开始从事动物学习领域的研究，后来又研究了人类的学习和测量，依据这些研究材料，他在 1903 年出版了第一本《教育心理学》专著，这是教育心理学发展史上的里程碑。1913 年，此书被扩展为三卷本的《教

图 1-2 桑代克

育心理学》，包括《人的本性》《学习心理》和《工作疲劳、个性差异及其原因》。桑代克对教育心理学体系的看法被看作这一时期的代表观点，桑代克被认为是教育心理学的奠基者，并被誉为"教育心理学之父"。

二、教育心理学的发展

20 世纪 20—50 年代末是教育心理学的发展时期。20 世纪 20—30 年代，西方教育心理学吸取了儿童心理学和心理测验方面的成果，并把学科心理学作为自己的组成部分，大大扩充了自身的内容。此后，教育心理学转入各种不同学派学习理论之间的论争。其中，行为主义、联结主义和格式塔心理学的理论占有优势地位。20 世纪 40 年代，以弗洛伊德(S. Freud)为代表的精神分析学派的研究成果使教育心理学开始重视潜意识和意识问题的研究，重视情感在教育教学过程中的作用及生理卫生问题。第二次世界大战期间，心理学家由于客观现实的需要而转向注重实际应用，战后才重新开始从事有关教育的心理学研究。20 世纪 50 年代，程序教学和教学机器开始兴起，同时信息论的思想被许多心理学家所接受，这些成果也都影响和改变了教育心理学的内容。这一时期，学习理论一直是最主要的研究领域。20 世纪 20 年代以后，行为主义研究范式占主导优势，强调心理学的客观性，重视实验研究，但各理论派别之间存在严重的分歧。尽管如此，学习理论的研究也取得了重大的成果，研究成果不但有桑代克的联结主义学习理论、斯金纳(B. F. Skinner)的操作行为主义学习理论和强化理论、托尔曼(E. C. Tolman)的符号学习理论，而且有格式塔的心理组织原则和顿悟学习理论，以及皮亚杰(J. Piaget)的认知建构与发展理论。

20 世纪二三十年代，西方儿童心理学和教育心理学的一些著作传入苏联以后，引起心理学家们对教育心理学研究对象、研究任务与研究方法等问题的热烈讨论，当时影响较大的心理学家有维果茨基、聂恰耶夫、鲁宾斯坦、布隆斯基等人。例如，维果茨基极力主张把教育心理学作为一门独立学科进行研究，反对把普通心理学的成果移入教育心理学，强调儿童发展中教育与教学的主导作用，并由此提出了"文化发展论"和"内化说"。聂恰耶夫提倡用实验心理学的方法研究和解决教育问题。鲁宾斯坦则主张在儿童的具体活动中研究心理现象。这些思想为苏联教育心理学的发展奠定了理论基础。但客观地说，20 世纪二三十年代，苏联的教育心理学研究进展相对还是较为迟缓，局限于从现成的心理学知识解释各种教育原理。20 世纪 40—50 年代末，苏联教育心理学才有了长足的发展，开始重视结合教学和教育

实际进行综合研究，并采用自然实验法和教师的经验总结，着重探讨如何依据科学心理学组织教学过程，以及在儿童活动中和教育条件下研究心理的变化与发展的规律，最终在学科心理知识方面取得了大量的研究成果。这一时期，苏联教育心理学家把马列主义哲学作为指导教育心理学的理论基础，反对西方机械地将动物学习理论应用到人类的教育中来，因而，对西方教育心理学理论和学习理论采取了简单的全面否定的态度，其中包括对心理测量的否定，这是失之偏颇的。

在中国，1908年，房东岳翻译了日本小原又一所著的《教育实用心理学》；1924年，心理学家廖世承(见图1-3)编写了我国第一本《教育心理学》教科书。一些学者结合中国的国情对学科心理、教育与心理测验等进行了一定的科学研究，但研究问题的方法和观点大都模仿西方，没有自己的理论体系。

图1-3　廖世承

三、教育心理学的成熟

20世纪60—70年代末是教育心理学的成熟时期。从20世纪60年代开始，西方教育心理学的内容日趋集中，形成了几个公认的研究领域，如教育与心理发展的关系、学习心理、教学心理、课堂管理和教师心理等，教育心理学在此阶段逐步成为一门具有独立理论体系的学科。此阶段的代表人物有：布鲁纳(J. S. Bruner)，重视教育心理学理论与教育教学实际的结合，强调为学校教育服务，发起了课程改革运动；人本主义心理学家罗杰斯(C. R. Rogers)，提出了"以学生为中心"的主张，认为教师只是一个"使学习变得更方便的人"；苏联教育家赞可夫，开展了"教学与发展"的实验，推动了苏联的学制与课程改革；奥苏贝尔(D. P. Ausubel)，对"意义学习"进行了系统描述；加涅(R. M. Gagne)，对人类的学习进行了系统的分类。这一时期，西方教育心理学比较注重结合教育实际，主张为学校教育服务。在理论上，行为主义的弊端日渐显露，认知学派受到人们的重视，同时出现了人本主义学习理论。

20世纪50年代，我国的教育心理学主要学习苏联的相关理论，做了一些有关教学改革和儿童入学年龄的研究。20世纪60年代前期，我国在学科心理方面做了大量的实验研究。20世纪60年代后期—70年代前期，我国的教育心理学研究一度中断。

四、教育心理学的完善

20世纪80年代以后是教育心理学的完善时期。20世纪80年代以后，教育心理学的体系日趋完善，研究不断深入，研究视角日渐综合，且越来越注重为教学实践服务。1994年，布鲁纳在美国教育研究会的特邀专题报告中，将教育心理学十几年来的研究成果精辟地总结为4个方面：①主动性，研究如何使学生主动参与学与教的过程，对自身的心理活动做更多的控制；②反思性，研究如何促进学生从内部理解所学的知识，并建构知识体系；③合作学习，探讨如何将学生组织起来一起学习；④社会文化对学习的影响，强调学习是在文化背景下产生的。这一时期，教育心理学理论派别的分歧越来越小，认知理论和行为理论相互吸收对方合理的内容，东西方教育心理学之间的鸿沟逐渐消失。

改革开放之后，我国的师范院校恢复了教育心理学的课程，教育心理学重新获得重视，我国学者自己编写和翻译的教育心理学书籍越来越多。目前我国教育心理学的工作者们正在不断地吸收国外先进的科研成果，结合我国的教育教学实际，开展理论和应用研究，对教育教学实践的影响越来越大。

猜一猜，想一想

请你想一想，卡普捷列夫1877年出版的《教育心理学》早于桑代克1903年出版的《教育心理学》，为什么"现代教育心理学之父"的头衔却属于桑代克？

第三节　教育心理学的研究原则与研究方法

教育心理学是一门科学，与其他科学一样，遵循科学的研究原则，使用科学的研究方法开展研究。

一、教育心理学的研究原则

教育心理学涉及两大主体——学生与教师，作为一门研究人的学科，它必须遵循特定的、科学的研究原则。

(一) 客观性原则

客观性原则是指必须根据事物的本来面貌，采用科学的方法来探讨事物的本质，不能主观臆测，这是任何科学研究都必须严格遵守的基本原则。教育心理学遵循客观性原则就是要贯彻实事求是的精神，根据教育心理现象研究其本质、规律和机制；根据研究对象的实际情况，特别是心理发展特点来开展研究；采用客观的方法收集、分析数据材料，根据客观的数据结果做出适当的推论。

任何类型的科学研究都要遵循客观性原则

(二) 系统性原则

系统性原则是指基于系统论，以整体的、系统的、多层次的方式考察教育心理现象，把握各种教育心理现象之间的联系。人的心理是由许多子系统组成的一个开放的、动态的系统，教育活动又涉及学生、教师，以及两者的相互作用，因此教育心理学的研究必须在全面、整体观点的指导下进行，基于动态、开放、整体的系统理解所要研究的教育心理与行为现象，还要综合考虑个体、家庭、学校、社会等各方面因素的影响。

(三) 教育性原则

教育性原则是指研究过程和研究结果要有利于被试，不能损害被试的身心健康。教育心理学要通过研究促进学习者的进步，指导教师的教学，推动教育活动的发展。这就要求教育心理学的研究从问题的选择到研究的设计和研究方法的选取，都不能对学习者的身心产生消极影响。华生(J. B. Watson)的恐惧形成实验是心理学史上最臭名昭著的实验之一，该实验利用条件作用原理使艾伯特产生对小白兔的恐惧，随后还出现了"泛化"，使艾伯特对任何有毛的东西都感到害怕。该实验违背了教育性原则，对艾伯特的身心发展带来了严重的不良影响。

(四) 理论联系实际原则

理论联系实际原则是指教育心理学的研究既要考虑研究问题的理论价值，也要结合教学情境并且符合教学实际，考虑研究问题对教学实践的意义。同时，还要把基于研究问题得出的结论应用于教育实践中，指导教育，并在教育实践中检验和发展研究结果。

(五) 发展性原则

发展性原则是指在研究中必须坚持发展的观点，不能孤立、静止地看待心理现象。教育心理学的一个主要研究对象是学生，儿童和青少年处于快速发展阶段，对他们的研究必须以发展的、动态的视角来看待和评价。儿童和青少年的早期发展会影响其后续的成长，研究者对相关教育心理现象的探讨要充分考虑儿童和青少年的发展性与主观能动性。

二、教育心理学的研究方法

在学习与教学领域，有许多方法可以帮助教师反思自身的教学实践，但每种方法均有其自身的适用领域、优势及不足。因此，研究者需要认真选择合适的研究方法来回答所提出的问题或者检验提出的假设。

(一) 观察法

观察法是指在自然或教育情境下，通过感官或借助仪器，有目的、有计划地通过观察被试的外部表现来了解其心理活动，总结其心理规律。例如班杜拉著名的波波玩偶实验就是通过观察法分析儿童对攻击行为的模仿。

根据观察场地和场景的不同，观察法可分为自然观察法和实验室观察法。自然观察法是在自然情境中对研究对象所发生的行为和事件进行观察和记录，其优点是在自然情境中进行观察，可以获得真实的信息，并推论到真实情境中；缺点是不能控制变量，只能观察和记录。

实验室观察法是指在实验情境中，通过对观察情境和条件进行严格控制，对研究对象所发生的行为和事件进行观察和记录，其优点是可以操纵实验条件，获得预期的行为，但不能直接推广到真实情境中。

根据观察者和被观察者的关系，观察法可分为参与观察和非参与观察。参与观察是指观察者参与到被观察者的活动中，从内部进行观察，其优点是能深入地了解被观察者的真实情况，但参与程度过深容易影响客观立场。非参与观察的观察者游离于被观察者的活动之外，从外部进行观察，严格的非参与观察往往采用查看录像的方式进行或在观察室进行。非参与观察的优点是被试不知道自己处于他人的观察之下，其行为是自然和真实的；缺点是难以深入了解被观察者的内部情况。

(二) 调查法

调查法是指通过被试的陈述或被试提交的相关材料来研究心理现象的本质或规律。调查法形式多样，在教育心理学中常用的是问卷法和访谈法。

问卷法以统一、严格设计的书面问答形式，要求被试回答问题，以获得心理与行为的数据。例如，通过标准化的智力测验了解被试的智力水平。其优点是简便易行，能够大规模施测，在较短的时间内获得大量的数据，效率高；缺点是难以保证问卷的回收率和作答质量，对某些问题难以深入研究，而且书面问答的形式对被试的文化水平有较高要求。

访谈法通过与被试及相关人员进行口头交谈的方式收集相关心理和行为活动资料。例如，教师通过家访的形式按照设计的访谈框架，了解学生在家的学习情况。其优点是适用范围广，对具有基本表达能力的被试均可使用。此外，研究者根据事先设定好的访谈提纲进行访谈，在访谈过程中的灵活性较强，能根据被访谈者的回答进行有针对性的深入提问。其缺点是费时费力，对访谈者有较高的要求，且访谈结果难以量化，易受访谈分析者水平的影响。

(三) 个案法

个案法是指对一个人或一组人的问题进行研究的方法，要求对被试进行深入而详尽的观察与研究，以便发现影响个体某种行为和心理现象的原因。个案法适用于特例研究，如对智力超常儿童、特殊才能儿童、学习困难儿童及品德不良儿童的研究等。个案法的优点是能了解研究对象各方面的状况，进而对其有全面和深入的认识；缺点是因其研究的是少数的案例，结果的推广需要格外谨慎。

(四) 教育经验总结法

教育经验总结法是指教育工作者依据教育实践所提供的事实，按照科学研究的程序分析和概括教育现象，揭示其内在联系和规律的一种研究方法。例如，魏书生总结自己多年的教育教学经验，出版了《班主任工作漫谈》等著作；武汉大学的黎世法教授通过总结优秀中学生的学习经验，发明了"六课型单元教学法"。教育经验总结法的优点是实践性、反思性较强、经济灵活；缺点是理论性欠缺，受教育者个人知识经验的影响大，缺乏必要的控制，信效度不够。

(五) 实验法

实验法是指有目的地控制一定的条件或创设一定的情境，以引起被试的某些心理活动进行研究的一种方法。实验法的典型形式是操纵某个或某些变量,使之发生变化,其中能够引起心理或行为变化的主客观条件叫作自变量;被引起的某种心理或行为变化叫作因变量。此外,还有可能会对因变量产生影响的、需要研究者加以控制的控制变量。

根据实验控制的严谨程度,实验法可以分为自然实验法和实验室实验法。自然实验是在自然情境中,对某些条件加以适当控制所进行的实验。如上文提到的,在两个平行班级中分别采用"以教师为中心"和"以学生为中心"两种不同的教学模式,对比哪一种教学效果更好,研究者控制了教学模式,学生在原班级中正常上课,这就是一种自然实验。其优点是实验情境和自然情境比较接近,实验结论易于推广;缺点是实验结论有可能受到无关因素的影响而导致失真。实验室实验是在严格控制的实验室条件下,运用专门的仪器设备进行的实验,如使用眼动仪研究儿童的阅读特点。实验法的优点是能够对自变量和因变量的关系做出精确测定;缺点是实验情境与自然情境相差较大,实验结论难以推广。

猜一猜,想一想

小李老师的同事王老师最近提出了一种活跃课堂气氛的新型教学方法,小李老师很好奇,因为她的课堂一直很沉闷,所以她决定评估一下新型教学方法的效果。

请你想一想,小李老师采用何种方法评估新型教学方法的效果较为合适?

本章知识要点

教育心理学是一门通过科学方法研究学与教相互作用基本规律的科学。

教育心理学研究学与教的基本心理规律,涉及教育活动的两大主体——学生和教师,其内容是围绕学与教的相互作用过程而组织的,包括学生心理、教师心理、学习心理、教学心理四大部分。

教育心理学的发展经历了一个曲折的过程,从最初附属于普通心理学到成为一门独立的学科并形成比较完整的体系,大致经历了初创、发展、成熟和完善四个时期。

教育心理学的研究原则:客观性原则、系统性原则、教育性原则、理论联系实际原则、发展性原则。

教育心理学的研究方法:观察法、调查法、个案法、教育经验总结法、实验法。

本章练习题

一、单选题

1. ( )被誉为"现代教育心理学之父"。
   A. 乌申斯基　　　B. 卡普捷列夫　　　C. 桑代克　　　D. 罗杰斯

2. 人本主义学习理论是在教育心理学的( )出现的。
   A. 初创时期　　　B. 发展时期　　　C. 成熟时期　　　D. 完善时期

3. (   )提出了"文化发展论"。
    A. 杜威　　　　　　B. 维果茨基　　　　　C. 布鲁纳　　　　　D. 罗杰斯
4. (   )提出了"从做中学"的观点。
    A. 杜威　　　　　　B. 维果茨基　　　　　C. 布鲁纳　　　　　D. 罗杰斯
5. (   )提出了"以学生为中心"的主张。
    A. 杜威　　　　　　B. 维果茨基　　　　　C. 布鲁纳　　　　　D. 罗杰斯
6. 任何科学研究都必须严格遵守(   )原则，贯彻实事求是的精神，根据教育心理现象研究其本质、规律和机制。
    A. 客观性　　　　　B. 系统性　　　　　　C. 教育性　　　　　D. 发展性
7. 关于观察法，以下表述正确的是(   )。
    A. 观察法按照观察场景的不同可分为参与观察法和非参与观察法
    B. 相较而言，自然观察法结论的推广性高于实验室观察法
    C. 实验室观察法只是在实验室中进行，不进行任何控制
    D. 参与观察可以深入了解被观察者的内部情况，从而做出准确、客观的推断
8. 关于调查法，以下表述不正确的是(   )。
    A. 问卷法和访谈法是常见的调查形式
    B. 问卷法的优点是可以大规模施测，在较短时间内获得大量数据
    C. 访谈法是一种便捷、高效、省时省力的研究方法
    D. 访谈法对访谈者有较高的要求
9. 关于实验法，以下表述不正确的是(   )。
    A. 实验法的典型形式是操纵某个或某些变量，使之发生变化
    B. 根据实验控制的严谨程度，实验法可以分为自然实验法和实验室实验法两种
    C. 相较而言，自然实验结论的可推广性强于实验室实验
    D. 实验室实验不能对变量做出精确测定
10. 以下属于实验法特点的是(   )。
    A. 严格控制　　　　B. 简便、易行　　　　C. 便捷、高效　　　　D. 经济、灵活

二、判断题

1. 教育心理学是一门重要的理论学科。　　　　　　　　　　　　　　　(   )
2. 教育心理学是心理学和教育学的交叉学科，兼具社会科学和自然科学的属性。(   )
3. 教育活动中涉及的两大主体是学生和教师。　　　　　　　　　　　　(   )
4. 系统性原则指基于系统论，以整体的、系统的、多层次的方式考察教育心理现象，把握各种教育心理现象之间的联系。　　　　　　　　　　　　　　　　　　(   )
5. 发展性原则是指研究过程和研究结果要有利于被试，不能损害被试的身心健康。
　　　　　　　　　　　　　　　　　　　　　　　　　　　　　　　　(   )
6. 自然观察法的缺点是不能控制变量，只能观察和记录。　　　　　　　(   )
7. 访谈法对被试的文化水平有较高的要求。　　　　　　　　　　　　　(   )
8. 个案法适用于特例研究，能对被试进行深入而详尽的观察与研究，发现影响个体某种行为和心理现象的原因。　　　　　　　　　　　　　　　　　　　　　　(   )

9. 教育经验总结法是指教育工作者依据教育实践所提供的事实，按照科学研究的程序，分析和概括教育现象，揭示其内在联系和规律的一种研究方法。 （　　）

10. 实验中可能会对因变量产生影响，研究者需要加以控制的变量叫作自变量。 （　　）

三、主观题

1. 简述教育心理学的发展史。

2. 简述常见的教育心理学研究方法。

第二章

个体心理发展与教育

学习目标

1. 掌握个体认知发展的相关理论，厘清个体的认知发展与教育之间的关系。
2. 掌握当前主要的人格发展理论，明确个体的人格发展与教育之间的关系。
3. 了解个体发展的差异性，并能够在教育实践活动中针对个体的差异性因材施教。

章节导读

一位西方的智者曾说："世界上没有两片相同的树叶。"这句智慧的箴言背后隐藏着的思想，就是世界上同样没有一样的人。也许有人会说，双胞胎是一模一样的。虽然双胞胎的外貌几乎一模一样，但他们的父母总是能一眼就区分开两人。和他们生活一段时间就会发现，同卵双胞胎尽管在外貌上差不多，但他们的性格可能完全不一样。

作为一名教育工作者，你是否曾经考虑过一个问题，是什么原因导致个体之间的差异？是因为他们的想法(认知)不同，还是他们的人格不同？如果他们的想法或人格存在差异，这些差异是如何产生的？未来，你们可能会面对千差万别的学生，那么应该如何开展教学工作并因材施教呢？

第一节　个体认知发展与教育

成年人时常认为孩子的想法与自己的想法是一致的，有时会理所当然地认为孩子会理解自己所要传达的意思，事实真的如此吗？接下来，我们将通过学习皮亚杰和维果茨基的理论来尝试走进儿童的内心世界，了解儿童的认知发展特点与规律。

一、皮亚杰的认知发展理论与教育

皮亚杰(J. Piaget，1896—1980，见图 2-1)，瑞士著名心理学家，由他发展的认知发展理论对儿童与青少年的教育产生了巨大的影响。正是通过皮亚杰的研究，教育者认识到儿童的认知和成年人是不同的，对儿童的教育不能照搬成年人的教育模式。皮亚杰的认知发展理论认为，不同年龄阶段的儿童，其认知(思维)存在差异性，教育工作者要明确儿童所处的认知发展阶段，并设置符合本阶段儿童特点的教学目标。

图 2-1　皮亚杰

(一) 认知发展的实质

皮亚杰认为认知的实质是适应，也就是儿童在已有的认知图式的基础上，通过同化、顺应、平衡这三种机制，使其从低级到高级不断发展的过程。皮亚杰的认知发展理论中涉及图式、同化、顺应、平衡、适应等概念，这些概念是理解皮亚杰认知发展理论的基础，掌握了这些概念，也就理解了皮亚杰认知发展理论的核心。

图式是一个颇为抽象的概念，在西方的哲学观点中，图式被理解为用来组织、描述和解释人们头脑中的经验的概念网络和命题网络。皮亚杰认为图式是一个可重复的、有组织的行为或思维模式。比如，如果人们要喝水，需要首先找到一个杯子，然后向杯子中倒入水，之后拿起这个杯子，同时这一过程中还需要嘴、舌头等一系列器官的配合。虽然人们在完成这一系列活动的过程中并不需要认真地回忆这些知识，但其实这些知识已经被人们的大脑内化并以图式的形式存储。正是因为有着喝水这一图式，人们才能顺利地完成喝水这一动作。年幼的儿童可能一开始并不知道如何喝水，然而可能是偶然，也可能是大人的帮助，或是简单的模仿，儿童可能在头脑中无意识地建立了喝水的认知，以后他就可以熟练地掌握喝水的技能。从这一角度来说，人们之所以能够生活、学习，正是因为人们头脑中有着无数类似的图式。当然，图式也不是一成不变的，而是一种动态的、可变的认知结构，那么图式是如何从简单变为复杂呢？这就需要涉及以下两个概念：同化和顺应。

同化指的是应用已有的图式来处理当前的任务。同样，以喝水为例说明，当儿童掌握了喝水这一图式后，他可能还会面对新的挑战——喝粥。虽然器具和器具里的东西都发生了变化，但儿童依然可以沿用之前的图式来完成喝粥的活动。事实上，儿童天生就拥有一些简单的图式，这些图式大都来自一些由遗传所带来的反射活动，如抓握反射、吸吮反射等，很多复杂的图式都是由这些简单的反射活动演变而来。

当然，儿童所掌握的图式的数量并不能应对所有任务，他们必然会面对很多新的挑战，这就涉及另一个图式——顺应。顺应指的是儿童通过改变已有的图式来适应新的任务的过程。举例来说，当儿童吃米饭时，很显然，他不能拿起碗直接将米饭倒进嘴里，这时，他就需要借助一些工具，如勺子。只有这样，他才能吃到碗里的米饭，这一过程就是顺应的过程，即顺应任务的改变而采用新的图式来应对。

猜一猜，想一想

　　明明是一名 4 岁的小朋友，他以前在电视上看到过穿着防护服的消防员，从而形成了对消防员的初步认识。有一天，妈妈领着他去海洋馆，当他看见水下穿着潜水服的潜水员时，兴奋地喊道："看！消防员！"

　　你知道明明即将发生何种认知过程吗？

　　儿童通过同化和顺应不断解决问题的过程就是平衡。当儿童面对新的挑战而产生焦虑的时候就处于一种不平衡的状态，而当儿童通过同化或顺应的方式应对生活中新出现的任务，从而顺利完成任务的时候就处于一种平衡的状态。儿童会面对一个又一个的挑战，相应地也会逐渐解决一个又一个的问题，这一过程正是平衡的过程。儿童的认知从低级阶段向高级阶段的发展，正是一个从平衡到不平衡再到平衡的循环过程。

　　什么是适应呢？一想到适应，人们可能会联系到适应自身的条件，适应外在的环境，适应某某的要求等。而皮亚杰所界定的适应指的是从不平衡到平衡的状态。个体通过同化和顺应从而实现与周围环境的平衡的过程就是一个适应的过程。

　　(二) 影响认知发展的因素

　　皮亚杰认为，儿童的认知发展并不是一成不变的，而是受到各种因素的影响，这些因素包括成熟、练习与习得经验、社会经验、平衡化。

　　(1) 成熟的影响。成熟指的是机体的成长，特别指神经系统和内分泌系统的成熟。成熟为儿童认知的发展提供了必要的条件，使个体的发展成为可能。但需要注意的是，仅仅依靠儿童的成熟，并不能保证儿童的认知发展。随着儿童年龄的增长，社会环境因素对儿童认知发展的重要性逐渐提高。

　　(2) 练习与习得经验的影响。练习与习得经验是指儿童通过对物体施加动作所获得的经验，包括物理经验和逻辑数理经验。物理经验指的是个体作用于物体所获得的对物体的感知，如体积、重量等。而逻辑数理经验指的是理解动作与动作之间相互协调的结果，这种经验不同于社会经验，是通过主体作用于客体的动作以及动作之间的协调结果获得的。在皮亚杰看来，对于儿童的认知发展来说，重要的并不是物体本身，而是主体的动作。举例来说，每个儿童都有数糖果的经历，而在数糖果的过程中，重要的不是糖果的数量，而是数糖果这一行为。儿童可能先从左边开始数糖果，结果发现糖果有 10 颗。他又从右边开始数，结果发现糖果的数量还是 10 颗。正是从这一数糖果的行为中，儿童认识到数量与顺序无关。

　　(3) 社会经验的影响。社会经验指的是在社会环境中，人与人之间的相互作用和社会文化的传递。个体并不是生活在一个封闭的环境中，而是处在一个社会网络中。在这一网络中，儿童首先要受到父母以及家庭中相关人群的影响。年龄稍大的儿童进入学校就要受到同学及老师的影响。在社会经验的诸多影响中，教育是其中非常重要的一环。系统的教育可以使儿童更好地感受外在的经验，获得物理和逻辑数理的相关经验。但是需要注意的是，虽然后天的教育可以在一定程度上促进儿童思维的发展，但并不能超越或改变儿童认知发展的顺序。皮亚杰强调，教育要顺应儿童的认知发展结构，要设置符合儿童认知阶段特点的教学目标。

　　(4) 平衡化的影响。平衡化指的是个体在与外在环境的交互过程中的自我调节作用。我们已经知道，儿童通过同化和顺应这两种方式实现与周围环境的平衡，而在从平衡到不平衡再到平衡的过程中，儿童的认知获得发展。每经过一次从不平衡到平衡的过程，儿童的认知结构就会发生一次改变。

(三) 认知发展的阶段理论

皮亚杰认为儿童的认知发展并不是一成不变，而是有阶段性特征。在个体从出生到成熟的发展过程中，个体的认知结构在与环境的交互过程中不断重构，从而形成不同的发展阶段。具体来说，皮亚杰把人的认知发展分为四个阶段：感知运动阶段、前运算阶段、具体运算阶段及形式运算阶段。

1. 感知运动阶段(0～2 岁)

在感知运动阶段，认知活动主要通过探索感知觉与运动之间的关系来获得动作经验，并在这一过程中形成低级的行为图式，以适应和探索外部环境。幼儿在这一阶段主要以手的抓取和嘴的吸吮来与周围环境发生关系。在 0～2 岁这一时期，儿童的认知逐渐发展，从被动地对环境进行探索过渡到主动地探索，主要表现为儿童活动的范围越来越大，关注点也从自己的身体转移到周边的物体。这一阶段儿童认知发展的一个显著特征是活动客体永恒性，也就说当物体从儿童视线中消失时，儿童知道物体并非真的不存在，而只是暂时看不见。儿童一般在 9～12 个月获得这一能力，而在此之前儿童会认为不在眼前的事物就是不存在的。客体永恒性这一能力的获得，说明儿童开始在头脑中用符号来表征事物，但尚不能用语言和抽象符号来命名事物。

2. 前运算阶段(2～7 岁)

前运算阶段的儿童的语言功能获得了极大的发展，已经可以把物体内化为表象或形象的模式，具有了符号功能，但尚不能很好地掌握概念的概括性和一般性。这一阶段的儿童还不能把自己和外部世界进行区分，在他们看来，外界的一切事物都是有生命的，也就是所谓的"泛灵论"。比如，他们可能会和自己的玩具娃娃交谈，并视玩具娃娃为自己的好朋友。如果不小心把玩具娃娃掉到地上，他们为玩具娃娃感到疼。

小花儿，你好呀！

幼儿认为一切事物都有生命

此外，皮亚杰的三山实验说明了这一阶段的儿童具有自我中心的特点，即认为别人眼中的世界和自己眼中的世界是一样的，并且认为世界是围绕着自己而存在的(见图 2-2)。比如，这一阶段的儿童会说："小草在向我招手。""太阳在跟着我走。"这一阶段，儿童的自我中心特点还体现在语言中，他们常常会自言自语。如果处于儿童群体中，他们会各自热情地说话，但如果仔细观察并加以记录的话，会发现他们并没有在交流而只是在自说自话，皮亚杰称这种现象为"集体的独白"。

图 2-2 皮亚杰的三山实验

处于这一阶段的儿童的思维具有不可逆性和刻板性，例如他们知道 5 颗糖果和 5 颗糖果放在一起就有 10 颗糖果，然而如果问他们从 10 颗糖果中拿走 5 颗糖果还剩多少颗，他们可能就回答不了。他们通常只关注事物的某一方面而忽略其他的方面。这一阶段的儿童尚未获得物体守恒的概念。守恒意味着不管物体的形态如何改变，其本身的质量是恒定不变的。如果把两杯等量的水分别放入高一点的杯子和矮一点的杯子中，他们可能会觉得高杯子中的水多，因为水变高了，或觉得矮杯子中的水变多了，因为水变粗了(见图 2-3)。儿童的这一特点也说明，本阶段儿童的思维具有集中化的特点，因为他们的判断倾向于运用一种标准。

图 2-3 物体守恒实验

3. 具体运算阶段(7～11 岁)

具体运算阶段，儿童的认知结构已发生了重组和改善，具有了抽象概念，能够进行逻辑推理。此阶段儿童的思维具有以下两个显著特点。

(1) 获得守恒性，思维具有可逆性。可逆性的出现是守恒获得的标志，也是具体运算阶段出现的标志。儿童能反向思考他们看到的变化并进行前后比较，思考这种变化如何发生的。儿童最先掌握的是数目守恒，年龄一般在 6～7 岁，7～8 岁掌握物质守恒，9～10 岁掌握重量守恒和长度守恒，11～12 岁以后掌握体积守恒。

(2) 群体结构的形成。群体结构是一种分类系统，主要包括类群集运算和系列化群集运算。具体运算阶段，儿童分类和理解的能力都有明显的提高。在解决两类范畴相结合的复合群集的分类问题上，具体运算阶段与前运算阶段的儿童不同，他们能够根据物体各种特性相结合的复杂规则进行分类。具体运算阶段的儿童虽然已实现了许多运算的群集，但是这时进行的运算仍需要具体事物的支持，还不能思考那些不存在的事物或从没发生过的事情。

4. 形式运算阶段(11 岁至成人)

形式运算阶段，个体的思维已超越了对具体的、可感知的事物的依赖，使形式从内容中解脱出来，进入形式运算阶段(又称命题运算阶段)。形式运算阶段，个体的思维具有以下3个特征。

(1) 假设演绎推理。假设演绎推理是逻辑思维的基本形式之一。该思维的特点是先对所面临的问题情境提出一系列的假设，然后根据假设进行验证，从而得到答案。皮亚杰曾以摆动钟摆做实验(见图2-4)，要求被试者解答钟摆长度、钟摆重量、推动力量三种变化中，哪一个是影响钟摆速度的因素。实验结果发现，只有认知发展达到形式运算阶段水平者，才会按照类似以下演绎推理方式寻求答案：先假设影响钟摆速度的因素是钟摆重量，然后保持另外两种因素不变而只变化钟摆重量加以验证；也可以先假设钟摆长度为影响因素，然后保持另两种因素不变只变化钟摆长度以验证。如此系统进行，最终可以得到正确答案。

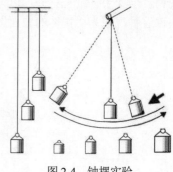

图2-4　钟摆实验

(2) 命题推理。这一阶段，个体在推理思维时，不必一定依据现实的或具体的资料，而是单凭一个说明或者一个命题就可以进行推理。例如，如果用这样一个问题分别问低年级的小学生和中学生："如果你是校长，你会如何解决学生的网瘾问题？"小学生也许会回答："我不是校长，我不知道。"中学生则可能按照自己的想法提出一系列措施。

(3) 组合推理。在面对由多因素形成的复杂问题情境时，这一阶段的个体可以根据问题的条件提出假设，在孤立某些因素的同时组合另外一些因素，从而在系统验证中获得正确答案。例如，假设问题C可能与A、B两因素有关，对此问题的组合推理思维方式不外乎以下5种可能：第一，A或B均可各自产生C；第二，A＋B产生C；第三，C的原因既非A也非B；第四，A可能是原因但非B；第五，B可能是原因但非A。

对于皮亚杰的认知发展阶段理论，需要注意以下几点。

首先，皮亚杰认为儿童的认知发展阶段具有连续性和阶段性。在皮亚杰看来，儿童的认知发展过程是连续的，在同化和顺应的过程中实现平衡，从而不断适应环境。然而量变引起质变，在各种因素的相互作用下，儿童的心理发展同样具有阶段性特征。

其次，皮亚杰认为儿童的认知发展阶段具有结构性。在皮亚杰看来，认知发展的每个阶段都有不同于其他阶段的相对稳定的认知结构。

再者，皮亚杰认为儿童的认知发展阶段的次序具有固定性。在皮亚杰看来，认知发展是一个从低级向高级渐进发展的过程，而发展阶段的次序是固定不变的，前一个阶段是后一个阶段发展的必要条件，而后一个发展阶段是前一个发展阶段质的飞跃。当然，发展阶段的次序固定不变并不意味着发展的速度具有一致性。皮亚杰认为，受制于儿童所处的社会环境、教育水平、文化背景等，可能其认知发展速度存在差异。

最后，皮亚杰认为儿童的认知发展阶段具有交叉性。在皮亚杰看来，儿童认知发展的各个阶段并没有明确的界限，而是有一定的交叉。

猜一猜，想一想

某同学能够明白物体在水中受到的浮力与物体排开的水量有关，而与物体的质量无关。根据皮亚杰的认知发展理论，你认为这位同学的思维发展处于何种水平？

(四) 认知发展与教育

皮亚杰的认知发展理论对教育实践活动产生了极大的影响，许多教育工作者研究并应用皮亚杰的理论。皮亚杰的认知发展理论对教育工作者提出了以下建议。

首先，皮亚杰认为教育要建立在儿童现有认知发展的基础之上。皮亚杰反对教授儿童超出其认知发展水平的材料，但同时也不主张教授其过于简单的问题。在皮亚杰看来，儿童的认知发展依托其现有的图式，认知发展的动力来自现有图式与环境的相互作用。教师应该依据所教儿童的认知发展阶段特征，为其设置略高于其现有思维水平的教学目标，从而使学生能够合理地利用同化和顺应实现平衡，并获得思维的发展。作为教师，要基于皮亚杰认知发展阶段理论，适时调整和改变教学目标。

其次，皮亚杰认为教育要能够激发学生学习的主动性和积极性。皮亚杰反对教师主动教学而学生被动学习的教育模式。在他看来，儿童的认知发展需要丰富环境的刺激，而教师的职责在于为学生提供这样的环境，从而促使学生在这一环境中探索，实现与社会的互动。同时，皮亚杰还提出，教师的教学活动要在学生已有经验的基础之上进行，促进学生实现新旧知识的有机整合。

最后，皮亚杰认为教育应该充分尊重儿童认知发展的差异性。皮亚杰认为儿童所处的家庭背景、文化背景以及前置教育等都存在差异，不能一概而论。教师在教学活动开展之前，首先要确定学生的认知发展水平，以保证为学生提供与其认知发展水平相匹配的教学内容。

不同发展阶段的孩子适合的学习形式往往不同

二、维果茨基的认知发展理论与教育

维果茨基(Lev S. Vygotsky，1896—1934，见图2-5)是苏联著名的心理学家，他强调社会文化在认知发展中的作用，他提出的"心理发展的文化历史理论"对教育产生了极其深远的影响。维果茨基与列昂节夫、鲁利亚等人形成了文化历史学派，被称为维列鲁学派。

图 2-5　维果茨基

(一) 文化历史理论

维果茨基从种系与个体发展的角度分析了心理发展的实质，在他看来，人的高级心理机能实质是以心理工具为中介，并受到社会历史发展规律的制约。维果茨基认为，人的高级心理包括认知能力不是先天就有的，而是受到文化、历史的影响，并受其制约。

维果茨基的文化历史理论的一个重要假设是"人的心理过程的变化与他的实践活动过程的变化是相同的，换言之，他们都是被中介的"。维果茨基强调人的心理活动和劳动活动都是以工具为中介的。维果茨基认为人有两种工具：一种是物质的工具，另一种是精神的工具。物质的工具是指古代人所使用的刀、斧、棍、棒，以及现代人所使用的机器等，而精神的工具主要指的是人类所特有的语言、符号等。物质工具的使用让人类的生产力获得了极大的发展，从而使人类脱离了动物世界；而精神工具的使用则从根本上改变了人的心理结构，形成了人类所特有的、高级的、被中介的心理机能。

维果茨基还进一步区分了人的两种心理机能：一种是低级的心理机能，主要依靠动物自发的生物进化，是个体早期以直接的方式与外界相互作用时表现出来的特征，如基本的知觉加工和自动化过程；另一种是高级的心理机能，即以符号系统为中介的心理机能，是文化历史发展的结果。维果茨基认为正是因为这种高级心理机能的存在，使人类得以在本质上与动物区别开。在个体的心理发展过程中，低级的心理机能与高级的心理机能最终将融合在一起。高级心理机能的实质是以心理工具为中介，并受到社会历史发展规律的制约。

维果茨基认为儿童一切复杂的心理活动的形式都是在交往过程中形成的，是各种活动、社会性相互作用不断内化的结果。心理发展最重要的因素是掌握凭借语词传递的全人类的经验。儿童的知识、思想、态度、价值观都是在周围人们(特别是成人)的帮助下发展起来的。

(二) 心理发展的本质

维果茨基认为心理发展的本质是一个人的心理(从出生到成年)在环境与教育的影响下，从低级的心理机能向高级的心理机能转变的过程，这种转变主要表现在 4 个方面。

(1) 随意机能的不断发展。心理活动的随意性指的是心理活动是主动的，由个人意愿所决定。随意机能就是由主体按照预定的目的而自觉引发的心理活动。一般来说，儿童的随意机能发展得越好，就说明儿童的心理水平越高。

(2) 抽象—概括机能的提高。这一表现指的是心理活动的反映水平是概括的、抽象的。随着词汇、语言的发展，随着知识经验的增长，儿童各种心理机能的概括性和间接性得到发展，最后形成了最高级的意识系统。

(3) 高级心理结构的形成。各种心理机能之间的关系不断变化、重组，形成间接的、以符号为中介的心理结构。儿童的心理结构越复杂，说明其心理发展的水平越高。

(4) 心理活动个性化。维果茨基认为儿童意识的发展不仅是个别机能由某一年龄阶段向另一年龄阶段过渡时的增长和提高，更主要的是其个性的发展，以及整体意识的发展。在他看来，个性的形成是高级心理机能发展的重要标志，个性特点对其他机能的发展具有极其重要的作用。

维果茨基认为，儿童心理发展的原因主要有三点：首先，心理机能的发展起源于社会文化历史的发展，受社会规律的制约；其次，从个体发展来看，儿童在与成人交往过程中通过掌握高级心理机能的工具——语言、符号系统，从而在低级的心理机能的基础上形成各种高级的心理机能；第三，高级心理机能是外部活动不断内化的结果。

猜一猜，想一想

维果茨基认为心理发展的实质是由低级心理机能向高级心理机能的转化，这个转化的表现之一就是高级心理结构的形成。

请你想一想，高级心理结构的"高级"之处体现在哪些方面？

(三) 认知发展与教育

维果茨基探讨认知发展与教育之间的关系时，主要集中于以下 5 个方面。

1. 重新定义教学的含义

维果茨基认为教学可以分为狭义的教学和广义的教学。在他看来，狭义的教学是一种有目的、有计划的交际形式，它以一种灌输的方式塑造学生的心理。而广义的教学指的是学生通过活动和交往掌握精神生产的手段，从而自发地学习。维果茨基更赞成通过广义的教学进行教育。

2. 强调活动在教学中的作用

维果茨基认为活动在儿童认知发展过程中起着非常重要的作用。他强调要通过开展丰富多彩的活动，充分调动学生学习的积极性，使教学成为一种社会文化活动。维果茨基认为学生不是被动的知识接受者，而是知识的主动学习者。在他看来，任何学习都应处在一定的社会或具有实际意义的背景之下。教学应该充分考虑学习者原有的经验、所处的社会文化系统、课堂中与教师、同伴的相互作用等多方面。教师在教学的活动过程中，要充分引导学生从旁观者逐渐过渡到教学活动的参与者，在社会性互动中获得知识和技能。

3. 重视最近发展区

维果茨基提出了最近发展区这一概念，认为教学应该走在学生心理发展的前面。最近发展区指的是学生实际的发展水平与潜在的发展水平之间的距离，被形象地称作"跳一跳，摘桃子"(见图2-6)。学生的实际发展水平指的是学生独立解决问题的能力，而学生潜在的发展

图2-6 最近发展区

水平指的是学生在成人的指导下或与更有能力的同伴合作时，解决问题的能力。维果茨基认为，基于最近发展区的教学为学生的认知发展提供了可能。他主张教学应该走在儿童现有发展水平的前面，让教学带动儿童的认知发展。

基于维果茨基的最近发展区理论，研究者提出了支架式教学。支架式教学强调学生在教

师的指导下进行发现活动。在这一过程中，教师的指导活动逐渐减少，最终使学生成为发现活动的主体。在运用支架式教学的过程中，要保证教师所搭建的支架要始终保持在最近发展区之内，而且要根据学生认知发展的变化随时进行调整。例如，在一篇文言文的教学活动中，一开始，教师会向学生介绍这篇文言文的创作背景，并提供大量的解释，然后让学生自己理解文中的关键句子。一段时间以后，老师逐渐退出这篇文言文的学习活动，而主要由学生自己独立完成。

4. 强调学习的最佳期

维果茨基认为，儿童在学习任何内容时都有一个最佳的学习年龄，如果错过这个学习年龄，就很难学会某些知识。这就要求教师要在合适的时间点提供教学，也就是说教学要处于儿童的最佳期内。教学的最佳期是由最近发展区所决定的，而最近发展区又是动态发展的，这要求教师要善于观察学生，同时也要充分把握学生的个体差异，从而确定适当的教学时机。

5. 提出认知发展的内化说

内化指的是个体将社会环境中吸收的知识转化到心理结构中的过程。维果茨基认为人的高级心理机能是由语言、标志和符号这样的心理工具为中介的。在与这些工具相关的活动中，儿童将成人所教授的知识内化之后，这些工具就可以在儿童更高级的心理过程中发挥中介功能。在维果茨基看来，儿童的认知发展是从低级的心理机能到高级的心理机能转变的过程，而在这一过程中，语言中自我中心言语在内化中起着非常重要的作用。自我中心言语的出现表明儿童的符号系统已经开始内化，儿童在没有他人帮助的情况下也能够思考和解决问题，能够对自己的行为进行一定的自我调节。

第二节　个体人格发展与教育

个体的发展不仅体现为认知的发展，还表现在人格的发展上。有的孩子活泼，有的孩子比较安静；有的孩子喜欢与人互动，而有的孩子喜欢独处。个体之间的这些差异都可以视为人格的差异。由于人格的形成过程是一个受先天和后天因素交互影响的复杂过程，所以对儿童人格的培养与塑造需要教育者付出较多的精力。

一、人格发展概述

人格是个体所表现出的一种独特的心理与行为模式的统称，它的形成受先天和后天因素的交互影响。

(一) 人格发展的含义

人格是个体行为、思维和情感所表现出的独特的心理行为模式。人格的发展是个体在先天遗传的基础上，在社会环境的影响下逐渐形成的有机整合。人格具有稳定性，一旦形成，将会长期对个人的行为产生影响。

(二) 影响人格发展的因素

影响人格发展的因素是多样的，既包括先天因素，也包括后天因素。先天因素的影响主要体现在个体的气质上，而后天因素的影响主要来自与个体密切相关的家庭与学校。

(1) 气质。气质是一种表现在个体身上的典型的、稳定的心理特点。托马斯(Thomas)和切斯(Chess)将儿童的气质分为容易型、困难型和慢活跃型。容易型儿童的饮食、大小便和睡眠都很有规律，心境、情绪比其他儿童更为愉快、积极；他们乐于探究新事物，在新事物和陌生人面前适度紧张，对环境的变换也较容易适应。困难型儿童的活动没有规律，对新环境表现较为退缩，难以适应；同时对新环境或陌生人较为敏感，反应强烈，常常很紧张。慢活跃型儿童的行为表现介于以上两者之间，属于慢性子，心态比较消极；他们不容易适应环境的变化，遇见陌生人胆怯，不容易兴奋，对环境刺激的反应也比较温和。

这三种气质类型的儿童中，困难型儿童可能表现出适应困难的问题，在学校里学习时可能出现适应不良的行为问题；慢活跃型的儿童虽然不会表现出很严重的适应问题，但会表现出过分胆小、行动缓慢等特征，需要老师予以关注。

猜一猜，想一想

小李是幼儿园的一名主班老师，她的班里有一名小女孩"极不好相处"，小李花了一周的时间才赢得她的信任。平常，这位小女孩也不能友好地和其他小朋友玩耍，经常莫名其妙地哭起来。

你知道这位小女孩是何种气质类型吗？

(2) 家庭。家庭是儿童早期生活接触最多的环境，家长是孩子的第一任老师，家庭对孩子的人格发展有着极其深远的影响。家庭对孩子人格的影响主要体现在父亲、母亲的作用以及父亲、母亲所表现出来的教养方式。

母亲在儿童人格的发展过程中影响较大。心理学家哈洛的恒河猴实验表明，缺少与母亲的密切接触将会导致儿童的社会适应困难，性格怪异。同时，相较于正常儿童，缺少与母亲接触的婴儿死亡率更高，更容易得病，且表现出身体发育迟缓的症状。此外，在孩子的人格发展过程中，父亲的作用同样不可忽视。在依恋关系方面，父亲与母亲的地位一样重要。在与孩子的互动方面，父子之间的游戏不同于母子之间的游戏。相较于母子之间的游戏，父子之间的游戏更为强烈、短暂和刺激，有利于培养孩子性格中的敢为性、倔强性及创造性。更为重要的是，父亲在孩子性别角色的认识上起着非常重要的作用。

父母的教养方式同样对孩子的人格发展有着非常重要的影响。鲍姆林德(D. Baumrind)根据父母的教养方式将父母分为4类：第一类是权威型。这种类型的父母会对孩子提出合理的要求，对孩子的行为做适当的限制，设立恰当的目标，并坚持要求孩子服从自己的要求和达到这些目标。同时，他们表现出对孩子成长的关爱，会耐心地倾听孩子的观点。在这种教养方式下长大的孩子，其人格特征是自信、自控能力强、乐观、积极、勤奋努力。第二类是专制型。这种类型的父母对孩子的要求很严厉，会提出很高的行为标准，这些标准和要求有时不近情理，不给孩子辩解的权利。在这种教养方式下长大的孩子，其人格特点是焦虑、退缩、敌视他人、适应环境困难。第三类是溺爱型。这种类型的父母对孩子充满了爱和期望，却忘记了孩子社会化的任务，因此很少给孩子提出什么要求或进行任何控制。在这种教养方式下长大的孩子，其人格特点是自我控制能力差、好冲动、依赖性强、没有恒心和毅力。第四类是忽视型。这种类型的父母对孩子的成长漠不关心。在这种教养方式下长大的孩子，其人格特点是适应新环境困难、兴趣少、自我控制能力差、对他人不信任。

(3) 学校。学校对儿童人格发展的影响同样巨大，主要体现在课堂教学、班集体、教师等方面。学生通过课堂教学进行系统的学习，有助于培养其独立、探索精神，同时也是儿童形成科学的世界观的过程。班集体是学生一起学习的团体。好的班集体有助于培养学生的社会交往能力，同时也可以培养学生的责任心和纪律性。教师是儿童在学校的引路人，承担着教学及引导者的角色。教师的教学态度也将影响学生人格的发展。一般来说，专制型教师所带的学生容易表现出情绪紧张、攻击性强、自制力弱的特点；放任型教师所带的学生容易表现出无组织纪律性、无团体目标的特征；民主型教师所带的学生容易表现出情绪稳定、态度友好、领导力强的特点。

二、人格的发展与培养

人格发展是学习者心理发展的重要一环，人格具有稳定性，一旦形成将会对个体产生深远的影响。人格发展的理论众多，其中心理学家埃里克森(S. H. Erikson，1902—1994，见图 2-7)的人格发展理论影响较大，受到教育者的重视。

图 2-7　埃里克森

埃里克森是现代著名的精神分析学家之一，他曾受教于弗洛伊德。然而不同于弗洛伊德把人格发展动力都归结为"性"的原因，埃里克森更为重视社会文化背景的作用，认为人格发展受文化背景的影响和制约。埃里克森通过对处于不同文化背景的儿童的研究发现，虽然这些儿童在人格发展的某些方面存在差异，但其情感的发展变化及与社会环境的相互关系却遵循着相似的规律。基于对文化对个体发展的重要性的认识，埃里克森提出了著名的心理社会发展理论。

在埃里克森看来，个体的人格发展是阶段性的，在人格发展的每一阶段都有其特殊的目标、任务和冲突。人格发展的各个阶段是连续的、相互依存的，后一个阶段的发展依赖前一个阶段发展任务的完成。在埃里克森看来，在人格发展的每一个阶段，个体都会面临一个发展危机，每个危机的解决都涉及两种选择：积极的或消极的，两种选择具有冲突性。个体每一个人格发展阶段发展危机的解决都将对个体的自我概念及社会观有着深远的影响。因为埃里克森的人格发展理论围绕着各个阶段的发展危机而展开，因此也有研究者称他的理论为发展危机论。具体来说，埃里克森把人的心理发展分为 8 个阶段。

(1) 信任对怀疑(0～1.5 岁)。第一阶段为乳儿期，主要的发展任务是获得信任感，克服不信任感，体验希望的实现。埃里克森认为信任是人格发展的根基，如果新生的婴儿能够从他人那里获得基本需要，换言之获得大人的关注，满足其生理需要，获得舒适的体验，那么他将对周围的环境以及周围的人产生信任感；反之，则不会建立信任感，如果在以后的发展中进一步扩展，则会造成其缺乏安全感、猜疑、不信任、不友好等人格品质。

(2) 自主对羞怯(1.5～3 岁)。第二阶段为婴儿期，主要的发展任务是获得自主感而克服羞怯与疑虑，体验意志的实现。处于该阶段的个体已经开始行走并开始学习语言，其活动范围进一步扩大，开始摆脱对过去依赖的状态，产生了自主的欲求。个体经常会要求大人："让我自己做。"他们渴望自己吃饭、穿衣、行走。如果父母允许孩子做自己力所能及的事情并及时予以表扬，那么孩子将会感受到自己对周围环境的影响，逐渐养成独立自主的人格。反之，如果对孩子过于溺爱，将会让他们变得羞怯和疑虑，缺乏独立自主性。

(3) 主动感对内疚感(3～6岁)。第三阶段为幼儿期，主要的发展任务是获得主动感并克服内疚感，体验目的的实现。这一阶段的个体已获得想象力，知觉、动作的能力也获得进一步的发展，变得更为好奇，渴望提出问题并获得答案。如果成人能够耐心地回答他们的问题，并鼓励他们提出自己的建议，那么儿童将会变得更具有主动性；反之，则会形成胆怯、懊悔、内疚等人格特征。需要注意的是，这一阶段也是儿童获得性别角色认同的重要时期。此外，在该阶段，游戏在儿童人格发展中起着非常重要的作用，有助于儿童自我治疗和自我教育。

(4) 勤奋感对自卑感(6～12岁)。第四阶段是童年期，主要的发展任务是获得勤奋感而克服自卑感，体验能力的实现。这一阶段的个体处于学龄期，学校对该阶段个体的影响增大。在学龄期，个体的一个重要任务是获得学习上的成就感。处于该阶段的个体通过努力获得成功并被赞扬，那么他们将变得更加积极、努力，养成勤奋工作的品质；反之，如果遭受失败，则会丧失进取心，形成冷漠、自卑的人格特征。

(5) 角色同一性对角色混乱(12～18岁)。第五阶段是青少年时期，主要的发展任务是建立同一性和防止角色混乱，体验忠诚的实现。自我同一性是一种对自己心理面貌的有机整合，也就是个体对自己的认识，比如，我是一个怎样的人，我与别人有什么异同，现在的我、过去的我以及未来的我有什么不同。如果在前几个阶段成功渡过发展危机，并形成良好的人格品质，如信任、自主、主动、勤奋，并获得符合自己身份、地位的成就，那么个体将会建立自我同一性，顺利进入成年；反之，则会产生同一性混乱或角色混乱，人生失去意义，找不到自己的定位，从而无所适从。

(6) 亲密对孤独(18～30岁)。第六阶段是成人早期，主要的发展任务是获得亲密感以避免孤独感，体验爱情的实现。这一阶段，个体已进入社会，开始建立新的社会关系。他们需要从周围的关系中发展爱情、友谊等亲密关系。如果这些关系能够顺利建立，那么个体将会产生友爱、亲密的关系；反之，则会感觉到孤独，不愿与人接近。

个体在人生不同阶段面临着不同任务

(7) 繁殖对停滞(30～60岁)。第七阶段是成人中期，主要的发展任务是获得繁殖感而避免停滞感，体验关怀的实现。处于这一阶段的个体已成家立业，一方面要承担社会任务，如工作、事业；另一方面又要兼顾家庭的需要，如照料孩子、处理家务。如果能够为社会做出贡献，并能兼顾家庭，就会获得繁殖感；否则，会陷入无意义感，感觉人生停滞不前。

(8) 完美无憾对悲观绝望(60岁以后)。第八阶段是老年期，主要的发展任务是获得完善感和避免失望，体验智慧的实现。处于这一阶段的个体基本处于退休年龄，开始反思自己的人生，并对自己做出评价。如果觉得自己的一生是有意义的，并没有虚度光阴，就会感觉完美无憾；反之，则会体验到绝望，充满悔恨。

三、中小学生人格发展与教育

埃里克森的人格发展理论对个体人格的发展以及个体的教育都产生了极其深远的影响。我们将从以下几个方面探讨埃里克森的人格发展理论的教育价值。

(一) 根据发展任务进行针对性教育

埃里克森明确了每个阶段的发展任务，这就要求教育工作者要针对所面对的该年龄群体的儿童进行有针对性的教育。例如在乳儿期，要关注乳儿的生理需求，多给予其关怀，从而帮助其建立信任感；在婴儿期，要发展个体的自主性；在幼儿期，要进一步发展个体的主动性，并重视游戏的教育功能；在学龄期，要努力帮助个体建立勤奋感；而在青少年期，最为重要的是帮助个体建立自我同一性，防止角色混乱。在埃里克森看来，每一个阶段的发展任务的完成与否都将对后一阶段的发展任务的完成产生影响，因此，要重视每一个发展阶段个体所面临的发展危机，并帮助其成功渡过危机。

(二) 充分发挥社会环境的作用

不同于弗洛伊德将人格发展的动因全部归咎于"性"的原因，埃里克森更加关注社会环境对个体人格发展的影响。在埃里克森看来，个体人格的发展除个体自身的努力之外，还要考虑社会环境对个体的影响，如家庭、学校等。父母要选择适当的养育方式，学校也要创设能够带给学生快乐且让学生健康成长的教育情境。

(三) 正视危机以促进成长

埃里克森重视人格各个阶段发展危机的解决，在他看来危机也是转机，只要能够成功地渡过发展危机，就会获得某些积极的人格特质。家长和老师要能够了解每一个阶段的发展危机，并为个体创设宽松、开明的环境，引导个体成功渡过发展危机。

(四) 促进学生人格的健全发展

埃里克森提出了解决发展危机、完成任务的具体方法，有助于教师理解不同发展阶段个体所面临的冲突类型，从而采取相应的措施，促进个体人格的全面发展。发展危机是个体人格成长阶段的普遍现象，只有充分调动社会环境中的积极因素，发挥学校教育的主导作用，认真考虑个体的心理需求，使他们在求知中得到快乐，在学习中健康成长，从而促进个体人格的全面发展。

第三节 发展的个体差异与因材施教

如果对一个班级中的学生进行考查，会发现学生之间存在极大的差异。在性格方面，有的学生活泼，有的学生安静；在智力方面，有的学生可以较快地掌握知识点，而有的学生则相对困难；在学习的方式方面，有的学生喜欢听老师讲解，有的学生则喜欢自己学习。作为一名授课老师，如何在兼顾学生个体差异的基础上因材施教？

一、智力差异

在日常生活中，几乎每个人都对自己的智力水平充满了兴趣。在心理学领域，心理学家是怎样对智力进行界定和测量的呢？我们将从心理学的视角对智力的含义、测量，以及智力差异的表现进行简要论述。

(一) 智力的含义与测量

关于智力的含义，目前存在多种观点。法国心理学家比内认为，智力是做出"正确的判断、透彻的理解、适当的推理"的能力。美国心理学家推孟认为，一个人的智力和他的抽象思维能力成正比。也有人从教育学的观点出发，认为智力就是学习能力，学业成绩就代表智力水平。在我国，大多数心理学家认为，智力是指认识方面的各种能力，即观察力、记忆力、思维力、想象力的综合，其核心是抽象思维能力。

迄今为止，心理学家为了测量人的智力编制了许多智力量表。其中，世界上第一个标准化的智力测验量表是由比内和医生西蒙于 1905 年编制的比内—西蒙量表。该量表后来被引入美国，经斯坦福大学心理学家推孟教授修订，于 1906 年发表了《斯坦福—比内量表》，该量表此后又被多次修订，现已成为世界上著名的心理测验量表。

相应地，由斯坦福—比内量表的计算公式可以看到，人们通常所讲的智商(IQ)，其实是衡量个体智力水平的心理学概念，即用智力年龄与实际年龄的比值对人的智商进行量化描述，其公式为

$$IQ＝智力年龄/实际年龄×100$$

1936 年，美国学者韦克斯勒在其编制的量表中首次采用了离差智商，即假定每个年龄阶段总体智力分布为正态分布，计算个人得分在该年龄组中离平均数的距离，然后换算成标准分数，观察他的位置离平均数有几个标准差，从而判定其智力的高低。采用标准分表示智商的正态分布时，智商的平均数为 100，标准差为 15，将个人测验原始数值(X)转化为智商的公式为

$$IQ＝100＋15Z$$

$$Z＝(X－平均数)/标准差$$

(二) 智力的个体差异

1. 智力类型差异

根据个体在知觉、记忆、表象、思维和言语等活动中表现出的特点与品质，可以将智力划分为不同的类型。

(1) 分析型、综合型与分析—综合型。这是根据人们的知觉、思维方式和特点划分的类型。分析型的人在知觉过程中对细节感知清晰，但概括性和整体性不够；综合型的人具有概括性和整体性，但缺乏分析性，不大注意细节；分析—综合型的人，集以上两种类型的优点于一身，既具有较强的分析性，又具有较强的综合性。

(2) 视觉型、听觉型、动觉型与混合型。这是根据人们在记忆进程中记忆效果较好的感觉系统而划分的类型。视觉型的人视觉记忆效果最好；听觉型的人听觉记忆效果最佳；动觉型的人有运动觉参加时记忆效果最理想；混合型的人用多种感觉通道识记时效果最显著。

(3) 艺术型、思维型与中间型。这是根据人的高级神经活动中两种信号系统谁占相对优势而划分的类型。艺术型的人，第一信号系统(除语词以外的各种刺激物)在高级神经活动中占相对优势，在感知方面具有印象鲜明的特点，易于记忆图形、颜色、声音等直观材料，思维富于形象性，想象丰富，而且具有高度的情绪易感性。这种人比较容易发展艺术方面的能力。思维型的人则第二信号系统(语词)占相对优势，在感知方面注重对事物的分析、概括，善于记忆词义、数字和概念等材料，思维倾向于抽象、分析、系统化、逻辑构思和推理论证等。这种人学习和研究数学、哲学、物理、语言学等学科有较强优势。中间型的人，两种信号系统比较均衡，在感知、记忆、思维、想象等方面表现出的差异不明显。

2. 智力发展水平的差异

智力发展水平的差异(即一般能力的差异)，指的是个体之间或个体内部智力水平的不同程度。研究表明，人们的智力水平呈正态分布，又称常态分布，大多数人的智力属于中等水平。正态分布函数曲线呈钟形，因此，人们又经常称之为钟形曲线。心理学家根据智力发展水平把儿童分成三个等级，即超常儿童、常态儿童、低常儿童。超常儿童是指智力发展或某种才能显著超过同龄儿童平均水平的儿童，一般认为，IQ 超过 130 为智力超常，大约占 2.3%。低常儿童是指智力发展明显低于同龄儿童平均水平并有适应性行为障碍的儿童，又称智力落后儿童。一般认为，IQ 低于 70 为智力落后，大约占 2.2%。另外，根据推孟的统计，智力等级的分布如表 2-1 所示。

表 2-1　智力等级的分布

IQ	等级	百分比/%
130～139	智力超常	2.3
120～129	优秀	7.4
110～119	中上	16.5
90～109	中等	49.4
80～89	中下	16.2
70～79	临界值	6
69 以下	智力低下	2.2

(三) 智力的群体差异

智力的群体差异是指不同群体之间的智力差异，包括智力的性别差异、年龄差异、种族差异等，这里主要介绍智力的性别差异。

关于智力的性别差异，大致可以归纳为以下几点。

(1) 总体水平。男女智力的总体水平大致相等，但男性智力分布的离散程度比女性大。

(2) 智力结构。男女的智力结构存在差异，具有各自的优势领域：①在感知能力方面，男性的视觉能力特别是视觉的空间能力明显优于女性；女性的听觉能力较强，特别是对声音的辨别和定位，明显优于男性。②在记忆能力方面，男性的理解记忆和抽象记忆较强，女性的机械记忆和形象记忆较强。③男性和女性在思维能力方面的差异更为明显，男性多偏向于逻辑思维，女性多偏向于形象思维。④女性比男性口语发展早，在语言流畅性及读、写、拼等方面均占优势，但男性在语言理解、言语推理等方面比女性强。

猜一猜，想一想

在生活中，有一部分人认为男生比女生更擅长学习数理化。美美同学本来数学学习成绩还不错，但受周围人的影响，她开始担心因为自己是个女孩子，自己的数学成绩会落后。后来，她升入初中，数学变得越来越难，她的担心也越来越重，考试稍有闪失，她就会觉得"女孩子可能不适合学数学"。

你了解这种现象吗？如果你感兴趣，可以在网上搜索一下"刻板威胁"。

二、认知方式差异

认知方式，也称认知风格，是指人们在认知活动中偏爱的信息加工方式，是一种比较稳定的心理特征。下面介绍几种主要的认知风格。

(一) 场依存型与场独立型

心理学家把外界环境描述为一个场。美国心理学家赫尔曼·威特金将认知方式分为两种：场依存型与场独立型。场依存型的个体对客观事物的判断常以外部线索为依据，其态度和自我认知易受周围环境或背景(尤其是权威人士)的影响，往往不易独立地对事物做出判断，而是人云亦云，从他人处获得标准；行为常以社会为定向，社会敏感性强，爱好社交活动。场独立型的个体对客观事物的判断常以自己的内部线索(经验、价值观)为依据，不易受到周围环境因素的影响和干扰，倾向于对事物的独立判断；行为常是非社会定向的，社会敏感性差，不善于社交，喜欢独处。

(二) 冲动型与沉思型

杰罗姆·卡根将认知方式分为两种：冲动型与沉思型。冲动型个体面对问题时总是急于求成，不能全面、细致地分析问题的各种可能性，有时还没弄清问题的要求，就开始对问题进行解答，解决问题时强调的是速度而非精度，他们更多地采用整体加工方式。沉思型个体总是把问题考虑周全以后再做反应，他们看重的是解决问题的质量而不是速度，他们多采用细节性加工方式。冲动型个体与沉思型个体的划分依据是反应时间和准确性。

（三）整体性与系列性

英国心理学家戈登·帕斯克将认知方式分为整体性与系列性。采用整体性认知方式的个体往往在开始阶段就对学习任务形成一个整体的看法，对学习过程中可能产生的问题与其将涉及的子问题以及自己将使用的方式、方法有一个初步的估计和预测。采用系列性认知方式的个体常常将重点放在一系列的子问题上，循序渐进地解决问题。

（四）辐合型与发散型

辐合型认知方式是指在解决问题的过程中常表现出辐合思维的特征，表现为搜集或综合信息与知识，运用逻辑规律缩小解答范围，直到找到最合适的唯一正确解答。而发散型认知方式则是指在解决问题的过程中常表现出发散思维的特征，表现为个人的思维沿着许多不同的方向发展，使思维发散到各个方面，最终产生多种可能的答案而不是唯一正确的答案，因而容易产生有创见性的新颖观点。

三、性格差异

性格是人格的核心，是个体在后天形成的一种稳定的态度以及与之相适应的习惯化的行为方式。性格的差异既有性格特征的差异，也有性格类型的差异。

（一）性格的含义

性格是指个体在生活中形成的、对现实的稳定态度，以及与之相适应的习惯化的行为方式。性格既是个体人格发展的结果，又是学校教育促进社会个性化的要求。教师需了解、适应和引导学生性格的发展，性格是学生个体差异的重要体现。

（二）性格的差异

性格的差异主要表现在性格的特征差异和性格的类型差异两个方面。

1. 性格的特征差异

性格的特征差异主要表现在以下 4 个方面：①对现实的态度，包括对社会、集体、他人的态度，对劳动、工作和学习的态度，对自己的态度等；②性格的理智特征，指人在感知、记忆、思维、想象等认识过程中所表现出来的、习惯化了的行为方式；③性格的情绪特征，指个体在情绪活动的强度、稳定性、持续性及主导心境等方面表现出来的个别差异；④性格的意志特征，主要表现在个体对自身行为的控制和调解方面，如自觉性、果断性、自制力及坚韧性等。

2. 性格的类型差异

性格类型是指在某一类人身上共同具有的某些性格特征的独特组合，心理学上对性格类型的分类主要有以下两种。

根据心理活动的倾向，将性格分为外向型和内向型。外向型个体爱交朋友，乐于助人，开朗大方，兴趣广泛，关心集体活动，独立性强，爱参加娱乐活动，对新事物比较敏感，社会适应力强。内向型个体爱安静，不爱与人交往，常常一个人待在教室，比较孤独、沉闷，对新事物反应迟缓，社会适应力差。在现实生活中，绝对的外向型个体或绝对的内向型个体是很少的，大多数人都是中间类型，同时兼有外向和内向的特点。有的时候人们表现得比较外向，有的时候人们表现得相对内向。

根据个体独立性程度来划分，性格可分为独立型和顺从型。独立型个体和顺从型个体的性格与个体的认知方式中的场独立型和场依存型是紧密联系的。独立型个体的认知方式是场独立型，他们不容易受别人的暗示和环境的影响，独立性强，有自己的主见，善于发现问题和解决问题。顺从型个体的认知方式是场依存型，他们容易受别人的影响，常常在别人的多次暗示下做出与自己意志相悖的选择和决定，独立性差，对困难和意外事件的处理缺乏主见。在学校生活中，独立型学生善于自己思考问题、解决问题，对学习、生活上的事情都非常有主见；顺从型学生则常常向教师或同学求助，往往难以独立完成一项学习任务，对教师的话常常言听计从，不善于自己发现问题和独立解决问题。

四、因材施教

由于学生之间在认知与人格等方面会存在一些差异，所以教育工作者在教育过程中应该充分了解学生之间的特征差异，并且在此基础上做到因材施教。

(一) 因材施教的含义

因材施教是指教师在教育教学活动中应从学生的实际情况出发，根据学生的不同特点和个性差异，采用不同的方法进行有差别的教学，使学生获得最佳的发展。要做到因材施教，首先要做到以下几点。

(1) 尊重学生的个体差异。不同的学生有不同的年龄特点、个性特点，有不同的家庭背景、生活经验和价值标准，这种个体差异是客观存在的。教师要提高自己的教育水平和教育质量，就必须尊重这种事实，在教育教学过程中关注和重视学生的个体差异。

(2) 了解和发现学生的个体差异。了解和发现学生的个体差异是因材施教的前提和基础。教师应该充分了解每个学生的发展情况，了解他们的兴趣、爱好、能力、学习成绩、成就动机、性格、气质等，发现他们的特殊才能和不足之处，然后制订相应的培养计划和方案。

(3) 根据学生的个体差异实施有针对性的教育。对于不同的学生，教师要采用不同的教学方法和教学措施，切忌一刀切。例如，对于学困生，教师要适当降低学习难度，给予他们更多的学习机会，激发他们的学习兴趣；对于学优生，教师要给他们安排较高难度的学习任务，充分挖掘他们的学习潜力。

(二) 因材施教的原则

要做好因材施教，教育工作者应该至少遵循以下几条原则。

(1) 可接受性原则。可接受性原则是指教学的内容、方法和进度应该是学生能够接受但又有一定难度的，需要学生经过努力才能完成学习任务。实施可接受性原则的前提是了解学生的发展水平，关键是让学生的新旧知识之间建立联系。因此，教师教授的新知识必须以学生现有知识水平和生活经验为基础，教师根据学生可接受的情况"量力而教"。另外，可接受性原则在强调教学要适应学生的发展的同时也重视教学走在学生发展的前面。简单地说，可接受性原则就是给学生一个"跳起来才可以摘的桃子"，教学不应仅仅停留在学生的现有发展水平，而应着眼于学生未来发展的可能性，教学的内容和进度应该高于学生的现有发展水平，对学生而言应是有一定难度的。

(2) 可选择性原则。可选择性原则是指教师要尽可能地为学生提供多层次、多类型的发展目标和培养方式，以满足每个学生的发展需要。在传统的课堂教学中，教师常常根据班上大部分中等学生的水平，对所有学生实施同样的教学内容，很少考虑少数后进生的基础条件和接受能力，使他们难以跟上教学进度，而少数优秀生也因教学内容较浅而"吃不饱"。对学生实施因材施教，要求教师根据学生的实际接受能力，设计多个教学目标，采用多种教学方法，准备多套教学内容，让学生能够根据自己的条件和基础去选择适合自己的教学信息，自主安排学习的方式和进度，使所有学生都能在认真学习之后有所提高。

(3) 主体性原则。主体性原则是指教育要充分发挥学生的主体性，使教育由"教师主动灌输，学生被动接受"改变为"教师主动引导，学生主动接受"的状态。学生的主体性是学生作为学习活动的主体所具有的独立、自觉、能动和创造的内在特性。因材施教的教育重视学生自觉参与教育行为，主动缩小自己与他人的差距。主体性原则首先要求教师充分尊重学生的主体地位，改变过去的"教师中心"的观念，树立"教师主导、学生主体"的新型教育观。其次，教师要培养学生的主体意识，即学生主动发展自身的意识。如果学生没有主体意识，就不能自觉和主动地追求自我的发展，而常常被迫在教师的指导和要求下成长，这就使教育成为一种强制性和被动性的行为。一般来说，学生的主体意识越强，其主体性的发挥就越好，学生主动参与自身发展、开发自身潜能的自觉性就越高。最后，教师要充分发挥学生的主体作用。教师在教学中应尽可能地提供和谐、民主、开放的教学环境和教学氛围，激发学生的学习兴趣，调动学生的主动性、自主性、能动性和创造性，使学生自己主动探索和获取新知识。

本章知识要点

皮亚杰认为认知的实质就是适应，也就是儿童在已有的认知图式的基础上，通过同化、顺应、平衡这三种机制，使其从低级到高级不断发展的过程。

皮亚杰把人的认知发展分为 4 个阶段：感知运动阶段、前运算阶段、具体运算阶段及形式运算阶段。

维果茨基认为，人的高级心理包括认知能力不是先天就有的，而是受到社会文化历史的影响，并受其制约。

维果茨基认为，心理发展的本质是一个人的心理(从出生到成年)在环境与教育的影响下，从低级的心理机能向高级的心理机能转变的过程。

在埃里克森看来，个体的人格发展是阶段性的，在人格发展的每一阶段都有其特殊的目标、任务和冲突。

埃里克森把人的心理发展分为 8 个阶段：信任对怀疑、自主对羞怯、主动感对内疚感、勤奋感对自卑感、角色同一性对角色混乱、亲密对孤独、繁殖对停滞、完美无憾对悲观绝望。

智力是指认识方面的各种能力，即观察力、记忆力、思维力、想象力的综合，其核心是抽象思维能力。

智力的个体差异主要表现为智力的类型差异和智力的水平差异。

男女的智力水平大致相等，但男女的智力结构存在差异，即男女各自擅长的领域不同。

认知方式，也称认知风格，是指人们在认知活动中所偏爱的信息加工方式，主要的认知方式包括场独立型与场依存型、冲动型与沉思型、整体性与系列性、辐合型与发散型。

性格是指个体在生活中形成的、对现实的稳定态度，以及与之相适应的习惯化的行为方式。性格的差异包括性别特征的差异和性格类型的差异。

因材施教是指教师在教育教学活动中应从学生的实际情况出发，根据学生的不同特点和个性差异，采用不同的方法进行有差别的教学，使学生获得最佳的发展。

因材施教的原则包括可接受性原则、可选择性原则、主体性原则。

本章练习题

一、单选题

1. 根据皮亚杰的观点，可以同时从两个或两个以上角度思考问题，这一特征是儿童认知发展水平达到(　　)的重要标志。
　　A. 感知运动阶段　　　　　　　　　B. 前运算阶段
　　C. 具体运算阶段　　　　　　　　　D. 形式运算阶段

2. 根据皮亚杰的认知发展阶段理论，(　　)的儿童已经获得守恒的能力。
　　A. 感知运动阶段　　　　　　　　　B. 前运算阶段
　　C. 具体运算阶段　　　　　　　　　D. 形式运算阶段

3. 自我中心是(　　)的主要认知特点。
　　A 感知运动阶段　　　　　　　　　B. 前运算阶段
　　C. 具体运算阶段　　　　　　　　　D. 形式运算阶段

4. 根据埃里克森的人格发展理论，6～12岁的儿童要解决的主要矛盾是(　　)。
　　A. 自主感对羞耻感　　　　　　　　B. 主动感对内疚感
　　C. 勤奋感对自卑感　　　　　　　　D. 自我同一性对角色混乱

5. 根据埃里克森的人格发展理论，(　　)的个体将会产生同一性危机。
　　A. 3～6岁　　　　B. 7～11岁　　　　C. 12～18岁　　　　D. 19～30岁

6. 有的人判断客观事物时容易受外来因素的影响和干扰，这种认知方式属于(　　)。
　　A. 场依存型　　　B. 场独立型　　　C. 冲动型　　　D. 反思型

7. 有的人解决问题时能很快地找到答案，这种认知方式属于(　　)。
　　A. 整体性　　　B. 系列性　　　C. 冲动型　　　D. 沉思型

8. 智力是多种能力的综合，其核心是(　　)。
　　A. 观察力　　　B. 记忆力　　　C. 抽象思维能力　　　D. 想象力

9. 以下关于智力性别差异的表述，错误的是(　　)。
　　A. 男女智力的总体水平大致相等，但男性智力分布的离散程度比女性大
　　B. 男性的视觉能力特别是视觉的空间能力明显地优于女性
　　C. 男性的理解记忆和抽象记忆较强，女性的机械记忆和形象记忆较强
　　D. 女性的言语推理能力优于男性

10. 以下不属于因材施教原则的是（   ）。

A. 可接受性原则

B. 突出性原则

C. 可选择性原则

D. 主体性原则

二、判断题

1. 根据皮亚杰的理论，儿童同化和顺应能够达到认知结构与环境的稳定及平衡。（   ）

2. 相比皮亚杰的理论，维果茨基的理论更加强调文化历史因素在个体发展中的作用。

（   ）

3. 场依存型的认知方式对外界环境依赖性较弱。（   ）

4. 皮亚杰认为个体的发展分为 4 个阶段，这 4 个阶段的发展顺序不可颠倒，不可跨越。

（   ）

5. 维果茨基的最近发展区理论要求教师在教学时应该着眼于学生的潜在发展水平，而不是当下的发展水平。（   ）

6. 与弗洛伊德相同，埃里克森认为"性"的因素是人格发展的主要原因。（   ）

7. 根据心理学家的研究，有大约 20% 的人属于智力超常群体。（   ）

8. 性格是指个体在生活中形成的对现实的稳定态度，以及与之相适应的习惯化的行为方式。（   ）

9. 与整体性认知方式的人相比，系列性认知方式的人在思考问题时喜欢一次提出一个假设，一步一步地解决问题。（   ）

10. 因材施教的量力性原则要求教师充分了解学生的能力水平，能够做到让学生"跳一跳，摘桃子"。（   ）

三、主观题

1. 如何理解皮亚杰认知发展理论中的同化和顺应之间的关系？

2. 材料题：

冰冰和囡囡是亲兄妹，他俩都由妈妈抚养长大。囡囡从小说话比较早，10 个月就已经会叫"妈妈"了，而冰冰则一直到 18 个月才能较为清晰地叫"爸爸""妈妈"。虽然冰冰嘴笨，但他思维敏捷，尤其数学成绩比较好，每次考试都会比囡囡至少高 10 分。对于这种成绩差异，囡囡的妈妈不以为然，她认为在数学、物理等学科上，男孩成绩往往优于女孩。

请运用个体差异有关知识，对上述材料进行评析。

第三章

学习理论

学习目标

1. 掌握学习的含义与分类。
2. 能够理解条件反射的含义，学会运用强化。
3. 掌握布鲁纳的认知结构学习理论和奥苏贝尔的有意义学习理论。
4. 理解观察学习的含义与过程。
5. 理解人本主义对学习和教学的观点。
6. 掌握建构主义学习理论的知识观、学习观和教学观。

章节导读

　　让狮子钻火圈的驯兽师所采用的方法是什么？幼儿园里，老师给小朋友发小红花为什么可以引导孩子们的行为？"近朱者赤，近墨者黑"的心理学依据是什么？"两耳不闻窗外事，一心只读圣贤书"是学习的全部吗？……其实，这些看似朴实无华的生活现象背后蕴含着精妙的学习理论，而看似枯燥的学习理论也体现在生活的点点滴滴中。

　　本章主要介绍学习的含义、分类，以及相关学习理论。学习理论一直是心理学家研究的主要课题，它是探究人类学习本质及其形成机制的心理学理论。然而，由于研究者的学科背景及所采用的研究方法不同，因此产生了不同的学派。了解不同学派学习理论的核心主张与实践运用是本章学习的重点。

第一节　学习的含义与分类

　　学生的学习过程是教育心理学的核心内容，然而需要注意的是，教育心理学中的学习一般指广义上的学习，其本质是个体对环境的一种适应过程。根据不同的标准，学习又可以进一步细分为不同的类型。本节主要介绍学习的含义、分类，以及学习与个体发展的关系。

一、学习的含义

学习的含义有广义与狭义之分。广义的学习既包括人类的学习，也包括动物的学习；狭义的学习专门指人类的学习，而学生的学习是人类学习的一种典型形式。

(一) 广义的学习

学习是人和动物在适应环境的过程中，凭借经验而产生的行为或行为潜能相对持久的变化。关于学习的定义，应该注意以下几点。

(1) 学习是一种变化。这种变化可以是外显的行为变化，例如一位同学学会了打篮球；也可以是不可见的行为潜能的变化，例如接受思想教育后发生的变化就属于行为潜能的变化。

(2) 学习所引起的变化应该是相对持久的。例如人们学会骑自行车以后即使多年不骑，再次接触自行车时仍然可以很快上手。有些发生在个体身上的短暂的、偶然的变化不属于学习，例如一位同学偶然猜对练习题的答案。

(3) 学习产生变化的原因是练习或者经验。在生活中，疲劳、药物、醉酒、生理成熟等因素也会引起个体行为的改变，上述情况下的行为改变不属于学习。

猜一猜，想一想

以下哪几种情形属于学习？
- 老马识途
- 小鸭子跟着大鸭子学游泳
- 小明跟着教练学游泳
- 漫无目的地看书

(二) 狭义的学习

狭义的学习专门指人类的学习，是指人们在社会生活实践中，以语言为中介，自觉、积极、主动地掌握社会和个体经验的过程。虽然学习活动是人和动物共有的，但是人类的学习与动物的学习有着本质区别。

(1) 人类的学习具有历史传承性。人类的学习除了要像动物一样获取直接经验外，还要掌握人类世世代代积累起来的社会历史经验和科学文化知识。

(2) 人类的学习以语言为中介。人类的学习是在改造客观世界的生活实践中，在与其他人的交往过程中，通过语言的中介作用而进行的。

(3) 人类的学习是一个过程。人类的学习是一个有目的的、自觉的、积极主动的过程。

(三) 学生的学习

学生的学习是人类学习的一种典型形式。它是在教师的指导下，有目的、有计划、有组织、有系统地进行的，是在较短的时间内接受前人所积累的文化科学知识，并以此来充实自己的过程。需要注意的是，学生的学习除了要掌握必要的知识经验和技能以外，还要形成良好的道德品质，促进人格的发展。

二、学习的分类

根据不同的分类方式，学习可以分为不同的类型。

(一) 加涅对学习的分类

美国著名教育心理学家加涅(见图 3-1)从学习水平和学习结果两个维度对学习进行了分类。

图 3-1　加涅

1. 依据学习水平分类

加涅在其著作《学习的条件》一书中，根据学习的难易程度把学习分为 8 个层次水平。

(1) 信号学习。有机体学习对某种信号做出特定反应就属于信号学习，巴甫洛夫提出的经典条件反射就属于此类学习。

(2) 刺激—反应学习。这种学习主要指的是操作性条件反射，强化在该类学习中起着非常重要的作用。

(3) 连锁学习。连锁学习是指一系列刺激—反应学习的联合。例如，幼儿学习一系列流畅的打球动作就属于连锁学习。

(4) 言语联想学习。言语联想学习的实质仍然是连锁学习，但它整合的对象是语言。例如，幼儿将一串词语组合成语法正确的句子就属于言语联想学习。

(5) 辨别学习。辨别学习是指区分刺激间的异同点并做出相应的反应。例如，幼儿根据物品形状、颜色的不同对物品进行归类就属于辨别学习。

(6) 概念学习。概念学习是在对刺激进行归类的基础上，对本质特征相同的一类事物做出相同的反应。

(7) 规则学习。规则学习也叫原理学习，是指学习者掌握多个概念之间的关系或者相互之间的作用法则。例如，学生学习平行四边形的面积计算公式就属于规则学习。

(8) 解决问题或高级规则的学习。这是最高水平的学习，是指在问题情境中应用已有规则解决问题，或者将两个甚至多个规则组合生成高级规则，然后去解决问题。

2. 依据学习结果分类

除了上述以学习水平为依据的分类方式外，加涅还按照学习结果的不同，将学习分为 5 种类型。

(1) 言语信息的学习。该类学习是指学习者掌握的是以言语信息传递(通过言语交往或印刷物的形式)的内容或者学习者的学习结果是以言语信息表达出来的。这一类的学习通常要掌握大量的名称、事实、事件的特性，以及许多组织的观点等。

(2) 智慧技能的学习。智慧技能是指学习者使用符号与环境相互作用的能力。学习者要掌握概念、规则并将其应用于新情境中。言语信息的学习是帮助学习者解决"是什么"的问题，而智慧技能的学习则要解决"怎么做"的问题。加涅认为，智慧技能按照其复杂程度又可分为 4 种：辨别学习、概念学习、规则学习、解决问题或高级规则学习。

(3) 认知策略的学习。认知策略是指学习者对内部认知过程进行调节与控制的能力。学习者要学会调节与控制自己的注意、记忆、思维和问题解决过程等。加涅认为，智慧技能与认知策略的不同在于，智慧技能是处理对外认知加工的能力，而认知策略是处理对内认知加工的能力，它支配着学生应对环境时自身的行为。

(4) 态度的学习。态度是通过学习获得的内部状态，这种状态影响着个体对某种事物、人物及事件所采取的行动。加涅提出 3 类态度：①个体对家庭和其他社会关系的认识；②个体对某种活动所表现出来的积极的、喜爱的情感；③和个人品德有关的某些方面。

(5) 动作技能的学习。动作技能是指通过练习获得的、按一定规则协调自身运动的能力。体操技能、写字技能、作图技能、操作仪器的技能均属于动作技能的学习。

加涅认为，上述 5 种结果的学习又可分为 3 个领域：言语信息、智慧技能和认知策略的学习属于认知领域，态度的学习属于情感领域，动作技能的学习属于动作技能领域。

(二) 奥苏贝尔对学习的分类

当代美国教育心理学家奥苏贝尔(D. P. Ausubel, 1918—2008，见图 3-2)根据自己的理解从两个独立维度上对学习进行了划分：一是根据学习的方式，将学习分为接受学习和发现学习；二是根据学习材料与学习者原有知识的关系，将学习分为意义学习和机械学习。

(1) 接受学习和发现学习。奥苏伯尔认为，接受学习是讲授者以定论的形式，把学习的内容传授给学习者，学习者"被动"接受；发现学习是讲授者不直接把学习内容教给学生，而是让学生独立地去发现这些内容并将其内化。

图 3-2 奥苏贝尔

(2) 意义学习和机械学习。根据奥苏贝尔的有意义接受学习理论，意义学习是指学习者利用原有经验进行新的学习，建立新旧经验的联系，这样，学习者不仅能够记住符号，而且能理解学习内容的实质；而机械学习则是指学习者对学习内容和已有经验之间不做实质性的联系，这样，学习者只能记住符号本身，而不能理解内容，只能导致死记硬背。

奥苏贝尔认为，无论是接受学习还是发现学习，都既可能是机械学习也可能是意义学习。为了清楚地说明接受学习、发现学习与意义学习、机械学习的关系，奥苏贝尔从两个维度上对学校中的学习进行了分类，如图 3-3 所示。

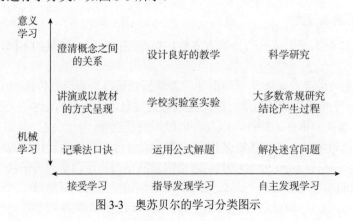

图 3-3 奥苏贝尔的学习分类图示

(三) 我国学者冯忠良对学习的分类

我国学者冯忠良(见图 3-4)将学生的学习分为以下 3 种类型。

(1) 知识的学习。知识是主体与环境相互作用后获得的信息及其组织，是客观事物的主观表征。知识的学习是通过一系列的认知活动，在头脑中构建相应的认知结构而实现的。

(2) 技能的学习。技能是通过练习而形成的合乎一定规则的活动方式，包括心智技能和动作技能。技能的学习要求学习者不仅要知道做什么，还要学会怎样去做。

(3) 社会规范的学习。社会规范也叫行为规范，社会规范的学习是人
图 3-4　冯忠良
类用以调节人们的社会行为、实现社会控制、维持社会秩序的学习。社会规范的学习是通过学习并内化一系列社会行为准则，从而实现对个人行为的调节。

猜一猜，想一想

根据奥苏贝尔的界定，机械学习是指学习者不能理解新学习的知识与已有知识之间的联系，故而只能进行死记硬背的一种学习形式。

想一想，既然机械学习意味着学生并没有理解所学知识的意义，那么这种学习形式是否还有存在的必要呢?

三、学习与个体身心发展的关系

学习与个体身心发展之间的关系是辩证的，一方面，学习可促进个体的身心发展；另一方面，个体的身心发展又作为学习的条件，为学习提供了可能性。

(一) 学习可促进个体的身心发展

对动物和人类的"剥夺研究"揭示了学习对个体身心发展水平的影响。理森(A. H. Risen)把两只刚出生的黑猩猩放在完全黑暗的环境中饲养，剥夺光刺激对视觉器官的作用，16 个月之后，发现这两只黑猩猩的视觉严重落后，视觉器官也出现异常。罗森茨威格(M. R. Rosenzweig)把刚出生的老鼠分为两组，第一组放在具有丰富刺激的环境里并给予适当的学习训练，第二组放在刺激贫乏和缺乏学习机会的环境中，经过 4～10 个星期后，发现第一组老鼠的大脑皮质增重、增厚，神经突触增大或增多，神经胶质细胞的数目增多，核糖核酸与脱氧核糖核酸的比率改变，乙酰胆碱酯酶的活动提高。这些研究证明，没有环境的刺激作用和学习活动，正常的成熟是不可能的。第二次世界大战后，一些心理学家对孤儿院孤儿的早期剥夺实验对以后心理发展影响的追踪研究表明，儿童早期社会性学习的缺乏对儿童智力、情感的发展会产生重大影响。

(二) 个体的身心发展为学习提供了可能性

个体的身心发展水平在一定程度上也影响着学习，为学习提供了可能性。当个体发展到一定阶段时，学习什么，从何开始，都要以学习者的身心发展水平为前提。只有身心发展到

一定程度，学习者才能顺利地学会某些动作和行为，掌握某些知识和技能。超越学习者身心发展水平进行的学习，往往不能产生有用的效果。格塞尔(A. Gesell)的双生子爬梯实验的研究提供了这方面的论据。此外，一些天才在后期的发展中逐渐变得平庸的事实，也说明一个人认知、个性和社会化的现有发展水平是今后学习新知识和技能的必不可少的条件，会影响今后学习的进程及效果。现有的智力及技能的发展水平固然是新的学习的重要条件，但情感、动机、个性、态度、习惯等方面的发展同样不可忽视。

第二节　行为主义学习理论

行为主义学派诞生于 19 世纪末 20 世纪初，目前在世界范围内仍然是影响力最大的学派之一，其创始人是美国心理学家华生(J. B. Watson, 1878—1958)。早期的行为主义者认为，一切学习都是通过条件作用，在刺激(S)和反应(R)之间建立直接联结的过程。强化在刺激和反应建立联结的过程中起着重要作用。在刺激—反应联结中，个体学到的是习惯，而习惯是反复练习与强化的结果。习惯一旦形成，只要原来的或类似的刺激情境出现，习得的习惯性反应就会自动出现。

一、桑代克的联结说

桑代克基于饿猫开迷笼实验的一系列结果，认为学习的过程就是一个盲目尝试的过程，学习的结果是形成刺激—反应联结。刺激—反应联结的形成遵循准备律、练习律、效果律三条规律。

(一) 桑代克的经典实验——饿猫开迷笼

桑代克是最早用动物实验来研究学习规律的心理学家。他从 1896 年开始从事动物心理的实验研究，最著名的动物学习实验是猫开笼取食的实验。他把一只饿猫关入迷笼(见图 3-5)中，笼外放着鱼、肉等食物，笼中有一个可以打开门闩的装置(一个连着门闩的踏板)。一开始，饥饿的猫咪看到食物后尝试用爪子抓取食物。抓取失败后，它就开始在笼中乱咬、乱抓、乱跑，直到偶然触动机关，笼门打开，吃到食物。这样重复多次后，猫咪开门取到食物所用的时间越来越短。直到最后，猫一进迷笼就去按动可以开门的踏板。这就是著名的饿猫开迷笼实验。

图 3-5　桑代克的迷笼装置

(二) 学习的联结说

通过一系列实验，桑代克提出学习的实质是建立刺激—反应(S-R)联结，即在一定的刺激情境与某种正确反应之间形成联结，这种联结主要是通过尝试错误、不断修正行为而形成的，不需要观念或思维的参与。简言之，学习就是通过渐进地尝试错误形成刺激—反应联结的过程，因此桑代克的联结说又称为试误说。

(三) 学习规律

桑代克根据其实验结果提出了 3 条主要的学习规律：准备律、练习律和效果律。

(1) 准备律。学习者进入某种情境时所产生的预备性反应倾向会影响某种反应的学习。学习者如果有某种反应行为的预备性倾向，当他做出这种行为时，他就会有满意感；假如不让他做出这种行为，他就会产生烦恼。学习者没有准备而强制做出某种行为时也会有烦恼感。准备律实际上体现了学习的动机原则。

(2) 练习律。对于已经形成的某情境与某反应的联结，正确地重复这一反应会增强这一联结。也就是说，重复应用一种受到奖励的正确反应可以增强这个联结的力量；经常不应用该反应，则会导致这一联结的减弱或遗忘。

(3) 效果律。效果律是最重要的学习规律，指一个联结的后果会对这个联结有加强或削弱作用。在对某个情境做出一个反应之后，如果伴随着一种满意的事件(比如猫吃到了食物)，那么这个反应与情境之间的联结就会增强，学习者以后就更可能在类似的情境中重复这一反应；相反，如果在这一反应之后跟随的是一个不满意的事件，这个联结的力量就会减弱。

猜一猜，想一想

明明的老师上周下课的时候告诉大家，下周上课给同学们放映一部大家喜欢的电影。然而，这一周上课时，老师告诉大家这节课要进行课堂测验，并且所得分数计入平时成绩。大家对老师的做法很不满意。

你知道明明的老师违背了哪条学习规律吗？

二、巴甫洛夫的经典条件反射理论

巴甫洛夫(Ivan Pavlov，1870—1932，见图 3-6)是俄国著名生理学家，诺贝尔奖获得者，也是最早提出经典条件作用的人。巴甫洛夫起初和助手一起研究狗的唾液分泌问题。一开始，只有当助手将食物放入狗的口中后，狗才开始分泌唾液。然而，随着时间的推移，巴甫洛夫发现狗一看到食物，唾液的分泌量就增加。最后，发展到一听到助手的脚步声，狗就会分泌唾液。巴甫洛夫对此产生了浓厚的兴趣，并开始了经典条件反射的研究。

图 3-6　巴甫洛夫

(一) 经典条件反射的含义

经典条件反射是指一个中性刺激和另一个带有奖赏或惩罚的无条件刺激多次重复结合，可使个体学会在单独呈现该中性刺激时，也能引发类似无条件反应的条件反应。

条件反射涉及 4 个基本要素。

(1) 无条件刺激。指本来就能引起某种固定反应的刺激。

(2) 无条件反应。指无条件刺激原本就可以引起的固定反应。

(3) 条件刺激。指原来的中性刺激。

(4) 条件反应。指条件反射形成后由条件刺激引起的反应。

条件反射的建立过程如图 3-7 所示。

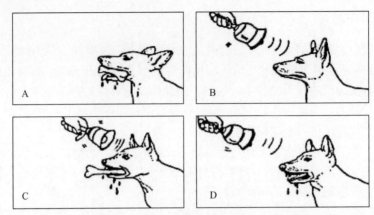

图 3-7 条件反射建立过程图示

事实上，经典条件反射是日常生活中比较常见的一种现象。当小狗频繁地接受来自鸡毛掸子的疼痛刺激时，它就会将鸡毛掸子(中性刺激)与疼痛(无条件刺激)联系在一起，以至于它一看到鸡毛掸子就会逃跑，经典条件反射就这样形成了。本质上，经典条件反射一旦形成，中性刺激就成了无条件刺激出现的信号，所以它能诱发类似无条件反应的条件反应。

心理学与生活

狗的经典条件反射

(二) 巴甫洛夫的信号系统论

巴甫洛夫将能够诱发有机体条件反射的信号刺激分成两类：凡是能够引起条件反应的物理性的条件刺激叫作第一信号系统的刺激；凡是能够引起条件反应的以语言符号为中介的条件刺激叫作第二信号系统的刺激。例如，狗见到肉骨头就会流唾液就属于第一信号系统的条件反射，人类谈虎色变属于第二信号系统的条件反射。

(三) 经典条件反射的规律

1. 条件反射的获得与消退

在条件反射的获得过程中，条件刺激与无条件刺激之间的时间间隔十分重要。一方面，条件刺激和无条件刺激必须同时或近于同时呈现；另一方面，条件刺激作为无条件刺激出现的信号，必须要先于无条件刺激而呈现。条件反射建立以后，如果条件刺激重复出现多次而没有无条件刺激相伴随，则条件反应会变得越来越弱，并最终消失，这种现象叫条件反射的消退。

2. 刺激的泛化与分化

有机体一旦学会对某一条件刺激做出条件反应以后，则其他与该条件刺激相类似的刺激也能诱发其条件反应，这种现象叫作刺激的泛化。例如，我们经常听到的俗语"一朝被蛇咬，十年怕井绳"就属于刺激的泛化。与刺激的泛化相反，刺激的分化是指在条件反射形成以后，有机体学会对相似的刺激做出不同的反应。例如，马戏团的训练员可以通过选择性强化和消退来使狗学会对不同形状的火圈做出不同的反应。

3. 高级条件作用

在很多情况下，条件作用一旦形成，条件刺激实际上可以像无条件刺激一样诱发有机体的反应。此时，条件刺激似乎已经成了一种"替代性"的无条件刺激。然后，我们可以通过将条件刺激与另外一种中性刺激反复结合呈现，使当下的中性刺激也成为条件刺激。这种由一个已经条件化了的刺激使得另外一个中性刺激条件化的过程，叫作高级条件作用。例如，在巴甫洛夫的研究中，研究者首先将铃声与食物配对呈现，然后让狗形成对铃声的条件反应。随后，研究继续将铃声与灯光反复匹配而无食物呈现。最后，研究者单独呈现灯光，狗也会出现唾液分泌反应。

三、华生的行为主义学习理论

华生(见图 3-8)是行为主义心理学的奠基者和捍卫者。华生相信，巴甫洛夫的条件作用模式适用于建立人类行为的科学，如果将这种模式加以扩展，可以解释各种类型的学习和个性特征。他认为，学习就是以一种刺激替代另一种刺激建立条件作用的过程。人类出生时只有几个反射(如打喷嚏、膝跳反射)和情绪反应(如惧、爱、怒等)，所有其他行为都是通过条件作用建立新的刺激—反应联结而形成的。华生根据经典条件反射理论做了一个著名的恐惧形成实验(见图 3-9)。

图 3-8 华生

实验被试是一名叫艾伯特的 11 个月的婴儿，首先让艾伯特接触一个中性刺激——小白兔，艾伯特毫无害怕的表现，似乎想用手去触摸它。小白兔出现后，紧接着就用铁锤敲击一段钢轨发出使婴儿害怕的响声(无条件刺激)。小白兔出现和钢轨敲击声经过 3 次结合后，单独出现小白兔也会引起艾伯特的害怕与防御的行为反应。6 次结合后，艾伯特的反应更加强烈，随后泛化到相似的刺激，艾伯特对任何有毛的东西都感到害怕，如老鼠、制成标本的动物，甚至有胡子的人。

图3-9 华生的恐惧形成实验

根据这一实验，华生提出，有机体的学习实质上就是建立条件作用，形成刺激和反应之间的联结，进而形成习惯的过程。条件刺激通过与无条件刺激在时空上的结合，替代无条件刺激与无条件反应建立了联系。习惯的形成遵循频因律和近因律。根据频因律，在其他条件相同的情况下，某种行为练习的越多，习惯形成的就越迅速。根据近因律，当反应频繁发生时，最近的反应比较早的反应更容易得到强化。

四、斯金纳的操作性条件反射理论

斯金纳(B. F. Skinner，1904—1990，见图3-10)是美国心理学家，新行为主义的主要代表，他发展了巴甫洛夫的经典条件反射理论，提出了操作性条件反射的原理。斯金纳所设计和发明的"程序教学"和"教学机器"对教育界产生了深刻影响。除此之外，斯金纳也是行为矫正技术的创始人之一。

图3-10 斯金纳

(一) 斯金纳的经典实验

斯金纳在巴甫洛夫经典条件反射理论的基础上提出了操作性条件反射理论。他自制了研究操作性条件反射的仪器，因由斯金纳创造和使用而得名，斯金纳箱(见图3-11)高约0.33米，是一个长方体，一面是单向玻璃，方便观察动物而不惊扰它；其底部是金属网，可产生电击；箱内有照明小灯，并有一根连接着食物台的杠杆。

图3-11 斯金纳箱

把饥饿的小白鼠放入斯金纳箱内，它可以自由活动。小白鼠在里面乱跑乱碰，偶然按压到了杠杆，供丸装置就会自动落下一粒食丸，饥饿的小白鼠得到了食物。此后，这只饥饿的小白鼠按压杠杆的频率越来越高，直到吃饱为止。这样，小白鼠就逐渐建立了按压杠杆取得食物的反应。

(二) 操作性条件反射的原理

斯金纳发现，有机体做出的反应与其随后出现的刺激条件之间的关系对行为起着控制作用，它能影响以后反应发生的概率。他认为，学习实质上是一种反应概率上的变化，而强化是增强反应概率的手段。如果一个操作(自发反应)出现以后，有强化刺激尾随，则该操作的概率就会增加；已经通过条件作用强化了的操作，如果出现后不再有强化刺激尾随，则该操作的概率就会减弱，甚至消失。这就是操作性条件反射的基本过程。

斯金纳认为，人和动物的行为有两类：应答性行为和操作性行为。应答性行为是由特定刺激所引起的，是不随意的反射性反应，是经典条件作用的研究对象。而操作性行为则不与任何特定刺激相联系，是有机体自发做出的随意反应，是操作性条件作用的研究对象。在日常生活中，人的行为大部分都是操作性行为，操作性行为主要受强化规律的制约。

(三) 操作性条件反射的基本规律

操作性条件反射规律的核心内容是强化的应用，强化应用的时机与频次不同，学习者会表现出不同的反应。此外，惩罚也在学习者行为形成过程中起着重要作用。

1. 强化

(1) 正强化与负强化。斯金纳虽然受到桑代克的影响，但在解释影响个体操作性行为形成的因素时，放弃了桑代克的奖赏概念，而用强化概念来替代。他把条件反射中能够增强反应概率的一切手段称为强化，产生强化作用的刺激称为强化物。强化有正强化和负强化之分。

正强化也称积极强化，指当有机体做出某种反应，并得到了正强化物(能够满足行为者需要的刺激物)，那么这一反应在今后发生的频率就会增加。负强化也称消极强化，指当厌恶刺激或不愉快情境出现时，若有机体做出某种反应，从而避免了厌恶刺激或不愉快情境(负强化物的移去或取消)，则该反应在以后的类似情境中发生的概率便增加了。

(2) 一级强化与二级强化。强化还可划分为一级强化和二级强化两类。一级强化满足人和动物的基本生理需要，如食物、水、安全、温暖与性等。二级强化是指任何一个中性刺激与一级强化反复结合后，自身获得强化效力，可分为社会强化(拥抱、微笑)、信物(如钱、奖品等)和活动(玩游戏、听音乐等)。

(3) 普雷马克原理。选择强化物时，可以遵循普雷马克原理，又称祖母的法则，即用高频的活动作为低频活动的有效强化物。通俗讲就是，首先做我要你做的事情，然后才可以做你想做的事情。例如，学生必须写完作业才能看动画片。

(4) 强化程序(见图 3-12)。强化程序指强化出现的时机和频率。强化程序可以分为连续强化程序和断续强化程序两种类型。如果在每一个适当反应之后呈现一个强化，叫作连续强化程序；如果只在有些而非所有反应之后呈现强化，叫作断续强化程序。断续强化程序又可分为时间式和比率式。时间式是根据历次强化之间的时间间隔而安排强化，比率式是根据历次强化之间学习者做出适当反应的数量而安排强化。时间间隔和比率间隔既可以是固定的，也可以是变化的。时间间隔固定的强化叫定时距强化，时间间隔变化的强化叫变时距强化。相应地，比率式强化也可以分为定比率强化和变比率强化。需要注意的是，定时强化由于有一个时间差，强化后随之出现较低的反应率，但在时间间隔的末了反应率上升，出现一种扇贝效应，学生在期终考试时临时抱佛脚就证明了这一点。

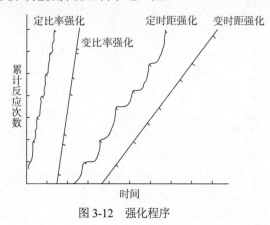

图 3-12　强化程序

2. 惩罚和消退

惩罚指当有机体做出某种反应以后，若及时使之承受一个厌恶刺激(又称惩罚物)，那么以后在类似情境或刺激下，该行为的发生概率就会降低甚至受到抑制。惩罚和负强化有所不同，负强化是通过厌恶刺激的排除来增加反应在将来发生的概率，而惩罚则是通过厌恶刺激的呈现来降低反应在将来发生的概率。比如，批评、处分、判刑是一种惩罚，而撤销处分、减刑则是一种负强化。两者的区别主要体现在以下几点。

(1) 目的不同。惩罚的目的是阻止不良行为的发生，负强化的目的则是激励良好的行为。

(2) 实施的方式不同。惩罚是当个体表现不良时使用，负强化是在受惩罚的个体表现好时使用。

(3) 后果不同。惩罚会减少行为出现的概率，而负强化会增加行为出现的概率。

当有机体做出以前曾被强化过的反应之后不再有强化物相伴时，那么这一反应在今后发生的概率便会降低，这种现象称为消退。换言之，消退是一种无强化的过程，其作用在于降低某种反应在将来发生的概率，以达到消除某种行为的目的。消退是减少不良行为、消除坏习惯的有效方法。

3. 逃避条件作用与回避条件作用

当厌恶刺激出现时，有机体做出某种反应，从而逃避了厌恶刺激，则该反应在以后的类似情境中发生的概率便增加，这类条件作用称为逃避条件作用。例如，看见路上的垃圾后绕道走开，感觉屋内人声嘈杂时暂时离屋等都属于逃避条件作用。

当预示厌恶刺激即将出现的刺激信号呈现时，有机体也可以自发地做出某种反应，从而避免了厌恶刺激的出现，则该反应在以后的类似情境中发生的概率便增加，这类条件作用则称为回避条件作用。例如，过马路时听到汽车喇叭声后迅速躲避，违章骑车时遇到警察赶快下车等就属于回避条件作用。回避条件作用与逃避条件作用都是负强化的条件作用类型。

明明学习状态不好，妈妈给他报了课外的辅导班。经过一段时间以后，妈妈发现明明的学习逐渐进入状态，老师也反映明明在学校比以前用功多了。所以，明明妈妈索性就给明明取消课外辅导班。

你知道明明妈妈运用的何种原理吗？

(四) 操作性条件作用的运用

1. 行为塑造

斯金纳认为，"教育就是塑造行为"。复杂的行为可以通过塑造而获得。塑造是指通过小步强化达成最终目标，即将目标分解成一个个小目标，每完成一个小目标就给予强化，直到达成最终的目标，这种方法也叫作连续接近。

2. 程序教学

所谓程序教学，是指将各门学科的知识按其中的内在逻辑联系分解为一系列的知识项目，这些知识项目之间前后衔接，逐渐加深，然后让学生按照知识项目的顺序逐个学习每一项知识，伴随每个知识项目的学习，及时给予反馈和强化，最终使学生掌握所学的知识，达到预定的教学目的。可见，精心设置知识项目序列和强化程序是程序教学能否成功的关键所在。

斯金纳的程序教学最先设计的是直线式程序。在直线式程序中，通过许多极小的步骤循序渐进地进行，所有的学生都是以同样的顺序学习同样的内容。通常利用教学机器或程序教材每次给学生少量的信息(框面)，然后针对这些信息提问，由学生回答。在下一个框面中，向学生提供正确答案。学生接受正确答案后，不管其回答是否正确，继续下一步的学习，除此之外，不向学生提供任何额外的信息。学生在学习时可以自己控制速度，因此它能满足不同进度的学习者的需要。后来，格罗德对斯金纳的程序进行了修正，发展了分支式程序。分支式程序的每一步都给出几种可选答案，只有选择了正确答案才能继续下一步的学习，选择了其他答案则转向能纠正这种错误的学习步骤，待错误得到纠正后，再进入下一步的学习。斯金纳认为，程序教学可以利用教学机器进行。计算机辅助教学的方法和基本思想其实是以斯金纳的程序教学为基础的。

第三节 认知主义学习理论

认知主义学习理论源于格式塔学派，20 世纪 50 年代后，随着布鲁纳、奥苏贝尔等认知心理学家的探索，学习理论的研究进入了辉煌时期。认知主义学习理论强调认知过程的重要性，认为刺激与反应之间的联系是以意识为中介的，学习在于内部认知的变化，个体主动地选择刺激并进行加工。

一、格式塔心理学派的学习理论

格式塔心理学派是 20 世纪初期在德国兴起的心理学派，也称完形心理学派，其代表人物有韦特海墨、考夫卡和苛勒。格式塔心理学派主张，人的每一种经验都是一个整体，不能简单地用其组成部分来说明，其理论被应用到学习、问题解决、思维等领域。

(一) 顿悟实验

苛勒于1913—1917年用黑猩猩做了一系列实验，然后提出了关于学习的顿悟说。在这些实验中，最著名的实验是接杆实验和叠箱实验。

(1) 接杆实验。黑猩猩的笼子外放有香蕉，笼子里面放有两根短竹棒，用其中的任何一根都够不着笼子外面的香蕉。然而，黑猩猩思考一会儿，突然将两根棒子像钓鱼竿一样接起来，够着了香蕉，把香蕉拨过来。黑猩猩一旦领悟棒子接起来与远处香蕉的关系时，就一次又一次把两根棒子接起来，以便获得远处的香蕉。

(2) 叠箱实验。在房间中央的天花板上吊一串香蕉，猩猩站在地板上不能拿到，房间的四周放了一些箱子。面对这样一个情境，猩猩开始采取跳跃的方式获取香蕉，但是没有达到目的。于是它不再跳，而是走来走去。突然它站在箱子前面不动，过一会儿，它把箱子挪到香蕉下面，爬上箱子，取到了香蕉。有时一个箱子不够，还能把两个或几个箱子叠起来(见图3-13)。这便是苛勒所说的对问题情境的顿悟，即只有对问题的情境进行改组，才能使问题得到解决。

图3-13　黑猩猩叠箱实验

苛勒通过对黑猩猩的实验，提出了顿悟理论。他认为问题的解决不是由于尝试错误，而是由于顿悟。所谓顿悟，就是内在地把握情境的关系性，并依此改变整个情境。一旦学习者知觉到特定情境中各要素间的相互关系，产生出新的经验，就会出现创造性的结果。顿悟是事物内部关系的突然知觉，它是一种思维过程。

(二) 主要观点

1. 学习的本质就是个体积极、主动地形成格式塔的过程

格式塔心理学派非常注重个体知觉刺激周围情境的方式，认为学习相对于知觉来说是第二位的。学习之所以发生，是因为学习者认清了周围情境的全局并形成了新的格式塔。格式塔是德文 Gestalt 的音译，其意为形式或式样，也译作"完形"，可以理解为一种心理模式，它具有自我组织和自我完善的功能，具有一种使自身趋于完整的活动倾向，当外界的某一客观事物呈现在人们的感官面前时，内心就有一个格式塔与之相对应。当内心的格式塔与客观事物不相符时，格式塔就出现"缺陷"，这时格式塔就表现出弥补本身缺陷的活力倾向，活动的结果使格式塔本身逐渐完善或形成良好的"完形"。因此，学习过程就是对整个情境所做的有组织的反应，是一个积极、主动地形成格式塔的过程。

2. 学习过程的实质就是对问题情境的突然理解，即顿悟的过程

格式塔心理学派认为，学习者对刺激情境的知觉不是靠尝试错误实现，而是依靠顿悟实现的，从而提出了著名的顿悟学习说。这一学说是以苛勒用黑猩猩所做的一系列学习实验为依据的。在前述实验中，黑猩猩总是首先观察整个情境，审视相应的条件，然后会突然把某一工具作为达到目标的手段，从而做出正确的动作，以取得水果。黑猩猩的活动总是指向一定的目标并参照整个情境来进行的，很少表现出与情境无关的盲目的尝试行为，总是产生突然的领悟和理解。因此，格式塔心理学派认为，学习过程的实质就是对问题情境的突然理解，即顿悟的过程。苛勒认为顿悟有三个特征：突然改变行为；立刻获得成功，而且可长期重现；易于向其他类似情境产生迁移。

顿悟能否产生，关键在于黑猩猩是否确实正确地认识了情境，即对情境的知觉程度。顿悟的关键在于知觉结构的改组变化。知觉是一种有组织的整体，不论在什么情况下，人们看到或听到不同的形式或模式会立即在知觉中产生一种结构。当动物面临一个问题情境时，它的知觉结构还不稳定，但这时有一种张力使知觉结构趋向于稳定。因此，动物一旦认识到整个情境及各部分的关系，知觉结构就会豁然改组并趋向稳定，新的完形在动物意识中突然出现，使问题得到解决。

二、布鲁纳的认知结构理论

布鲁纳(J. S. Bruner，1915—2016，见图3-14)是美国心理学家、教育学家。他是认知心理学的先驱，是致力于将心理学原理实践于教育的典型代表，被誉为继杜威之后对美国教育影响最大的人。

图3-14　布鲁纳

(一) 学习观

1. 学习的实质是主动地形成认知结构

布鲁纳认为，学习的实质不是被动地形成刺激—反应的联结，而是主动地形成认知结构。认知结构就是人关于现实世界的内在的编码系统，是一系列相互关联的、非具体性的类目，是人用以感知外界的分类模式，是加工新信息的依据，也是人的推理活动的参照框架(见图3-15)。

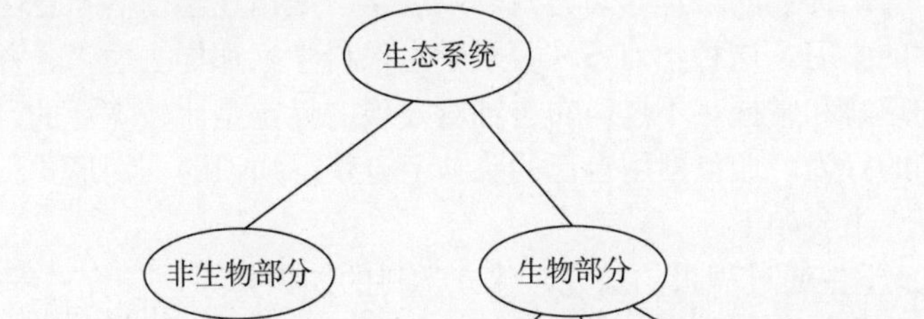

图3-15　认知结构示意图

2. 学习包括知识的获得、转化和评价 3 个过程

布鲁纳认为，学习活动首先是新知识的获得。新知识可能是以前知识的精炼，也可能与原有知识相违背。获得了新知识后，还要对它进行转化，可以超越给定的信息，运用各种方法将它们变换成另外的形式，以适应新任务，并获得更多的知识。评价是对新知识的一种检查。通过评价可以判断转化知识的方法是否适合新的任务，或者运用得是否正确。

（二）教学观

1. 教学的最终目标在于促进学生理解学科的基本结构

由于布鲁纳强调学习的主动性和认知结构的重要性，所以他主张教学的最终目标在于促进学生对学科结构的理解。学科的基本结构是指学科的基本概念、基本原理，以及对该学科的基本态度。

2. 掌握学科基本结构的教学原则

布鲁纳认为，掌握学科基本结构的教学原则有以下 4 条。

(1) 动机原则。所有学生都有内在的学习愿望，内部动机是维持学生学习的基本动力。学生具有 3 种最基本的内在动机：好奇内驱力(即求知欲)、胜任内驱力(即成功的欲望)、互惠内驱力(即人与人之间和睦共处的需要)。

(2) 结构原则。任何知识结构都可以用动作、图像和符号 3 种表象形式来呈现。动作表象是借助动作进行学习，无须言语的帮助；图像表象是借助图像进行学习，以感知材料为基础；符号表象是借助语言进行学习，经验一旦转化为语言，逻辑推导便能进行。而在具体教学中，究竟应该选用哪一种呈现方式，应该根据学生的知识背景和课题性质来定。

(3) 程序原则。教学就是引导学习者通过有条不紊地陈述一个问题等一系列活动来掌握大量知识的结构，以提高他们对所学知识的掌握、转化和迁移的能力。通常每门学科都存在各种不同的程序，它们对学习者来说有难有易，不存在对所有的学习者都适用的唯一的程序。

(4) 强化原则。合适的强化时间和步调是学习成功的重要一环。学生应恰好在评估自己作业的那个时刻知道结果，知道结果过早，易使学生慌乱，易阻扰其探究活动的进行；知道结果太晚，易使学生失去受帮助的机会，甚至有可能导致其接受不到正确的信息。

（三）发现学习

发现学习是布鲁纳提倡的最佳学习方式。发现学习是指让学习者自己去发现学习内容的结构、结论和规律的学习。这种学习方法要求学生像科学家那样去思考、探索、求知，最终达到对所学知识的理解和掌握。不过，布鲁纳对发现的界定是比较宽泛的，他认为发现不仅包括人们探索未知的行为，还包括用自己的头脑亲自获得知识的一切形式。

发现学习的特点主要如下。

(1) 强调过程。学生通过积极的探究，建立学科的知识体系，探究过程就是学习过程。

(2) 强调直觉思维。在探究过程中，学生应该能够迅速做出机灵的推测、丰富的假设和大胆的实验性结论。

(3) 强调内在动机。好奇心是推动学生进行探究的驱动力。

(4) 强调信息提取。学生亲自发现知识，必然会用最便于提取的方式对它们加以组织。

三、奥苏贝尔的意义学习理论

奥苏贝尔是和布鲁纳同时代的美国著名教育心理学家。奥苏贝尔根据学习进行的方式把学习分为接受学习和发现学习，又根据学习材料与学习者原有知识结构的关系把学习分为机械学习和意义学习，并认为学生的学习主要是有意义的接受学习。

(一) 意义学习的实质和条件

1. 意义学习的实质

奥苏贝尔认为，意义学习就是将符号所代表的新知识与学习者认知结构中已有的适当观念建立实质性的和非人为的联系。相反，如果学习者并未理解符号所代表的知识，只是依据字面上的联系，记住某些符号的词句或组合，则是一种死记硬背式的机械学习。所谓实质性的联系，是指表达的语词虽然不同，却是等值的，也就是说这种联系是非字面的联系。所谓非人为的联系，是指有内在联系但不是任意的联想或联系，指新知识与原有认知结构中有关的观念建立了某种合理的或具有逻辑基础的联系。

2. 意义学习的条件

意义学习的产生既受学习材料本身性质的影响，也受学习者自身因素的影响。前者为影响意义学习的外部条件(客观条件)，后者为影响意义学习的内部条件(主观条件)。

从客观条件来看，意义学习的材料本身必须满足能与认知结构中有关知识建立实质性的和非人为的联系的要求。也就是说，材料必须具有逻辑意义，在学习者的心理上是可以理解的，是在其学习能力范围之内的。一般来说，学生所学的教科书或教材是人类认识世界的概括，都是有逻辑意义的。

从主观条件来看，首先，学习者必须有积极、主动地将符号所代表的新知识与认知结构中的适当知识加以联系的倾向性(心向)。其次，学习者的认知结构中必须有适当的知识，以便与新知识进行联系。如果学习材料本身有逻辑意义，而学习者认知结构中又具备了适当的知识基础，那么，这种学习材料对学习者来说就有了潜在的意义，即学习材料有了与学习者认知结构中的适当观念建立联系的可能性。最后，学习者必须积极、主动地使这种具有潜在意义的新知识与认知结构中的有关旧知识发生相互作用，使认知结构或旧知识得到改善，使新知识获得实际意义即心理意义。意义学习的目的就是使符号代表的新知识获得心理意义。

客观条件和主观条件缺一不可，否则就不能构成有意义的学习。

猜一猜，想一想

根据奥苏贝尔对意义学习的界定，艾宾浩斯在遗忘实验中让学生学习无意义音节的做法是意义学习吗？为什么？

(二) 意义的同化(意义学习的发生机制)

意义的获得过程是新旧知识、经验相互作用的过程，即学习者把学习材料中的潜在意义转化为自己现实的心理意义，将新知识的意义纳入认知结构中，同时原有认知结构也发生一定的变化。按照新旧知识的概括水平的不同及新旧知识之间联系方式的不同，奥苏贝尔提出了3种同化模式。

(1) 下位学习。下位学习又称为类属学习，是指将概括程度或包容范围较低的新概念或命题，归属到认知结构中原有的概括程度或包容范围较高的适当概念或命题之下，从而获得新概念或新命题的意义，新学习的内容便与认知结构中已有的观念产生了一种下位关系。

(2) 上位学习。上位学习又称为总括关系，是指新概念或新命题具有较广的包容面或较高的概括水平，这时，新知识通过把一系列已有观念包含于其下而获得意义，新学习的内容便与认知结构中已有的观念产生了一种上位关系。

(3) 组合学习。当学生新概念或新命题与认知结构中已有的观念既不产生下位关系，又不产生上位关系时，它们之间可能存在组合关系，这种只能凭借组合关系来理解意义的学习就是组合学习。

(三) 组织学习的策略

以意义学习和认知同化的观点为基础，奥苏贝尔提出了组织学习的3个基本策略。

(1) 逐渐分化策略。采用逐渐分化策略教学时，首先应该传授最一般的、包摄性最广的观念，然后根据具体细节对它们逐渐加以分化，这样可以为每个知识单元的教学提供理想的固定点(即对新知识起固定作用的先前知识)。

(2) 整合协调策略。当有些知识无法按照从概括到具体的序列来进行下位学习时，教学时就要考虑上位学习和组合学习，而在这两种学习中，学生必须考虑有关概念之间的横向联系，明确有关概念之间的差异，防止混淆那些看似相同其实含义不同的概念，同时也要找出不同知识块之间隐含的意义联系，防止因表面说法的不同而割裂知识，造成人为的障碍。

(3) "先行组织者"策略。"先行组织者"是先于学习任务本身呈现的一种引导性材料，它要比学习任务本身有更高的抽象、概括和综合水平。只有正确理解什么是"先行组织者"，才能将新的学习任务清晰地与认知结构中原有的观念关联起来。设计"组织者"的目的是为新的学习任务提供观念上的固定点，增加新旧知识之间的可辨别性，以促进下位学习。也就是说，通过呈现"组织者"，在学习者已有知识与需要学习的内容之间架设一道桥梁，便于学习者更有效地学习新材料。

"组织者"一般呈现在要学习的材料之前(即"先行的组织者")，但也可以在学习材料之后呈现。它既可以是抽象、概括水平高于学习材料的材料，也可以是抽象、概括水平低于原有学习材料的材料。

"组织者"可分为两类：陈述性"组织者"和比较性"组织者"。陈述性"组织者"，是指当学生面对学习任务时，倘若其认知结构中缺乏适当的上位观念可以用来同化新知识，则可以设计一个概括与包容水平高于要学习的新材料的组织者。比较性"组织者"，是指当学生面对新的学习任务时，倘若其认知结构中已经有了可以利用的同化新知识的适当观念，但原有观念不清晰或不巩固、不稳定，学生难以应用，或者他们对新旧知识之间的关系辨别不清，则可以设计一个揭示新旧知识异同的比较性"组织者"。

心理学与生活

"先行组织者"策略的运用

(四) 接受学习

与布鲁纳的发现学习观点相反，奥苏贝尔认为，学生的学习主要是接受学习，学习应该是通过接受而发生，而不是通过发现而发生。教师应该向学生提供经过仔细考虑的、有组织的、有序列的、完整的材料，因此学生接受的是最有用的材料，他把这种强调接受学习的教学方法叫作讲解教学。

奥苏伯尔认为，接受学习适合年龄较大、有较丰富的知识和经验的人。在接受学习中，所要学习的内容大多是现成的、已有定论的、科学的基础知识，包括一些抽象的概念、命题、规则等，通过教科书或教师的讲述，用定义的方式直接向学习者呈现。这时学习者不可能发现新知识，只能接受这些已有的知识，掌握它的意义。学习者接受知识的心理过程表现为：首先，在认知结构中找到能同化新知识的有关观念；其次，找到新知识与起固定点作用的观念的相同点；最后，找到新旧知识的不同点，使新概念与原有概念之间有清晰的区别，并在积极的思维活动中将新知识融会贯通，使知识不断系统化。

第四节　认知—行为主义学习理论

虽然学习理论在原则上可以分成联结理论和认知理论两大阵营，但是有的学习理论既不完全是联结取向的，也不完全是认知取向的，而是介于两者之间的，即在联结主义的框架内运用认知主义的术语而形成折中的理论，其主要代表人物有托尔曼、加涅和班杜拉。

一、托尔曼的符号学习理论

托尔曼(E. C. Tolman，1886—1959，见图 3-16)是美国新行为主义的代表人物之一，但他不像其他行为主义者那样只关心一个个动作，而是注重有机体的整体行动。

(一) 经典实验

托尔曼的学习理论源于其开展的一系列实验，主要有位置学习实验、潜伏学习实验、奖励预期实验 3 种。

图 3-16　托尔曼

1. 位置学习实验

为了考察有机体学习结果的实质，托尔曼进行了一系列位置学习的实验，其中一个典型的实验是训练小白鼠走迷宫到达食物箱(见图 3-17)。该迷宫由 1 个出发点、1 个食物箱和 3 条长度不等的从出发点到达食物箱的通道组成。实验开始时，将白鼠置于出发点，让它们自由地在迷宫内探索。一段时间后，检验它们的学习结果。检验时，仍将它们置于出发点，只是对各通道做一些处理，观察它们的行为。结果发现，若三条通道畅通，白鼠选择第一条通道到达食物箱；若 X 处堵塞，白鼠会选择第二条通道；若 Y 处堵塞，白鼠会选择第三条通道。

根据这一实验以及许多类似的实验，托尔曼认为，白鼠之所以能选择到达食物的最短路线，是因为白鼠学会的不是简单的、机械的反应动作，而是学会的达到目的的符号及其所代表的意义，建立了一个完整的"符号—完形"模式，即认知地图。学习不是简单的、机械的运动反应，而是学习"达到目的的符号"及其所代表的意义。

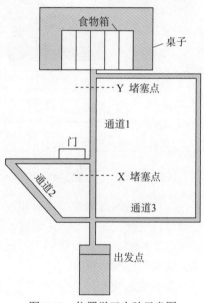

图 3-17　位置学习实验示意图

2. 潜伏学习实验

1930 年，托尔曼设计了潜伏学习的经典实验，研究白鼠走迷宫过程中食物(外在强化)对学习的作用。

托尔曼把白鼠分成 3 组，训练它们走出一个复杂的迷宫，A 组是强化组，从第一天到最后一天，白鼠每次到达目的箱都给予食物奖励；B 组是非强化组，该组白鼠始终没有给予食物强化；而 C 组白鼠在开始 10 天不给予强化，从第 11 天开始，白鼠每次到达终点都给予强化。托尔曼发现，A 组白鼠操作水平一直在提高，B 组白鼠操作水平一直较低，C 组白鼠在没有得到强化的前 10 天中，操作水平与 B 组差不多，然而，从第 11 天开始给予强化后，操作水平骤然提高，与 A 组白鼠差不多，甚至还超过了 A 组(见图 3-18)。

据此，托尔曼认为，3 组白鼠的学习程度其实是相同的，没有得到强化的白鼠实际上也在学习，它们在获得外在强化之前也学习了迷宫的空间关系，领会了符号的意义，形成了认知地图。在到达食物箱没有获得强化的情况下，其学习结果没有显示出来，因此是潜伏学习。

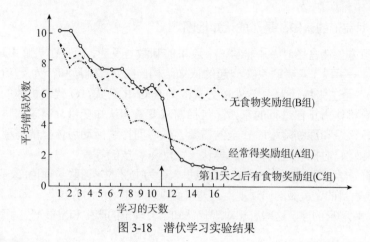

图 3-18 潜伏学习实验结果

3. 奖励预期实验

托尔曼认为，个体的行为由对目标的期待来引导。在实验中，研究者以猴子作为被试，训练其完成一项辨别任务。实验者首先当着猴子的面把它们喜欢吃的香蕉放入两个带盖子的容器中的某一个，然后用一块木板挡住猴子的视线。随后让猴子在两者中进行选择。结果发现，猴子具有良好的辨别能力，能准确地从装有香蕉的容器中取得食物。然后，实验者在当着猴子的面把香蕉放入后，又在挡板后面把香蕉取出，换成猴子不喜欢吃的莴苣叶子，并要求猴子取食。结果发现，当猴子从容器中取出莴苣叶子而不是香蕉时，猴子显露惊讶的表情，似乎有"大吃一惊"的挫败感，它拒绝吃莴苣叶子，并会四周搜索，寻找期望中的香蕉，寻找失败后，甚至非常沮丧地向实验者高声尖叫，大发脾气。

由此，托尔曼认为动物和人类的行为不受它(他)们行为的直接结果影响，而受到它(他)们预期行为将会带来什么结果的影响，学习是期望的获得，而不是习惯的形成。有机体对特定食物的预期在学习中的重要性，在托尔曼的实验里也得到了证实。

猜一猜，想一想

在奖励预期实验中，研究者在装有香蕉的容器中放入猴子不喜欢吃的莴苣叶子，结果猴子"大吃一惊"。由此，托尔曼认为学习实际上是有目的和预期的。

请你想一想，如果研究者将猴子换成一只猫或者老鼠，还会出现"大吃一惊"的结果吗？不同物种之间的学习是否存在一些差异呢？

(二) 理论观点

1. 学习是有目的的，是期望的获得

托尔曼认为，"指向一定的目的"是行为的首要特征，有机体的行为总是设法获得某些事物和避免某些事物。对行为最重要的描述在于说明有机体正在做什么，目的是什么和指向何处。托尔曼认为动物和人的学习不是盲目的，而是有目的的。尽管需要有刺激的存在才能使个体的行为指向目的，但是只有目的才使行为达到完整和获得意义。期望是托尔曼学习理论的核心概念，它指个体依据已有经验建立的一种内部的准备状态，是通过学习而形成的关于目标的认知观念。

2. 学习是对完形的认知，是形成认知地图

白鼠在学习方位迷宫图时，并非学习一连串的刺激与反应，而是在头脑中形成认知地图，即"目标—对象—手段"三者联系在一起的认知结构。在外部刺激和行为反应(R)之间存在中介变量(O)。托尔曼主张将行为主义 S-R 公式改为 S-O-R 公式，O 代表机体的内部变化。中介变量就是在有机体内正在进行的东西，包括需求变量和认知变量。需求变量本质上就是动机，包括欲望、饥饿和面临险境时安全的需要，长时间持续活动后休息的需要等。认知变量包括对客体的知觉、对探究过的地点的再认，如动作、技能等。

托尔曼的符号学习理论把认知主义的观点引入行为主义的学习联结理论，改变了学习联结理论把学习看成是盲目的、机械的错误观点。托尔曼重视对学习的中介过程，即认知过程的研究，强调学习的认知性和目的性，这些思想对现代认知学习理论的产生和发展产生了深远的影响。

二、加涅的信息加工学习理论

加涅是 20 世纪最有影响的著名教育心理学家之一。他认为，学习是一个有始有终的过程，这一过程可分成若干阶段，每一阶段需要进行不同的信息加工。在各个信息加工阶段发生的事件，称为学习事件。学习事件是学生内部加工的过程，它形成了学习的信息加工理论的基本结构。与此相应，教学过程既要依据学生的内部加工过程，又要影响这一过程。因而，教学阶段与学习阶段是完全对应的。在每一教学阶段发生的事情，即教学事件，这是学习的外部条件。教学就是教师安排和控制这些外部条件，而教学的艺术在于学习阶段与教学阶段的完全吻合。

(一) 学习的信息加工模式

加涅认为，学习的模式是用来说明学习的结构与过程的，它对于理解教学和教学过程，以及如何安排教学事件具有极大的应用意义。他提出了影响深远的学习的信息加工模式(见图 3-19)。

首先，学生从环境中接受刺激，进入感觉记忆，这是非常短暂的记忆储存，该过程涉及注意或选择性知觉的问题。被登记的信息很快进入短时记忆，信息在这里可以持续二三十秒。短时记忆的容量很有限，一般只能储存 7 个左右的信息项目。短时记忆信息的进一步保持需要经过复述，这样信息可以从短时记忆进入长时记忆。这一阶段的信息会发生关键性转变，即要经过编码过程。信息是经编码形式储存在长时记忆中的。使用信息时，需要经过检索提取信息。被提取出来的信息可以直接通向反应发生器，从而产生反应，也可

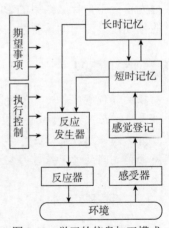

图 3-19　学习的信息加工模式

以再回到短时记忆，对该信息的合适性做进一步的考虑，结果可能是进一步寻找信息，也可能是通过反应发生器做出反应。

在上述学习的信息加工模式中，还包含期望事项与执行控制。期望事项是指学生期望达到的目标，即学习的动机。执行控制即加涅学习分类中的认知策略，执行控制过程决定哪些信息从感觉登记进入短时记忆，如何进行编码，采用何种提取策略等。由此可见，期望事项

与执行控制在信息加工过程中起着极为重要的作用。

(二) 学习阶段及教学设计

从学习的信息加工模式中可以看到，学习是学生与环境之间相互作用的结果。加涅认为，学习过程是由一系列事件构成的，每个学习动作可以分解成8个阶段，每个阶段都对应着相应的教学事件(见图3-20)。

(1) 动机阶段。有效的学习离不开学习动机，因此在教育教学情境中，首先要考虑的是激发学生的学习动机，使学生形成学习期望。加涅把动机分为诱因动机、操作动机和成就动机三种。

(2) 领会阶段。领会阶段，学生对学习材料进行注意和觉察。通过这一过程，刺激才会被进行知觉编码，储存在短时记忆中。因此，教师应采用各种手段来引起学生的注意。

(3) 习得阶段。习得阶段，学生把感知到的材料在短时记忆系统中进行编码。在此过程中，教师可以给学生提供各种编码的方法，鼓励学生选择最佳的编码方式。

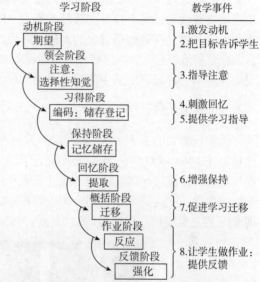

图 3-20　8 个学习阶段及对应的教学事件

(4) 保持阶段。保持阶段，学生把习得的信息以语义编码的形式放入长时记忆储存。如果对学习材料做适当安排，可以减少干扰，提高信息保持的程度。

(5) 回忆阶段。回忆阶段，学生把已经在长时记忆系统中保持的信息给予重现。

(6) 概括阶段。概括阶段，学生把已经获得的知识推广到更广泛的领域，即学习迁移。教师必须让学生在不同情境中进行学习，并提供在不同情境中运用、提取知识的机会。更为重要的是，要引导学生概括和掌握其中的原理与原则。

(7) 作业阶段。一个完整的学习过程只有通过作业才能反映学生是否已习得所学内容，因此教师要提供各种形式的作业，使学习者有机会表现他们的学习内容。

(8) 反馈阶段。反馈阶段，教师对作业效果进行评价。教学过程中，教师应及时给予反馈，让学生知道自己的作业是否正确，从而强化其学习动机。

加涅的学习理论融合了行为主义和认知心理学的观点，试图通过综合分析来解释学习的过程。加涅提出的学习的信息加工模式和学生学习的阶段理论，为理解教学过程、进行教学设计提供了可操作性的思路。

三、班杜拉的社会学习理论

班杜拉(Albert Bandura，1925—2021，见图 3-21)是美国当代著名心理学家，新行为主义的主要代表人物之一，社会学习理论的创始人。班杜拉于1977年发表的《社会学习理论》是关于社会学习理论及其研究成果的一本总结性的著作，标志着班杜拉社会学习理论体系的诞生。1986

图 3-21　班杜拉

年，班杜拉完成《思想与行动的社会基础：社会认知理论》，继续在理论与经验两方面丰富和完善社会学习理论体系。他根据自己所进行的一系列经典研究，提出了以观察学习为基础和核心的社会学习理论，将联结派学习理论做了进一步推进。

班杜拉认为，个体后天习得行为主要通过两种途径：一种是直接经验学习，即依靠个体的直接实践活动；另一种是间接经验学习，即通过观察他人行为而学习，这是人类行为的最重要来源。建立在替代基础上的间接学习模式是人类的主要学习形式。人类的许多行为如语言、社会规范、态度和情感等，都是通过观察他人的行为及其结果而习得的。关于观察学习，我们并不陌生，日常生活中所谓的"见贤思齐""言传身教"等说的就是此意。

(一) 波波玩偶实验

波波玩偶实验是于 1961 年进行的关于攻击行为研究的一个重要实验，如图 3-22 所示。班杜拉在 1963 年和 1965 年对此又进行了深入研究。波波玩偶是与儿童体形接近的一种塑料充气玩具。在波波玩偶实验中，让儿童观看录像，录像中一位成人攻击性地殴打波波玩偶。看完录像后，把这些儿童带到一间放着和录像中同样玩具的房间。班杜拉和其他研究人员发现 88%的儿童模仿攻击行为。8 个月后，40%的儿童重演波波玩偶实验中观察到的攻击行为。

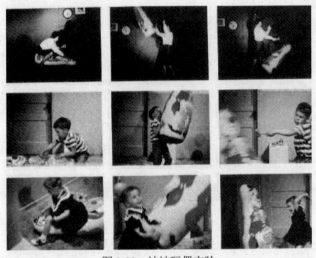

图 3-22　波波玩偶实验

儿童是否不管榜样是受到奖励还是惩罚，总会从榜样那里习得攻击性行为？儿童看到榜样受到奖励是否比看到榜样受到惩罚会更多地自发模仿所看到的攻击性行为？在另一个实验中，班杜拉对上述两个主要问题进行了研究。结果发现，观看录像里的榜样的攻击行为所导致的结果(受到奖励或惩罚)，是儿童是否自发地模仿这种行为的重要影响因素。看到榜样受奖励的那一组儿童，比看到榜样受惩罚的另一组儿童，表现出更多的攻击行为。但这是否意味着，看到榜样受奖励的儿童比看到榜样受惩罚的儿童习得更多攻击性行为呢？为了解决这个问题，班杜拉在这两组儿童看完录像回到游戏室时，以提供糖果作为奖励，要求儿童尽可能地回想起榜样的行为，并付诸行动。结果表明，这两组儿童在模仿攻击行为方面没有差异。这说明，榜样行为所得到的不同结果，只是影响儿童模仿的表现，而对学习几乎没有影响。在榜样受到惩罚的条件下，第二组的儿童害怕自己出现攻击行为以后也会受到惩罚，所以暂时抑制了攻击行为；而当条件许可时，他们也像第一组儿童一样把学习到的攻击行为表现出来。

(二) 观察学习

波波玩偶实验对于班杜拉研究观察学习起到了关键作用。观察学习是指学习者通过对他人的行为及其强化结果的观察而习得新行为的过程。观察学习并不依赖直接强化。观察者通过观察他人的行为及其强化结果就能学习到复杂的行为过程，因此，观察学习又称为无尝试学习或替代学习。

观察学习不一定有外显的行为反应。示范行为如果导致有价值的结果，就会增强观察者产生同样行为的倾向；如果导致惩罚或无报偿的结果，就会抑制或削弱观察者发生这种行为的倾向。观察学习把行为的习得和行为的表现区分开来。

与攻击行为一样，亲社会行为也是观察学习的结果。班杜拉在另一个实验中比较了言语劝说和榜样行为对儿童利他行为的影响。首先，让小学三、四、五年级的儿童做一种滚木球游戏，他们在游戏中都得到了一些现金兑换券作为奖励。然后，把这些儿童分成四组，每组有一个实验者的助手装扮的榜样参与。第一组儿童和一个自私自利的榜样一起玩，这个榜样向儿童宣传要把好的东西留给自己，不必分享给他人，同时也带头不把得到的现金兑换券捐献出来；第二组儿童和一个好心肠的榜样一起玩，这个榜样向儿童宣传自己得到好东西还要分享给别人，并且带头把得到的兑换券捐献出来；第三组儿童和一个言行不一的榜样一起玩，这个榜样虽然说人人都应该为自己考虑，实际上却把兑换券放入了捐献箱；第四组儿童的榜样则是口头说要把得到的兑换券捐献出来，实际上却只说不做。实验结果表明，第二、三组捐献兑换券的儿童比第一组和第四组均明显增多，这清楚地表明言语劝说只能影响儿童的口头语言，对实际行为则无影响；榜样行为对儿童的外部行为有非常显著的影响。班杜拉的研究表明，榜样的力量是无穷的，身教重于言传。

(三) 观察学习的过程

观察学习是一个复杂的过程，由 4 个相关联的子过程组成：注意过程、保持过程、动作复现过程和动机过程。

1. 注意过程

注意过程是指对榜样的知觉过程。注意过程决定个体在大量的示范影响中选择什么作为观察对象，并决定从正在进行的示范事件中抽取哪些信息。因此，选择性注意在观察学习中起着关键作用。影响注意的因素主要包括观察者与榜样的关系、榜样的活动特征和观察者的心理特征。

2. 保持过程

保持过程是指示范信息的储存过程。注意是观察学习的第一步，要使榜样行为对学习者的行为发生影响，学习者还须记住榜样的行为，将其保持在头脑中。保持过程是先将榜样行为转换成记忆表象，然后记忆表象再转换为言语编码，表象和言语编码同时储存在头脑中，对学习者以后的行为起指导作用。

3. 动作复现过程

动作复现过程是观察者对示范行为的表现过程，即观察者将储存在头脑中的符号表征转化为外显行为的过程。这是一种由内到外、由概念到行为的过程。动作复现过程主要包括动作的认知组织、实际动作和动作监控三步：动作的认知组织就是将头脑中的动作观念选择出来加以组织；实际动作就是将认知组织的动作表现出来；动作监控是对实际动作的观察和纠正，分为自我监控和他人监控。

4. 动机过程

动机过程是从观察到行为的过程。经过上面三个子过程，示范行为基本上被观察者所习得，但观察者可以在自己的行动中表现出来，也可以不表现出来。观察学习之所以不一定具有外显的行为反应，与动机过程有关。动机过程贯穿观察学习的始终，它引起和维持着观察学习活动。观察者的活动动机源于他人或自己在类似行为上受到的强化，包括替代强化、直接强化和自我强化，其中前两种属于外部强化，第三种属于内部强化。外部强化和内部强化协同作用，对行为产生影响。外部强化与内部强化一致时能给行为以最大的激励作用。

替代强化是班杜拉提出的一个重要概念，指观察者因看到榜样受强化而受到的强化。例如，当我们看到别人的行为得到肯定时，会增强产生同样行为的倾向；反之，看到别人因为某种行为受到了惩罚，则会减少表现的倾向。直接强化就是学习者行为本身受到强化。例如，在波波玩偶实验中，以提供糖果作为奖励，要求儿童尽可能地回想起榜样的行为并付诸行动。自我强化指个体依靠信息反馈进行自我评价和调节，并以自己确定的奖励来加强和维持自己行为的过程。

猜一猜，想一想

观察学习是指学习者通过对他人的行为及其强化结果的观察而习得新行为的过程。所以，孩子会模仿教师、家长、明星等权威人物的一言一行。

你能和同学分享一个你所知道的观察学习的例子吗？

(四) 观察学习的 5 种效应

班杜拉发现，观察学习可能使个体产生 5 种效应，它们分别是习得效应、抑制效应与去抑制效应、反应促进效应、刺激指向效应、情绪唤醒效应。

(1) 习得效应。习得效应是指通过观察习得新的技能和行为模式。例如，儿童的语言就是一种通过模仿习得的技能。父母使用文明语言，其子女习得文明语言；父母使用不文明语言，其子女经常出现不文明语言。观察学习的习得效应可以解释大部分与态度和品德有关的新行为方式的学习。

(2) 抑制效应与去抑制效应。抑制效应指观察者看到他人的不良(或良好)行为受到社会谴责，观察者会暂时抑制受到谴责的不良(或良好)行为。例如，如果有同学因上课说话受到老师的惩罚，这种情况下想说话的同学会暂时克制自己的不良行为。去抑制效应指观察者看到他人的不良行为未受到应有的惩处，其原本受到抑制的不良行为重新发作。例如，一位同学本来不敢上课说话，但他发现其他上课说话的同学未受到老师的惩罚，这时这位本来不敢上课说话的同学可能会再次上课说话。观察学习的抑制效应与去抑制效应可以解释不良态度与品德转变的部分心理机制。

(3) 反应促进效应。反应促进效应是指通过观察促进新的学习或加强原先习得的行为。

例如，一位小朋友在公交车上看见其他小朋友让座之后获得了相应的奖励，自己也会给别人让座。

(4) 刺激指向效应。刺激指向效应是指通过观察榜样行为，观察者将自己的注意指向特定的刺激。在班杜拉的实验中，看到榜样用木槌击打布娃娃的儿童与未看到这种行为的儿童相比，他不但模仿这种攻击行为，而且更多地将木槌用到其他情境。

(5) 情绪唤醒效应。情绪唤醒效应是指看到榜样表达的情感，在观察者身上容易唤起类似的情感。例如，在观看电影时，有时候因为电影中的主角情绪激动，观众也会不自觉地跟着激动起来。

第五节　人本主义学习理论

人本主义心理学是 20 世纪 60 年代在美国兴起的一个心理学重要学派。它一方面反对行为主义把人看作动物或机器，不重视人类本身的特征；另一方面也批评认知心理学虽然重视人类的认知结构，但却忽视了人类情感、价值、态度等方面对学习的影响。人本主义学派认为心理学应该探讨完整的人，而不是把人的各个侧面(如行为表现、认知过程、情绪障碍等)割裂开来加以分析。人本主义心理学的学习理论从全人教育的视角阐释学习者整个人的成长历程，注重启发学习者的经验和创造潜能，引导其结合认知与经验，肯定自我，进而自我实现。人本主义学习理论的代表人物为马斯洛(A. H. Maslow，1908—1970)和罗杰斯(C. R. Rogers，1902—1987)。

一、马斯洛的学习理论

美国心理学家马斯洛(见图 3-23)是人本主义心理学的领导人物之一，他以性善论、潜能论和动机论为理论基础，创建了自我实现心理学。

(一) 自我实现的人格观

图 3-23　马斯洛

人本主义心理学家认为人的成长源于个体自我实现的需要，自我实现的需要是人格形成和发展的驱力。马斯洛认为，自我实现的需要就是"人对于自我发挥和完善的欲望，也就是一种使自己的潜力得以实现的倾向"。正是由于有自我实现的需要，才使得有机体的潜能得以实现、保持和增强。人格的形成源于人性的这种自我压力，人格发展的关键在于形成和发展正确的自我概念。而自我的正常发展必须具备两个基本条件：无条件的尊重和自尊。其中，无条件的尊重是自尊产生的基础，因为只有别人对自己有好感(尊重)，自己才会对自己有好感(自尊)。如果自我正常发展的条件得以满足，那么个体就能依据真实的自我而行动，就能真正实现自我的潜能，成为自我实现者。

马斯洛还认为，人的潜能是自我实现的，而不是教育的作用使然，因此，在环境与教育的作用问题上，"文化、环境、教育只是阳光、食物和水，但不是种子"，自我潜能才是人性的种子。他们认为，教育的作用只在于提供一个安全、自由、充满人情味的心理环境，使人类固有的优异潜能得以实现。

（二）内在学习论

马斯洛认为，外在学习是单纯依赖强化和条件作用的学习，其着眼点在于灌输而不在于理解，属于一种被动的、机械的教育模式。马斯洛认为，理想学校应反对外在学习，倡导内在学习。所谓内在学习，就是依靠学生内在驱动，充分开发潜能，达到自我实现的学习。这是一种自觉的、主动的、创造性的学习模式。这种内在教育的模式会促使自发的学习，打破各种束缚人发展的清规戒律，自由地学习任何课程，发挥其想象力和创造力。

二、罗杰斯的学习理论

对教育产生最直接、最重要影响的人本主义心理学代表人物中，罗杰斯(见图 3-24)当推首位。20 世纪 60 年代，罗杰斯创立了"以学生为中心"的教育和教学理论，成为 20 世纪最重要的教育理论之一。

图 3-24　罗杰斯

（一）知情统一的教学目标观

罗杰斯认为，认知和情感是人类精神世界中两个不可分割的有机组成部分，彼此是融为一体的。因此，罗杰斯的教育理想就是要培养既用认知的方式也用感情的方式行事的知情合一的人。要想实现这一教育理想，应该有一个现实的教学目标，即"促进变化和学习，培养能够适应变化和知道如何学习的人"。人本主义重视的是教学的过程而不是教学的内容，重视的是教学的方法而不是教学的结果。

（二）有意义的自由学习观

罗杰斯认为，学生学习主要有两种类型：认知学习和经验学习；其学习方式也主要有两种：无意义学习和有意义学习；并且认为认知学习和无意义学习、经验学习和有意义学习是完全对应的。因为认知学习的很大一部分内容对学生来说是没有个人意义的，它只涉及心智，而不涉及感情或个人意义，是一种"在颈部以上发生的学习"，因而与全人无关，是一种无意义学习。而经验学习以学生的经验成长为中心，以学生的自发性和主动性为学习动力，把学习与学的愿望、兴趣和需要有机地结合起来，因而经验学习必然是有意义的学习，必能有效地促进个体的发展。所谓有意义学习，不仅仅是一种增长知识的学习，而且是一种与每个人各部分经验都融合在一起的学习，是一种使个体的行为、态度、个性以及在未来选择行动方针时发生重大变化的学习。

对于有意义学习，罗杰斯认为主要具有以下 4 个要素：①学习具有个人参与的性质，即整个人(包括情感和认知两个方面)都投入学习活动；②学习是自发的，即便在推动力或刺激来自外界时，其发现、获得、掌握和领会的感觉仍然是来自内部的；③全面发展，即学习会使学生的行为、态度、人格等获得全面发展；④学习是由学生自我评价的，因为学生最清楚这种学习是否满足自己的需要，是否明了自己原来不甚清楚的某些方面。因此，罗杰斯所倡导的学习原则之核心就是让学生自由学习。他认为，只要教师信任学生，信任学生的学习潜能，并愿意让学生自由学习，就会在与学生的交往中形成适应自己风格的、促进学习的最佳方法。

猜一猜，想一想

奥苏贝尔和罗杰斯这两位心理学家都提出了有意义学习的主张，奥苏贝尔和罗杰斯两者所说的有意义学习是一回事吗？为什么？

(三) 以学生为中心的教学观

罗杰斯从人本主义的学习观出发，认为促进学生学习的关键不在于教师的教学技巧、专业知识、课程计划、视听辅导材料、演示和讲解、丰富的书籍等，而在于特定的心理因素，这些因素存在于"促进者"与"学习者"的人际关系之中。促进学习的心理因素包括以下几点。

(1) 真诚一致。学习的促进者表现真我，没有任何矫饰、虚伪和防御。

(2) 无条件的积极关注。学习的促进者尊重学习者的情感和意见，关心学习者的方方面面，接纳作为一个个体的学习者的价值观念和情感表现。

(3) 同理心。学习的促进者能了解学习者的内在反应，了解学生的学习过程。在这样一种心理气氛下进行的学习，是以学生为中心的，教师只是学习的促进者、协作者或者伙伴、朋友，学生才是学习的关键，学习的过程就是学习的目的之所在。

总体来看，人本主义学习论十分重视学习者高层次学习动机的激发，强调充分发展学习者的潜能和积极向上的自我概念、价值观和态度，从而使学习者成为人格充分发挥作用的人。为此需要教师做一个学习的促进者，要为学生创造一种环境来促进学生的有意义学习。教师在教学中应重点帮助学生明确他们想要学习什么，帮助他们安排适合的学习活动和材料，帮助学生发现他们所学东西的个人意义，建立并维持能促进学习的心理气氛。此外，教师要尊重学习者，无条件地接受学生。教师必须对学生有信心，相信学生具有发展的潜力，相信学生有能力自我发展；教师应学会重视学生的意愿、情感、需要、价值观，能够设身处地、从学生的角度去理解学生，同时也不把自己的要求强加到学生的身上。良好的师生关系是教育的前提和基础。

第六节　建构主义学习理论

建构主义是学习理论中行为主义发展到认知主义以后的进一步发展，是向与客观主义更为对立的另一方向发展的结果。行为主义的客观主义观反映在教学上，认为学习就是通过强化建立刺激与反应之间的联结而进行的；教育者的目标在于传递客观世界的知识，学习者的目标是在这种传递过程中达到教育者所确定的目标，得到与教育者完全相同的对知识的理解。行为主义者无视这种传递过程中学生的理解及心理过程。认知主义者中有一部分人，诸如信息加工的理论家，基本上还是遵循客观主义的传统。他们以计算机的工作模拟人脑，从信息的输入、存储、加工、提取和输出等环节来解释学习。他们与行为主义者的不同之处在于强调学习者有其内部的认知结构，教学的目标在于帮助学习者习得由信息所构成的事物及其特性，使外界客观事物(知识及其结构)内化为学习者内部的认知结构。建构主义是认知主义的进一步发展。在皮亚杰和早期布鲁纳的思想中已经有了建构的思想，但相对而言，他们的认知学习观主要在于解释如何使客观的知识结构通过个体与之交互作用而内化为学习者的认知结构。皮亚杰的建构主义观点属于个人的建构，他较少关注"正确"的表征，而对个体建构起来的意义更感兴趣。皮亚杰认为人的认识来自主体和客体之间的相互作用，而主客体之间的相互作用是通过动作实现的。对年轻的个体而言，其动作可能是实际的、可见的、外在的，但对相对成熟的个体而言，其动作可能是在头脑中进行的可逆的逻辑思考。个体认知结构的丰富过程就是主体的认知结构从平衡到不平衡再到平衡的不断建构的过程。也就是说，认识并非大脑对于客观事物或现象的简单、被动的反映，学习也不是个体获得越来越多外部信息的过程，而是一种主体主动的建构活动，学习者从中学到越来越多的有关自己认识事物的程序，即建构了新的认知图式。

20 世纪 70 年代末，以布鲁纳为首的美国教育心理学家将苏联教育心理学家维果茨基的思想介绍到美国以后，对建构主义思想的发展起了极大的推动作用。维果茨基在心理发展上强调社会文化历史的作用，特别强调活动和社会交往在人的高级心理机能发展中的突出作用。他认为，高级的心理机能来源于外部动作的内化，这种内化不仅通过教学，也通过日常生活、游戏和劳动等来实现；另外，智力动作也可外化为实际动作，使主观见之于客观。内化和外化的桥梁便是人的活动。这些都对当今的建构主义者有很大的影响。

一、建构主义的知识观

知识不是对现实的纯粹客观的反映，任何一种传载知识的符号系统也不是绝对真实的表征。它只不过是人们对客观世界的一种解释、假设或假说，它不是问题的最终答案，必将随着人们认识程度的深入而不断地变革、升华和改写，出现新的解释和假设。

知识并不能绝对准确无误地概括世界的法则，提供对任何活动或问题解决都实用的方法。在具体的问题解决中，知识不是拿来就能用，一用就灵的，而是需要针对具体问题的情境对原有知识进行再加工和再创造。

知识不可能以实体的形式存在于个体之外，尽管通过语言赋予了知识一定的外在形式，并且获得了较为普遍的认同，但这并不意味着学习者对这种知识有同样的理解。真正的理解只能是由学习者自身基于自己的经验背景而建构起来的，取决于特定情况下的学习活动过程，否则就不是真正的理解，而是死记硬背，是被动的复制式的学习。

猜一猜，想一想

建构主义强调学习的主动建构性、社会互助性和情境性。请你猜一猜下面哪一项主张最不可能是建构主义者提出的？
- 学生学习应该组成学习小组
- 上课之前应该让学生自己进行充分预习
- 复杂知识应该以系统化的方式传授给学生
- "身临其境"能够提高学生学习的参与度

心理学与生活

现代教师穿越到古代社会

二、建构主义的学生观

建构主义强调，学习者并不是一无所知地进入学习情境的。在日常生活和以往各种形式的学习中，他们已经形成了有关的知识经验，对任何事情都有自己的看法。即使碰到他们从来没有见过的问题，没有现成的经验可以借鉴，但是当问题呈现在他们面前时，他们还是会基于以往的经验，依靠自身的认知能力，形成对问题的解释，提出自己的假设。

教学不能无视学习者的已有知识和经验，简单、强硬地从外部对学习者实施知识的"填灌"，而应当把学习者原有的知识和经验作为新知识的生长点，引导学习者从原有的知识和经验中生长新的知识和经验。教学不是知识的传递，而是知识的处理和转换。教师不单是知识的呈现者，也不是知识权威的象征，而应该重视学生自己对各种现象的理解，倾听他们的看法，思考他们这些想法的由来，并以此为据引导学生丰富或调整自己的解释。基于此，显然，教学不是由教师简单地告诉学生学习内容就可以奏效和完事的。

教师与学生、学生与学生之间需要共同针对某些问题进行探索，并在探索的过程中相互交流和质疑，了解彼此的想法。由于经验、背景的差异不可避免，学习者对问题的看法和理解经常是千差万别的。其实，在学生的共同体中，这些差异本身就是一种宝贵的现象资源。建构主义虽然非常重视个体的自我发展，但是也不否认外部引导，即教师的影响作用。

三、建构主义的学习观

与以往的学习理论相比，建构主义在学习观上强调学习的主动建构性、社会互动性和情境性3个方面。

(1) 学习的主动建构性。建构主义认为，学习不是由教师向学生传递知识的过程，而是学生建构自己知识的过程；学习者不是被动的信息吸收者，而是主动的信息建构者。学习者综合、重组、转换、改造头脑中已有的知识和经验，来解释新信息、新事物、新现象，或者解决新问题，最终生成个人的意义。假如教师告诉学生"精英"就是"精通英文的人"，然后再询问他们"精华"是什么意思，他们也许会说，"精华"是"精通华文的人"。虽然这两者都是对语词本身含义的曲解，但是从逻辑上而言，学生正是在创造性地使用教师教的知识来回答问题的。

(2) 学习的社会互动性。学习不是每个学生单独在头脑中进行的活动，学习者也并非一个孤立的自然的探究者，而是一个社会的人。学习者的学习总是在一定的社会文化环境下进行的，即使学习者表面上是一个人在学习，但他所用的书本、纸笔，或者电脑、书桌都是人类文化的产物，积淀着人类社会的智慧和经验。建构主义强调，学习是通过对某种社会文化的参与而内化相关的知识和技能、掌握有关的工具的过程，这一过程常常需要通过一个学习共同体的合作互动来完成。学习共同体是由学习者及其助学者(包括教师、专家、辅导者等)共同构成的团体，他们彼此之间经常在学习过程中进行沟通、交流，分享各种学习资源，共同完成一定的学习任务，因而在成员之间形成了相互影响、相互促进的人际联系，形成了一定的规范和文化。在大学里，一个研究生导师及其课题组就是一个学习共同体或者实践共同体。刚成为研究生的学生处在这个共同体的边缘，对这个学习共同体的知识、活动、方式、规则等都比较陌生，做的事情也是低层次的事情。随着年级的升高，这些学生对这一共同体的知识、活动、方式、规则越来越熟练，发言的机会越来越多，承担的任务也越来越重要、完整，最后成为共同体的骨干，掌握了共同体的所有知识、活动、方式等。这一过程就是所谓的合法的边缘参与。

(3) 学习的情境性。建构主义者提出了情境性认知的观点，强调学习、知识和智慧的情境性，认为知识是不可能脱离活动情境而抽象地存在的，学习应该与情境化的社会实践活动结合起来。知识存在于具体的、情境性的、可感知的活动之中，不是一套独立于情境的知识符号(如名词术语等)，它只有通过实际应用活动才能真正被人所理解。人的学习应该与情境化的社会实践活动联系在一起，就如同手工作坊中师父带徒弟一样。学习者(如同徒弟)通过对某种社会实践的参与而逐渐掌握有关的社会规则、工具、活动程序等，形成相应的知识。

四、建构主义的教学观

建构主义对传统的教学观提出了尖锐批评，对教学也做出了新的解释，并提出了一系列改革教学的思想，其中最基本、最核心的思想是让学生通过问题解决来学习。也就是说，让学生具有对知识的好奇，想知道"事情为什么会这样"，然后再去探索，去寻找答案，消除自己认知上的冲突，通过这种活动来使学生建构对知识的理解。按照这种构想，在课程与教学的开始，应该给学生提出一些问题、两难选择或提问，以激发学生的好奇心，引发他们的理解活动。教师的任务是建立一个学生团体，让学生在这个团体中共同提出问题，共同解决问题。教师的一个重要职责是为学生团体设置任务，即布置要探索的问题。问题的设计既要反映某学科的关键内容，又要考虑学生现有的知识和经验，从而使学生看到新旧知识的联系。通过问题解决活动，可以培养学生的求知欲和探究欲，极大地激发学生的思维活动。学生把各种概念、原理放在某种完整的任务中去理解，有利于学生对知识结构形成深刻的理解，有助于形成具有广泛迁移价值的问题解决策略和积极的态度。

建构主义批评传统教学使学习去情境化的做法，提倡情境性学习。情境性学习以情境性认知理论为基础，主张学习应着眼于解决生活中的实际问题，因此，教学应该使学习在与现实相类似的情境中发生。在情境性学习中，教师不是将已经准备好的内容教给学生，而是提供解决问题的原型，并指导学生探索。情境性教学有利于激发学生的学习积极性和探索精神，也有利于培养学生解决问题的能力。

建构主义者很重视教学中师生以及学生之间的社会性相互作用。合作学习、交互教学在建构主义的教学中广为采用。建构主义认为，每个人都以自己的经验为背景建构对事物的理解，因而不同的人只能理解事物的不同方面，不存在对事物唯一正确的理解。合作学习和交互教学可以使学生超越自己的认知，看到那些与自己不同的理解，从而形成更加丰富和全面的认知。因此，教学要增进学生之间的合作，使学生看到与自己不同的观点。该观点与维果茨基对社会性交往的重视以及最近发展区的思想是一致的，学生在与比自己水平稍高的成员的交往中有利于将"潜在的可达到的水平"转化为"现实水平"。

本章知识要点

学习是人和动物在适应环境的过程中，凭借经验而产生的行为或行为潜能相对持久的变化。

加涅依据学习的水平将学习分为由简到繁的 8 个层次：信号学习、刺激—反应学习、连锁学习、言语联想学习、辨别学习、概念学习、规则学习、解决问题或高级规则的学习。他根据学习的结果将学习分为言语信息的学习、智慧技能的学习、认知策略的学习、态度的学习、动作技能的学习。

奥苏贝尔根据学习的方式，将学习分为接受学习和发现学习；根据学习材料与学习者原有知识的关系，将学习分为意义学习和机械学习。

学习与个体身心发展之间的关系是辩证的。一方面，学习可促进个体的身心发展；另一方面，个体的身心发展又作为学习的条件，为学习提供了可能性。

学习就是通过渐进的尝试错误形成刺激—反应联结的过程，刺激—反应联结的形成遵循准备律、练习律和效果律。

经典条件反射是指一个中性刺激和另一个带有奖赏或惩罚的无条件刺激多次重复结合，可使个体学会在单独呈现该中性刺激时，也能引发类似无条件反应的条件反应。经典条件反射的规律包括获得与消退、泛化与分化、高级条件作用。

巴甫洛夫将诱发条件反射的刺激区分为第一信号系统的刺激和第二信号系统的刺激。

华生是行为主义创始人。他提出，有机体的学习实质上就是建立条件作用，形成刺激和反应之间的联结，进而形成习惯的过程。

斯金纳最著名的理论就是操作性条件反射的提出。此外，他明确提出了强化的概念，并且将强化区分为正强化和负强化。

普雷马克原理是指用高频的活动作为低频活动的强化物，或者用学生喜爱的活动去强化其对不喜爱活动的参与。

惩罚是与强化相近的概念，是指当有机体做出某种反应以后，呈现一个厌恶刺激(又称惩罚物),从而使该行为的发生概率降低的过程。

斯金纳的理论在教学中最重要的应用是程序教学和行为塑造。

格式塔学派认为学习的本质就是个体积极、主动地形成格式塔的过程,学习过程的实质就是对问题情境的突然理解,即顿悟的过程。

布鲁纳认为,学习的实质不是被动地形成刺激—反应的联结,而是主动地形成认知结构。布鲁纳认为教学的最终目标在于促进学生对学科结构的一般理解。学科的基本结构是指学科的基本概念、基本原理,以及对该学科的基本态度。

发现学习是布鲁纳提倡的最佳学习方式。发现学习是指让学习者自己去发现学习内容的结构、结论和规律。

奥苏伯尔认为,有意义学习就是将符号所代表的新知识与学习者认知结构中已有的适当观念建立非人为的和实质性的联系。意义学习的产生既受学习材料本身性质的影响,也受学习者自身因素的影响。

意义的获得过程是新旧知识和经验相互作用的过程,按照新旧观念的概括水平及联系方式的不同,奥苏贝尔提出了三种同化模式:上位学习、下位学习和组合学习。

"先行组织者"是先于学习任务本身呈现的一种引导性材料,它要比学习任务本身有更高的抽象、概括和综合水平。设计"组织者"的目的是为新的学习任务提供观念上的固定点,增加新旧知识之间的可辨别性,以促进下位学习。

托尔曼认为,学习是有目的的,是期望的获得;学习是对完形的认知,最终形成认知地图。

加涅认为,学习过程是由一系列事件构成的,每个学习动作可以分解成8个阶段:动机阶段、领会阶段、习得阶段、保持阶段、回忆阶段、概括阶段、作业阶段、反馈阶段。

班杜拉是观察学习理论的提出者。观察学习是指学习者通过对他人的行为及其强化结果的观察而习得新行为的过程。

观察学习由4个相关联的子过程组成:注意过程、保持过程、动作复现过程和动机过程。

观察学习可能使个体产生5种效应,它们分别是习得效应、抑制效应与去抑制效应、反应促进效应、刺激指向效应、情绪唤醒效应。

人本主义心理学家罗杰斯认为,教育的理想就是要培养既用认知的方式行事也用感情的方式行事的知情合一的人。

罗杰斯认为有意义的学习不仅仅是一种增长知识的学习,而且是一种与每个人各部分经验都融合在一起的学习,是一种使个体的行为、态度、个性,以及在未来选择行动方针时发生重大变化的学习。

罗杰斯认为教师是学生学习的促进者,为此教师应该做到:真诚一致;无条件的积极关注;同理心。

建构主义者认为知识只不过是人们对客观世界的一种解释、假设或假说,它不是问题的最终答案;知识需要针对具体问题的情境对原有知识进行再加工和再创造;对知识的理解都是由学习者自身基于自己的经验和背景而建构起来的。

建构主义者强调学生已有知识和背景在学习中的重要作用,重视学生的个体差异;在学习观上强调学习的主动建构性、社会互动性和情境性3个方面;倡导问题导向的教学,提倡情境化的教学,重视教学中师生以及学生之间的社会性相互作用。

本章练习题

一、单选题

1. 下列选项属于学习的是(　　)。
   A. 每天跑步　　　　B. 视力下降　　　　C. 装修房屋　　　　D. 不怕见生人了

2. 加涅按照学习结果的不同,将学习分为(　　)。
   A. 接受学习、发现学习与意义学习、机械学习
   B. 信号学习、刺激—反应学习、机械学习和意义学习
   C. 知识学习、技能学习和行为规范的学习
   D. 智慧技能的学习、认知策略的学习、言语信息的学习、动作技能的学习和态度的学习

3. 教师预先不通知的抽查考试、随堂小考属于(　　)。
   A. 变化比率强化　　　　　　　B. 变化时间间隔强化
   C. 固定比率强化　　　　　　　D. 固定时间间隔强化

4. 顿悟说强调问题解决的过程是(　　)。
   A. 通过一次一次的反复,逐渐淘汰盲目的错误尝试
   B. 对信息进行加工处理,使问题从初始状态转变为目标状态的过程
   C. 从整体把握全部问题情境和认知结构的豁然改组
   D. 建立刺激情境与反应之间的正确联结

5. 班杜拉提出的学习理论是(　　)。
   A. 操作性条件反射理论　　　　B. 观察学习理论
   C. 认知建构理论　　　　　　　D. 认知结构理论

6. 让狮子钻火圈的驯兽师所采用的方法依据的是(　　)。
   A. 操作性条件反射理论　　　　B. 观察学习理论
   C. 经典条件反射理论　　　　　D. 认知结构理论

7. 幼儿园里神奇的小红花可以塑造孩子们的行为,依据的是(　　)。
   A. 经典条件反射理论　　　　　B. 格式塔理论
   C. 操作性条件反射理论　　　　D. 建构主义理论

8. "近朱者赤,近墨者黑"的依据是(　　)。
   A. 观察学习理论　　B. 试误说　　C. 认知结构理论　　D. 顿悟说

9. (　　)不是建构主义的教学方式。
   A. 支架式教学　　B. 程序教学　　C. 情境性教学　　D. 随机通达教学

10. (　　)是布鲁纳提倡的最佳学习方式。
    A. 发现学习　　B. 合作学习　　C. 自由学习　　D. 接受学习

二、判断题

1. 根据加涅的学习水平分类,信号学习是最低级的学习形式。　　　　　　(　　)

2. 学习会给个体带来某种变化，但这种变化可能是不可见的。　　　　　（　　）

3. 学生的学习具有一定程度的被动性。　　　　　　　　　　　　　　（　　）

4. 奥苏贝尔根据学习的方式将学习分为发现学习和接受学习，这两种学习形式都可能是有意义的。　　　　　　　　　　　　　　　　　　　　　　　　　　　　　（　　）

5. 托尔曼并不认同传统行为主义"学习是盲目尝试"的观点，他认为学习是有目的的。
　　　　　　　　　　　　　　　　　　　　　　　　　　　　　　　　（　　）

6. 罗杰斯认为认知和情感教育同等重要。　　　　　　　　　　　　　（　　）

7. 看见别的同学旷课没有受到惩罚，小明也装病旷课，这属于观察学习的反应促进效应。
　　　　　　　　　　　　　　　　　　　　　　　　　　　　　　　　（　　）

8. 罗杰斯倡导的有意义学习和奥苏贝尔倡导的有意义学习本质上是相同的。　（　　）

9. 根据建构主义的主张，我们对世界认识的正确性是相对的，可能随着时间的推进而不断修正。　　　　　　　　　　　　　　　　　　　　　　　　　　　　　　（　　）

10. 依据观察学习理论的观点，"言传"重于"身教"。　　　　　　　（　　）

三、主观题

1. 辨析题：

经典条件反射和操作性条件反射都强调强化的运用，两者并无本质区别。

请判断以上观点的正误，并说明原因。

2. 材料题：

2001 年 6 月教育部印发了《基础教育课程改革纲要(试行)》，提出了课程目标的 6 个改变。在这 6 个改变中，第一个改变是改变课程过于注重知识传授的倾向，强调形成积极主动的学习态度，使获得基础知识与基本技能的过程同时成为学会学习和形成正确价值观的过程。该规定明确了新课程的"三维课程目标"包括"知识与技能""过程与方法""情感态度与价值观" 3 个维度。

请仔细阅读材料，尝试运用人本主义学习理论分析"三维课程目标"的必要性。

第四章

学习动机

学习目标

1. 掌握学习动机的含义与分类。
2. 能够理解学习动机与学习效果之间的关系(耶克斯—多德森定律)。
3. 掌握学习动机的几个主要理论,并能够根据理论指导教学。
4. 能够培养与激发学生的学习动机。

章节导读

有的同学上学是为了"出人头地",有的同学是怕辜负父母的期望,还有的同学是因为喜欢某一门学科……在心理学中,我们称这些五花八门的学习原因为学习动机。学习动机的分类有很多,而且不同类型的学习动机对学习产生的影响也存在很大差异。在本章中,我们不但要学习有哪些主要类型的学习动机,还要进一步了解心理学家是怎样利用学习动机来指导教学和学习的。通过本章的学习,学生应学会运用恰当的方式来激发自己的学习潜力,使自己更加努力地学习。

第一节　学习动机概述

学习动机是人们进行和维持学习活动的一种动力机制。学习动机有不同的种类,而这些不同种类的学习动机对学习也起着不同的作用。本节将对学习动机的含义、类型,以及学习动机对学习的作用逐一进行介绍。

一、学习动机的含义与结构

(一) 学习动机的含义

学习动机是激发个体进行学习活动、维持已引起的学习活动，并使个体的学习活动朝向一定的学习目标的一种内部启动机制。学习动机与学习活动可以相互激发、相互加强。学习动机一旦形成，就会自始至终贯穿于某一学习活动的全过程。因此，学习动机可以加强并促进学习活动，学习活动又可激发、增强甚至巩固学习动机。

(二) 学习动机的结构

动机由内驱力和诱因两个基本因素构成。内驱力指在有机体需要的基础上产生的一种内部推动力，是一种内部刺激。内驱力的作用可以通过行为强度来测量。诱因指能满足有机体需要的物体、情境或活动，是有机体趋向或回避的目标。满足有机体需要的诱因是后天通过个体经验而逐步形成的。当有机体在个体活动中把自己的各种需要与能满足其需要的物体、情境联系在一起，这些物体和情境就成为行为的目标。

在动机中，需要与诱因是紧密联系着的。需要比较内在、隐蔽，是支配有机体行动的内部原因；诱因是与需要相联系的外界刺激物，它吸引有机体的活动并使需要有可能得到满足。没有需要，就不会有行为的目标；相反，没有行为的目标或诱因，也就不会有某种特定的需要。因此，也可以说动机是由需要与诱因共同组成的。

二、学习动机的分类

根据不同的分类标准，学习动机可以分成不同的种类，常见的学习动机类型有以下几种。

(一) 高尚的、正确的学习动机和低级的、错误的学习动机

根据学习动机内容的社会意义，可将学习动机分为高尚的学习动机与低级的学习动机或者正确的学习动机与错误的学习动机。高尚的、正确的学习动机的核心是利他主义，学生把当前的学习同国家和社会的利益联系在一起。例如，大学生勤奋、努力学习各门功课，是因为他们意识到自己在不久的将来是国家建设的中坚力量，肩负着建设祖国的重任，所以现在要打好基础，掌握科学知识。低级的、错误的学习动机的核心是利己的、自我中心的，学习动机只来源于自己眼前的利益。例如，有的大学生努力学习只是为了个人的名誉与出路。

(二) 内部学习动机和外部学习动机

根据学习动机的动力来源，可将学习动机分为内部学习动机和外部学习动机。内部学习动机又称内部动机作用，是指由个体内在的需要引起的学习动机。例如，学生的求知欲、学习兴趣、改善和提高自己能力的愿望等内部动机因素，会促使学生积极、主动地学习。外部动机又称外部动机作用，是指个体由外部诱因所引起的学习动机。例如，某些学生为了得到教师或父母的奖励或者为了避免受到教师或父母的惩罚而努力学习，他们从事学习活动的动机不在学习任务本身，而是在学习活动之外。

(三) 近景的直接性学习动机和远景的间接性学习动机

根据学习动机的作用与学习活动的关系，可将学习动机分为近景的直接性学习动机和远景的间接性学习动机。近景的直接性学习动机是与学习活动直接相关的，来源于对学习内容或学习结果的兴趣。例如，学生的求知欲、成功的愿望、对某门学科的浓厚兴趣，以及教师生动形象的讲解、教学内容的新颖等都直接影响学生的学习动机。这类动机作用的效果比较明显，但稳定性比较差，容易受到环境或一些偶然因素的影响。远景的间接性学习动机是与学习的社会意义和个人的前途相关的。例如，大学生意识到自己的历史使命，为不辜负父母的期望，为争取自己在班集体中的地位等都属于间接性学习动机。

(四) 认知内驱力、自我提高内驱力和附属内驱力

奥苏贝尔指出："一般称为学校情境中的成就动机至少应包括三方面的内驱力，即认知内驱力、自我提高的内驱力以及附属内驱力。"他认为，学生所有的指向学业的行为都可以从这三方面的内驱力加以解释。随着儿童年龄的增长，这三种内驱力的比重会有改变。认知内驱力，即了解和理解的需要，要求掌握知识的需要，以及系统地阐述问题并解决问题的需要。在有意义的学习中，认知内驱力是一种最重要和最稳定的动机，这种动机指向学习任务本身(为了获得知识)，满足这种动机的奖励(知识的实际获得)是由学习本身提供的，因而也被称为内部动机。

自我提高的内驱力是个体因自己的胜任能力或工作能力而赢得相应地位的需要。这种需要从儿童入学开始，日益重要，成为成就动机的主要组成部分。自我提高的内驱力与认知内驱力不一样，它并非直接指向学习任务本身。自我提高的内驱力把成就看作赢得地位与自尊心的根源，它显然是一种外部动机。

附属内驱力是一个人为了保持长者们(如家长、教师等)的赞许或认可而表现出来的把工作做好的一种需要。它具有三个条件：第一，学生与长者在感情上具有依附性。第二，学生从长者方面所博得的赞许或认可(如被长者视为可爱的、聪明的、有发展前途的人，而且受到种种优惠的待遇)中将获得一种派生的地位。所谓派生地位，不是由他本身的成就水平决定的，而是从他所自居和效法的某个人或某些人不断给予的赞许或认可中引申出来的。第三，享受到这种派生地位乐趣的人，会有意识地使自己的行为符合长者的标准和期望(包括对学业成就方面的一些标准和期望)，借以获得并保持长者的赞许，这种赞许往往使一个人的地位更确定、更巩固。

猜一猜，想一想

你能判断下面哪一种是内部学习动机吗？
- 因为对文学感兴趣而上阅读课
- 为中华之崛起而读书
- 读书是为了帮助更多的人

三、学习动机的作用

学习动机的作用主要体现在对学习过程的影响和对学习效果的影响两个方面。下面将从学习过程和学习效果两个方面分别介绍学习动机的作用。

(一) 学习动机对学习过程的影响

(1) 引发作用。当学生对某些知识或技能产生迫切的学习需要时，就会激起学习内驱力，唤起内部的激动状态，产生焦急、渴求等心理体验，并最终引发一定的学习行为。

(2) 定向作用。学习动机以学习需要和学习期待为出发点，使学生的学习行为在初始状态时就指向一定的学习目标，并推动学生为达到这一目标而努力学习。有的学生可能面临多种学习目标或诱因，这就需要在其中做出选择。这种目标选择既取决于学生对不同目标或诱因的期望强度，又取决于学生已有的知识和经验。

(3) 维持作用。在学习过程中，学生的学习是认真还是马虎，是勤奋还是懒惰，是持之以恒还是半途而废，在很大程度上取决于学习动机的水平。美国心理学家阿特金森在全面探讨了有关动机研究的文献后，发现了一个较为普遍的规律，即完成某项具体学习任务所需要的时间与对该项任务的动机水平正相关。由此可见，学习动机水平高的学生能在长时间的学习活动中保持认真的态度且具有坚持把学习任务认真完成的毅力，而学习动机水平低的学生则缺乏学习行为的稳定性和持久性。

(4) 调节作用。学习动机调节学习行为的强度、时间和方向。如果行为活动未达到既定目标，学习动机还将驱使学生转换行为活动方向以达到既定目标。

(二) 学习动机对学习效果的影响

一般情况下，动机具有加强学习的作用。有研究者考察了大量的关于动机与成就关系的研究报告，分析了其中 232 项动机测量和学业成就之间的相关系数，发现其中 98%是正相关。这一结果表明，高动机水平的学生，其成就也高；反之，高成就水平也能引起高的动机水平。有的研究发现，成就动机强的被试较之成就动机弱的被试更能坚持学习，学习更有成效。

但是，需要注意的是，学习动机强度与学习效率并不完全成正比。过分强烈的学习动机往往使学生处于一种紧张的情绪状态之下，注意力和知觉范围变得狭窄，限制了学生正常的智力活动，降低了思维效率。因此，学习动机存在一个最佳水平，即在一定范围内，学习效率随学习动机强度增大而提高，直至达到学习动机最佳水平而获最佳，之后则随学习动机强度的进一步增大而下降，两者之间的关系是一条倒 U 形曲线。此外，学习动机的最佳水平会随学习活动的难易程度而有所变化。一般来说，从事比较容易的学习活动，动机的最佳水平点会高些，而从事比较困难的学习活动，动机的最佳水平点会低些，这就是耶克斯—多德森定律(见图 4-1)。动机水平的最佳点还会因人而异，进行同样难度的学习活动，对有的学生来说，动机最佳水平点高些更有利，但对于另一些学生来说，可能最佳水平点低些更有利。

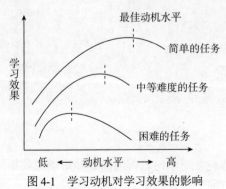

图 4-1　学习动机对学习效果的影响

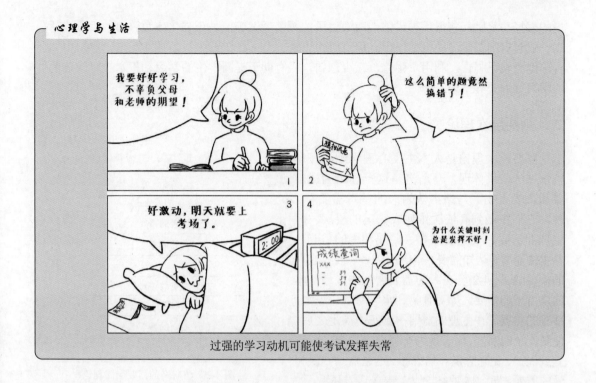

过强的学习动机可能使考试发挥失常

第二节　学习动机的理论

对于学习动机产生的原因与学习动机的作用，不同学派的心理学家从不同的理论视角给出了各自的解释。行为主义心理学家重视强化在学习动机中的作用，而人本主义心理学家则强调个体心理需要的满足对学习动机的重要影响，另有学者看重认知因素对学习动机的推动作用。本节将对几种具有代表性的学习动机理论做简要介绍。

一、强化动机理论

学习动机的强化理论是由联结主义心理学家提出来的，他们不仅用强化解释学习的发生，而且用它来解释动机的产生。联结主义心理学家用 S-R 式来解释人的行为，认为动机是由外部刺激引起的一种对行为的冲动力量，并特别重视用强化来说明动机的激发与作用。在他们看来，人的某种学习行为倾向完全取决于先前的这种学习行为与刺激因强化而建立起来的稳固联系，强化可以使人在学习过程中增强某种反应发生的可能性。与此相应，联结学习理论的中心概念是刺激与反应之间的联结，而不断强化则可以使这种联结得到加强和巩固。按照这种观点，任何学习行为都是为了获得某种报偿。因此，在学习活动中，采取各种外部手段如奖赏、赞扬、评分、竞赛等，可以激发学生的学习动机，引起其相应的学习行为。

学校中的强化既可以是外部强化，也可以是内部强化。前者是由教师对学生采取的强化手段，后者则是自我强化，即学生在学习中由于获得成功的满足而增强了学习的成功感与自信心，从而增强了学习动机。无论是外部的还是内部的强化，都有正强化与负强化之分，并与惩罚有着千丝万缕的关系。一般来说，正强化和负强化都起着增强学习动机的作用，如适当的表扬与奖励、获得优秀成绩、取消讨厌的频繁考试等便是正强化或负强化的手段。惩罚则一般起着削弱学习动机的作用，但有时也可使一个人在失败中重新振作起来。学习中如能合理地增强正强化，利用负强化，减少惩罚，将有助于提高学生的学习动机水平，改善他们的学习行为及其结果。

二、需要层次理论

需要层次理论是人本主义心理学理论在动机领域的成果体现，马斯洛是这一理论的提出者和代表人物。马斯洛认为人的基本需要有7种，它们由低到高依次排列成一定的层次，即生理的需要、安全的需要、归属和爱的需要、尊重的需要、认知需要、审美的需要、自我实现的需要(见图4-2)。在人的需要层次中，最基本的是生理的需要，如对食物、水、空气、睡眠、性等的需要。在生理的需要得到基本满足之后，便是安全的需要，即表现为个体要求稳定、安全、受到保护、免除恐惧和焦虑等。这之后是归属和爱的需要，即个体要求与他人建立感情联系，如结交朋友、追求爱情等。随后出现的是尊重的需要，它包括自尊和受到他人的尊重。在上述

图4-2　马斯洛的需要层次理论

这些需要得到基本满足之后，便进一步追求认知、审美和自我实现的需要。自我实现作为一种最高级的需要，具有两方面的含义：完整而丰满的人性的实现和个人潜能的实现。

马斯洛认为，各种需要不仅有层次高低之分，而且有前后顺序之别，只有低层次的需要得到基本满足后，才能产生高层次的需要。同时，马斯洛又把这7种需要分为基本需要和成长需要两类。其中，生理的需要、安全的需要、归属和爱的需要、尊重的需要属于基本需要，它们因身心的缺失而产生，因此也称缺失性需要，是人类维持生活所必需的，一旦它们得到满足，其强度就会降低，因此个体所追求的缺失性目的物是有限的。成长需要区别于基本需要的根本特点在于它的永不满足。也就是说，自我实现的需要的强度不仅不随其满足而降低，反而会因获得满足而增强，因此个体所追求的成长性目的物是无限的，是永无止境的。

需要层次理论说明，在某种程度上学生缺乏学习动机可能是由于某种基本需要没有得到充分满足而引起的。例如，家境清贫使得温饱得不到满足；父母离异使得归属和爱的需要得不到满足；教师过于严厉和苛刻，动辄训斥和批评学生，使得安全的需要和尊重的需要得不到满足等。

猜一猜，想一想

马斯洛把人的需要划分为7个层次，并且认为只有较低层次的需要得到部分满足之后才会出现对较高层次的需要的追求。然而，在战争年代，有很多仁人志士宁可自己饿肚子，也要为了革命事业而奋斗。想一想，这种现象说明了什么呢？

三、归因理论

人们做完一项工作之后，往往喜欢寻找自己或他人取得成功或失败的原因，这就是心理学家探索归因问题的客观依据。最早提出归因理论的是海德(Fritz Heider，1896—1988)，后经罗特(Julian B. Rotter，1916—2014)以及韦纳(Bernard Weiner，1935—)等学者的发展进一步成熟。下面主要介绍罗特的控制点理论和韦纳的归因理论。

(一) 罗特的控制点理论

罗特对归因理论进行了发展，提出了控制点的概念，并依据控制点把个体分为内控型和外控型。内控型的人认为自己可以控制周围的环境，无论成功还是失败，都是由于自己的能力或努力等内部因素造成的，他们乐于对自己的行为负责；外控型的人则认为自己无法控制周围的环境，无论成败都归因为他人的影响或运气等外在因素，他们往往不愿为自己的行为承担责任。

(二) 韦纳的归因理论

在海德和罗特研究的基础上，韦纳对行为的归因进行了系统探讨，发现人们倾向于将活动成败的原因归纳为 6 个因素，即能力、努力程度、任务难度、运气(机遇)、身心状态、外界环境。同时，韦纳认为这 6 个因素可归为 3 个维度，即内部归因和外部归因、稳定归因和不稳定归因、可控归因和不可控归因，如表 4-1 所示。

表 4-1　韦纳的三维度六因素归因模型

因素维度	控制源		稳定性		可控性	
	内部	外部	稳定	不稳定	可控	不可控
能力	√		√			√
努力程度	√			√	√	
任务难度		√	√			√
运气		√		√		√
身心状态	√			√		√
外界环境		√		√		√

韦纳认为，每一维度对动机都有重要的影响。在控制源维度上，如果将成功归因于内部因素，会产生自豪感，从而使动机提高；归因于外部因素，则会产生侥幸心理。如果将失败归因于内部因素，则会产生羞愧的感觉；归因于外部因素，则会生气。在稳定性维度上，如果将成功归因于稳定因素，会产生自豪感，从而使动机提高；归因于不稳定因素，则会产生侥幸心理。如果将失败归因于稳定因素，将会产生绝望的感觉；归因于不稳定因素，则会生气。在可控性维度上，如果将成功归因于可控因素，则会积极地去争取成功；归因于不可控因素，则不会产生强大的动力。如果将失败归因于可控因素，则会继续努力；归因于不可控因素，则会绝望。学生将失败归因于内部、稳定、不可控是最大的问题，会产生习得性无助感。接下来，我们将对习得性无助做进一步介绍。

(三) 习得性无助

"习得性无助"是美国心理学家塞利格曼(Seligman)于 1967 年在研究动物时提出的,他用狗做了一项经典实验,起初把狗关在笼子里,只要蜂音器一响,就施以难受的电击,狗关在笼子里逃避不了电击。多次实验后,研究者在电击开始前先把笼门打开,等到蜂音器一响,此时的狗不但不逃反而不等电击出现就先倒在地开始呻吟和颤抖。也就是说,狗本来可以主动地逃避却绝望地等待痛苦的来临,这就是习得性无助。一般认为,习得性无助是指通过学习形成的一种对现实的无望和无可奈何的行为、心理状态。

不恰当的归因可能会造成学生产生习得性无助现象。例如,当学生认为造成他学业、心理问题的因素是内在的、稳定的、不可控的时候,就容易感到内疚、沮丧和自卑,认为无论尽多大努力,都难以提高自己的学习成绩,从而降低学习动机,不愿做尝试性努力,表现出学习领域的习得性无助。所以,为了避免学生的习得性无助,教师应该对学生的失败给予合理归因,避免将学生的失败归于不可控因素。

四、自我效能感理论

自我效能感指人们对自己是否能够成功地从事某一成就行为的主观判断。这一概念由班杜拉最早提出。20 世纪 80 年代以来,自我效能感理论得到了丰富和发展,也得到了大量实证研究的支持。班杜拉在他的动机理论中指出,人的行为受行为的结果因素与先行因素的影响。行为的结果因素就是通常所说的强化,并把强化分为 3 种:一是直接强化,即通过外部因素对学习行为予以强化;二是替代性强化,即通过一定的榜样来强化相应的学习行为或学习行为倾向;三是自我强化,即学习者根据一定的评价标准进行自我评价和自我监督,来强化相应的学习行为。

班杜拉认为,行为的出现不是由于随后的强化,而是由于人认识了行为与强化之间的依赖关系后,形成了对下一强化的期待。期待包括结果期待和效能期待。结果期待指的是个体对自己的某种行为会导致某一结果的推测。效能期待则指个体对自己能否实施某种成就行为的能力的判断,即人对自己能力的推测。当个体确信自己有能力进行某一活动时,他会产生高度的自我效能感,并会实际去实施活动。

班杜拉的研究表明,影响自我效能感形成的主要因素有 4 个:①个体自身行为的成败经验。一般来说,成功经验会提高效能期待,反复的失败则会降低效能期待,这是对自我效能感影响最大的一个因素。②替代性经验。学习者通过观察示范者的行为而获得的间接经验对自我效能感的形成也有重要影响。③言语说服。这是试图凭借说服性的建议、劝告、解释和自我引导,来改变人们自我效能感的一种方法。依靠这种方法形成的自我效能感不易持久,一旦面临令人困惑或难以处理的情境时,会迅速消失。④情绪的唤起。班杜拉认为情绪和生理状态也影响自我效能的形成。在充满紧张、危险的场合或负荷较大的情况下,情绪易于唤起,高度的情绪唤起和紧张的生理状态会妨碍行为操作,降低对成功的预期水准。

自我效能感形成后,对人的行为将产生极为深刻的影响,主要表现在:①决定人们对活动的选择,以及对活动的坚持性。自我效能感水平高者倾向于选择富有挑战性的任务,在困难面前能坚持自己的行为;而自我效能感水平低者则相反。②影响人们面对困难的态度。自我效能感水平高者敢于面对困难,富有自信心,相信通过坚持不懈的努力可以克服困难;而自我效能感水平低者在困难面前缺乏自信,畏首畏尾,不敢尝试。③自我效能感不仅影响新行为的习得，而且影响已习得行为的表现。④自我效能感还会影响活动时的情绪。自我效能感高者参加活动的信心十足，情绪饱满，而自我效能感低者则充满恐惧和焦虑。

五、成就动机理论

成就动机这一概念源于 20 世纪 30 年代默里(Murray)的有关研究。他把成就动机定义为一种努力克服障碍、施展才能，力求又快又好地解决某一问题的愿望或趋势。20 世纪四五十年代，麦克利兰(McClelland)和阿特金森(Atkinson)等接受默里的思想，并将其发展为成就动机理论。

麦克利兰的研究发现，成就需要高的人，喜欢对问题承担自己的责任，能从完成任务中获得满足感。成就动机的高低还影响个体对职业的选择。成就动机低的人倾向于选择风险较小、独立决策少的职业；成就动机高的人喜欢从事具有开创性的工作，并且在工作中勇于做出决策。阿特金森将麦克利兰的理论做了进一步深化，提出了影响深远的"期望—价值"理论。他认为，个体的成就动机强度由成就需要、期望水平和诱因价值三者共同决定，用公式表示为

$$动机强度(T)＝f(成就需要×期望水平×诱因价值)$$

其中，成就需要是个体稳定地追求成就的倾向(M)，期望水平是个体在某一任务上获得成功的可能性(P)，诱因价值是个体成功地完成某一任务所带来的价值和满足感(I)。一般而言，任务难度越大(成功的可能性越少)，成功所带来的满足感也就越强，所以 P 与 I 存在互补关系，即 $I＝1－P$。

人们在追求成就时存在两种倾向：一种是追求成功和由成功带来的积极情感的倾向性，即力求成功的动机；另一种是避免失败和由失败带来的消极情感的倾向性，即避免失败的动机。根据这两类动机在个体的动机系统中所占的比例，可以将个体分为力求成功者和避免失败者。力求成功者的目的是获取成就，所以他们会选择有所成就的任务，而成功概率为 50%的任务是他们最有可能选择的，因为这种任务能给他们提供最大的现实挑战，有助于他们通过努力来提高自尊心和获得心理上的满足。当他们面对完全不可能成功或稳操胜券的任务时，动机水平反而会下降。相反，避免失败者则倾向于选择非常容易或非常困难的任务，如果成功概率大约是 50%时，他们会回避这项任务，以防止自尊心受损和产生心理烦恼。选择容易的任务可以保证成功，使自己免遭失败；选择极其困难的任务，即使失败，也可以找到适当的借口，得到自己和他人的原谅，从而减少失败感。

猜一猜，想一想

根据成就动机理论的观点，追求成功者和避免失败者追求的任务难度是不同的。前者喜欢有挑战性的任务，而后者倾向选择非常容易或非常困难的任务。

据此，一位老师认为分配任务时应该分配给避免失败者一些极简单或极困难的任务。这样做可以吗？为什么？

六、成就目标理论

成就目标理论是以成就动机理论和归因理论为基础，在德韦克(Carol S. Dweck)能力理论

的基础上发展起来的一种学习动机理论。德韦克认为，人们对能力持有两种不同的内隐观点，即能力增长观和能力实体观。持能力增长观的个体认为，能力是可改变的，随着学习的进行是可以提高的；持能力实体观的个体则认为，能力是固定的，是不会随学习而改变的。

由于人们持有的能力内隐观点不同，因而他们的成就目标也存在差异。持能力增长观的个体倾向于确立掌握目标，他们希望通过学习来提高自己的能力；而能力实体观的个体倾向于确立表现目标，他们希望在学习过程中证明或表现自己的能力。研究表明，虽然这两类成就目标都可促进个体主动而有效地从事挑战性任务，但它们在更多的方面是不同的，具有不同的学习效果。

七、自我价值理论

自我价值理论是美国教育心理学家卡文顿(Martin V. Covington)提出的。该理论的基本假设是当自己的自我价值受到威胁时，人们将竭力维护自我价值。自我价值理论认为人们将自我接受作为最优先的追求。在学校，学生的价值通常来自他们在竞争中获得成功的能力。换句话说，学校中的成功应被理解为保持积极的、有关能力的自我形象，尤其是在遭遇竞争失败时。

自我价值理论澄清了阿特金森关于成就动机可分为追求成功和避免失败是独立的两个维度的描述，不再以简单的趋避两极模型来解释，即趋向成功和避免失败位于一个连续体的两端，而采用四象限模型将动机类型划分为 4 种(见图 4-3)：①高趋低避者。这类学生的学习超越了对能力状况和失败状况的考虑，又被称作成功定向者。他们往往拥有无穷的好奇心，对学习有极高的自我卷入。②低趋高避者，又称避免失败者。这类学生有很多保护自己胜任感的策略，使用各种自我

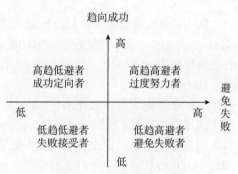

图 4-3　自我价值理论模型

防御术，从外部寻找个人无法控制的原因来解释失败。③高趋高避者，又称过度努力者。他们兼具了成功定向者和避免失败者的特点。一方面对自我能力的评价较高，另一方面这一评价又不稳定，极易受到失败经历的影响。他们往往有完美主义的倾向，给了自己过大压力，处在持续恐惧之中。④低趋低避者，又称失败接受者。他们放弃了通过能力的获得来保持其身份和地位的努力。这些学生在面临学业挑战时表现出退缩，他们用于学习的时间很少，焦虑水平也很低，对极少获得的成功不自豪，对失败也不感到羞耻。

第三节　学习动机的培养与激发

学习动机的产生是一个从无到有、由强到弱的循序渐进的过程。本节在详细分析学习动机的产生与培养措施之前，首先探讨了影响学习动机的因素，然后在此基础上进一步分析应该从哪些方面着手来培养与激发学生的学习动机。

一、学习动机的影响因素

学习动机的影响因素既包括学生自身的学习目标、性格特征等主观因素，也包括家庭、学校环境等客观因素。

(一) 主观因素

影响学习动机形成的主观因素主要有学生的需要与目标结构、成熟程度与年龄特点、性格特征与个别差异、志向水平与价值观、焦虑程度等。

(1) 需要与目标结构。每个学生认知需要的强度不同，反映在学习动机上也有强度差异。此外，学生的学习目标可分为两类，即掌握目标和表现目标。以掌握目标为主的学生主要关注掌握所学的内容，而非成绩。他们往往不怕困难与挫折，主动挑战，坚持学习，不断进步。以表现目标为主的学生十分在意自己的行为表现及别人对自己的评价，注重成绩，而非学到了什么或付出了多少努力。这类学生往往尽量避免犯错和挑战，知难而退。目标定向不同的学生在成败归因上有所不同。掌握目标定向者倾向于把学习的成败归因于学习方法，表现目标定向者倾向于把学习的成败归因于运气、能力和任务难度。

(2) 成熟程度与年龄特点。年幼儿童的动机主要是生理性动机，随着年龄的增长，社会性动机及其作用也日益增长。在儿童时期，附属内驱力是一种主要的学习动机，尤其是在儿童早期更为突出，到了少年期和青年期，附属内驱力不仅在强度方面有所减弱，而且其来源开始从家长和教师转向同龄伙伴。相反，随着学生平均年龄的增长、学习目的性的明确和学习兴趣的增加，认知内驱力日益发展。研究发现，在不同的年龄阶段，学习的主导性动机会发生变化和转移。例如，在小学低年级，有些学生努力学习主要是为了让父母满意，有些学生认真学习某门课程主要是觉得这门课程有趣；到了初中，有些学生努力学习主要是为了将来考取理想的学校，有些学生认真学习主要是为了在众人面前显示自己的才能。

(3) 性格特征与个别差异。学生的兴趣、好奇心、意志品质等都影响学习动机的形成。兴趣可视为动机的定向，而动机之所以定向，是由于行为后获得了动机的满足。好奇心是一种原始的内在冲动，它与生俱来，不需要学习，被视为人类求知的最原始的内在动力。好奇心不但具有动机的意义，而且与学习动机有密切关系。意志具有促进行为的动机作用，它比动机更具选择性与坚持性。意志可视为人类独有的高层次动机，它可以调整甚至限制较低层次的动机，从而使人克服困难，去追求自认为有价值的目标。

(4) 志向水平与价值观。学生的志向水平与价值观影响其学习动机和目标结构的形成。一般来说，志向水平越高，学习动机就越强，且越具有持久性。世界观、人生观和价值观直接影响个体对事物的价值判断，进而影响个体是否把该事物作为目标物，以及对该目标物追求的强烈程度。如果某学生认为上学读书没有多大价值，那就很难希望他有强烈的学习动机。

(5) 焦虑程度。焦虑指学生担心不能完成任务时产生的不舒适、紧张和担忧的感觉。焦虑程度会影响学习动机和学业成绩。大量研究表明，中等程度的焦虑对学习是有益的，焦虑程度过低或过高都会对学习产生不良影响。焦虑程度过低则学习动力不足，焦虑程度过高则导致神经过度紧张、生理节律紊乱、失眠，甚至恐惧等不良反应，从而对学习带来不良影响。

(二) 客观因素

(1) 家庭环境。学习动机是社会要求在学生头脑中的反映，个体学习动机的形成和结构受生活条件的制约与影响。社会要求首先通过家庭对学生产生影响，年级越低的学生，其学习动机受家庭的影响越大。研究发现，家庭教养方式以及父母受教育程度等因素会影响儿童的学习动机。

(2) 社会环境。与家庭的影响相比，随着学生年龄增长和逐渐成熟，社会环境对其产生的影响越来越大。社会环境不仅直接影响学生的学习动机，而且通过家庭环境间接地影响学生的学习动机。所以，全社会形成尊重知识、尊重人才、尊师重教的风气，有利于学生形成积极而正确的学习动机。

(3) 学校教育。学校教育对学生学习动机的形成和发展起主导作用，它可以强化学生在家庭、社会的影响下初步形成的正确的学习动机，也可以纠正学生在家庭、社会的影响下形成的错误的学习动机。学校教育对学生学习动机的影响主要是通过教师的作用实现的。首先，教师是学生学习的榜样。教师对工作认真、负责的态度会对学生产生潜移默化的影响。其次，教师对学生的期望会对学生的学习动机和行为产生巨大影响，即皮格马利翁效应。教师对学生的期望不同，就会产生不同的对待方式，进而影响学生的自我概念、成就动机水平、抱负水平和行为水平。最后，教师是沟通学校、家庭和社会教育的桥梁，是学生形成正确学习动机的纽带。学生学习动机的培养和激发主要是通过教师的工作，配合各方面的教育影响而完成的。校风、班风、学风、考风等也是影响学生学习动机的重要因素。

二、学习动机的培养

学习动机的培养可以从学习效果入手，使学生体验到学习带来的成就感，也可以综合考虑学生的直接与间接兴趣来培养学生的学习动机。

(一) 利用学习动机与学习效果的互动关系培养学习动机

学习动机作为引起学习活动的动力机制，是学习活动得以发动、维持、完成的重要条件，并由此影响学习效果；而学习动机之所以能影响学习效果，是因为它直接制约学习积极性。学习动机强的学生，必然在学习活动中表现出较高的学习积极性，他们在学习中能专心一致，具有深厚持久的学习热情，遇到困难时有顽强的自制力和坚强的毅力。反之，缺乏学习动机的学生，学习积极性必然低。学习积极性的高低将直接影响学习效果，因此，学习动机可以影响学习效果。

但是，心理学研究表明，不仅学习动机可以影响学习效果，学习效果也可以反作用于学习动机。如果学习效果好，主体在学习中所付出的努力与所取得的收获成正比，主体的学习动机就会得到强化，从而巩固了新的学习需要，使学习更有成效。这样，学习需要与学习效果相互促进，从而形成学习上的良性循环；反之，不良的学习效果使学习的努力得不到相应的收获，从而削弱学习需要，降低学习积极性，导致更差的学习效果，最终形成学习上的恶性循环。

(二) 利用直接发生途径和间接转化途径培养学习动机

教育心理学研究表明，新的学习需要可以通过两条途径来形成：一是直接发生途径，即因原有学习需要不断得到满足而直接产生新的更稳定、更分化的学习需要；二是间接转化途径，即新的学习需要由原来满足某种需要的手段或工具转化而来。利用直接发生途径，主要应考虑如何使学生原有学习需要得到满足。由于认知内驱力是最稳定、最重要的学习动机，因此满足学生的认知需要有利于培养新的学习需要。为此，教师应耐心、有效地解答学生提出的问题，精心组织信息量大、有吸引力的课堂教学，以满足学生的求知欲。从间接转化途径考虑，教师应主要通过各种活动，提供各种机会，满足学生其他方面的要求和爱好。就各种课外活动小组而言，很多学生参加的原因最初可能并不是出于对某一门学科的爱好，而很可能是追求活动中的娱乐和与同伴交流的快乐。比如，参加自然小组的学生，可能不是出于对自然科学的兴趣，而是出于对外出郊游的向往；参加数学小组的学生，可能不是出于对数学本身的兴趣，而是出于喜欢数学的游戏形式。但是在活动开展过程中，自然小组的学生可能发展出对地理、化学、物理等方面知识的兴趣，数学小组的学生可能会产生学习计算、测量等方面知识的愿望。结果，原来对娱乐、游戏等要求的满足，就转化成了新的学习的需要。

三、学习动机的激发

为了使学生保持较高的学习动机水平，我们可以从改革传统的教学方式为启发式教学、合理设置任务难度、给予学生充分反馈、对学生的成功或失败进行恰当归因几个方面着手激发学生的学习动机。

(一) 创设问题情境，实施启发式教学

启发式教学与传统的"填鸭式"教学相比，具有极大的优越性。而要想实施启发式教学，关键在于创设问题情境。所谓问题情境，指的是具有一定难度，需要学生努力克服，且又是力所能及的学习情境。阿特金森在其成就动机理论中指出，当难度越小，目标实现的可能性越大时，目标对主体的吸引力就越小；反之，当难度增大，实现目标的可能性减少时，目标的价值就会增大。因此，在学习过程中，如果仅仅让学生简单地重复已经学过的东西，或者是让学生学习力不能及的、过难的东西，学生都不会感兴趣。只有在学习那些"似懂非懂""似会非会"的东西时，学生才会感兴趣从而迫切希望掌握它。因此，能否成为问题情境，主要看学习任务与学生已有知识和经验的适合度如何。如果完全适合(太易)或完全不适合(太难)，均不能构成问题情境，只有在既适应又不适应(中等难度)的情况下，才能构成问题情境。那么，教师应怎样创设难度适宜的问题情境呢？要想创设问题情境，首先要求教师熟悉教材，掌握教材的结构，了解新旧知识之间的内在联系。此外，还要求教师充分了解学生已有的认知结构和状态，使新的学习内容与学生已有水平构成一个适当的跨度，这样才能创设问题情境。

猜一猜，想一想

李老师是一位刚工作不久的老师，她对启发式教学非常感兴趣。但是，由于经验不足，她设置的问题经常太难，学生答不出来。久而久之，学生索性连想都不想就对李老师说不会。你知道学生的这种现象叫什么吗？这说明创设问题情境应该注意什么？

(二) 根据作业难度，恰当控制动机水平

根据耶克斯—多德森定律，教师在教学时要根据学习任务的不同难度，恰当控制学生学习动机的激起程度。在学习较容易、较简单的课题时，应尽量使学生集中注意力，使学生尽

量紧张一点；而在学习较复杂、较困难的课题时，则应尽量营造轻松、自由的课堂气氛，在学生遇到困难或出现问题时，要尽量心平气和地慢慢引导，以免学生过度紧张和焦虑。

(三) 充分利用反馈信息，妥善进行奖惩

心理学研究表明，来自学习结果的种种反馈信息对学习效果有明显影响。这是因为，一方面，学习者可以根据反馈信息调整学习活动，改进学习策略；另一方面，学习者为了取得更好的成绩或避免再犯错误而增强了学习动机，从而保持了学习的主动性和积极性。如果在提供的信息反馈的基础上，再加上定性的评价，效果会更明显，这就是奖励与惩罚的作用。

心理学研究表明，表扬奖励比批评指责能更有效地激发学生的学习动机，因为前者能使学生获得成就感，增强自信心，而后者起到相反的作用。心理学家曾做过这样一个实验，把106 名四、五年级的学生分为 4 个组，各组内学生的能力相当，在 4 种不同的情况下进行难度相当的加法练习，每天 15 分钟，共练习 5 天。控制组单独练习，不给任何评定，而且与其他 3 个组的学生隔离。受表扬组、受训斥组和静听组在一起练习，每次练习之后，不管成绩如何，受表扬组始终受到表扬和鼓励，受训斥组受到批评和指责，静听组则不给予任何评定，只让他们静听其他两组受到表扬或批评，然后探讨不同的评定对学习成绩的影响。结果发现，3 个实验组的学习成绩优于控制组，这是因为控制组未受到任何信息作用。静听组虽然未受到直接的评定，但它与受表扬组和受训斥组在一起，受到间接的评定，所以对动机的唤醒程度较低，平均成绩劣于受训斥组。受表扬组的成绩优于其他组，而且一直直线上升。这表明，对学习结果进行评价，能激发学生的学习动机，对学习有促进作用；适当表扬的效果优于批评，所以在教学中要给予学生表扬而非批评。虽然表扬和奖励对学习具有推进作用，但使用过多或者使用不当也会产生消极作用。有许多研究表明，如果滥用外部奖励，不仅不能促进学习，而且可能破坏学生的内在动机。所以，要根据学生的具体情况进行奖励，把奖励看成某种隐含着成功的信息，其本身并无价值，只是用它来吸引学生的注意力，促使学生由外部动机向内部动机转换，对信息任务本身产生兴趣。

(四) 正确指导结果归因，促使学生继续努力

学生对学习结果的归因会对以后的学习行为产生影响。就稳定性维度而言，如果学习者把成功或失败归因于稳定因素(如能力、任务难度)，则学习者对未来的学习结果也会抱成功或失败的预期，并会增强他们的自豪感、自信心或使其产生羞耻感、自卑感；相反，如果学习者把成功或失败归因于不稳定因素(如努力、运气、身心状态、外界环境)，不会影响他们对未来成功或失败的期望，其成败体验也不会影响将来的学习行为。

就内在性维度而言，如果学习者将成功或失败归因于自身内在的因素(如能力、努力、身心状态)，学习者会产生积极的自我价值感，进而投入更多精力到未来的学习活动中，或形成消极的自我意象，从而避免参与成就性任务；相反，如果学习者将成功或失败归因于机体外在因素(如任务难度、运气、外界环境)，则学习结果不会对其自我意象产生影响。

就可控性维度而言，如果学习者把成功或失败归因于可控因素(如努力)，学习者会对自己充满信心或产生一种犯罪感；反之，如果学习者把成功或失败归因于不可控因素(如能力、任务难度、运气、身心状态、外界环境)，则会产生感激心情或仇视、报复情绪。

既然不同的归因方式会影响主体今后的行为，那么可以通过改变主体的归因方式来改变主体今后的行为，这对于学校教育工作是有实际意义的。学生完成某一学习任务后，教师应

指导学生进行成败归因。一方面，要引导学生找出成功或失败的真正原因；另一方面，教师也应根据每个学生过去一贯的成绩，从有利于今后学习的角度进行归因。一般而言，无论对优等生还是差等生，归因于主观努力的方面均是有利的。因为归因于努力，可使优等生不至于过分自傲，能继续努力，以便今后继续保持优异成绩；使差等生不至于过于自卑，愿意进一步努力学习，以争取今后的成功。

不同的归因倾向会导致学生产生不同反应

本章知识要点

学习动机是激发个体进行学习活动、维持已引起的学习活动，并使个体的学习活动朝向一定的学习目标的一种内部启动机制。

根据学习动机的动力来源，可将学习动机分为内部学习动机和外部学习动机；根据学习动机的作用与学习活动的关系，可将学习动机分为近景的直接性学习动机和远景的间接性学习动机；根据奥苏贝尔的解释，学习动机可分为认知内驱力、自我提高内驱力和附属内驱力。

学习动机对学习过程具有激发、定向、维持和调节的作用。

学习动机存在一个最佳水平，即在一定范围内，学习效率随学习动机强度的增大而提高，直至达到学习动机最佳强度而获最佳，之后则随学习动机强度的进一步增大而下降。学习效率和学习动机之间的关系是一条倒 U 形曲线，这就是耶克斯—多德森定律。

马斯洛认为人的基本需要有 7 种，它们由低到高依次排列成一定的层次，即生理的需要、安全的需要、归属和爱的需要、尊重的需要、认知的需要、审美的需要、自我实现的需要。较低层次的需要至少得到部分满足之后才能出现较高层次的追求。

罗特的控制点理论依据控制点的不同把个体分为内控型和外控型。

韦纳发现人们倾向于将活动成败的原因归为以下 6 个因素：能力、努力程度、任务难度、运气、身心状态、外界环境。这 6 个因素可在控制源、稳定性和可控性 3 个维度上进行排列。

习得性无助是指通过学习形成的一种对现实的无望和无可奈何的行为、心理状态。

自我效能感由班杜拉提出，指人们对自己是否能够成功地从事某一成就行为的主观判断。

影响自我效能感形成的主要因素有 4 个：①个体自身行为的成败经验；②替代性经验；③言语说服；④情绪的唤起。

自我效能感的作用体现在 4 个方面：决定人们对活动的选择，以及对活动的坚持性；影响人们在困难面前的态度；自我效能感不仅影响新行为的习得，而且影响已习得行为的表现；自我效能感还会影响活动时的情绪。

成就动机定义为一种努力克服障碍、施展才能，力求又快又好地解决某一问题的愿望或趋势。

人们在追求成就时存在两种倾向：一种是追求成功的倾向，另一种是避免失败的倾向。根据这两类动机在个体的动机系统中所占的比例，可以将个体分为力求成功者和避免失败者。追求成功者倾向于选择成功概率为 50% 的任务，避免失败者倾向于选择极困难或极简单的任务。

德韦克认为，人们对能力持有两种不同的内隐观点，即能力增长观和能力实体观。持能力增长观的个体倾向于确立掌握目标，他们希望通过学习来提高自己的能力；而能力实体观的个体倾向于确立表现目标，他们希望在学习过程中证明或表现自己的能力。

自我价值理论认为趋向成功和避免失败位于一个连续体的两端，故而可以采用四象限模型将动机类型划分为 4 种：①高趋低避者；②低趋高避者；③高趋高避者；④低趋低避者。

影响学习动机的主观因素包括需要与目标结构、成熟程度与年龄特点、性格特征与个别差异、志向水平与价值观、焦虑程度；客观因素包括家庭环境、社会环境、学校教育。

学习动机的培养与激发可以从以下几方面着手：①创设问题情境，实施启发式教学；②根据作业难度，恰当控制动机水平；③充分利用反馈信息，妥善进行奖惩；④正确指导结果归因，促使学生继续努力。

本章练习题

一、单选题

1. 动机强度与成功成(　　)曲线关系。

 A. U 形   B. 倒 U 形   C. W 形   D. 倒 W 形

2. 自我提高内驱力和附属内驱力属于(　　)。

 A. 内部动机   B. 外部动机   C. 直接动机   D. 间接动机

3. 小明在身体不舒服的情况下仍然坚持学习，这体现了学习动机的(　　)。

 A. 激发作用   B. 定向作用   C. 维持作用   D. 调节作用

4. 根据马斯洛的需要层次理论，不属于基本需要的是(　　)。

 A. 生理的需要   B. 安全的需要   C. 认知的需要   D. 归属和爱的需要

5. 关于成就动机的研究表明，与避免失败者相比，追求成功者倾向于选择(　　)。

    A. 比较难的任务　　　　　　　　　　B. 非常难的任务

    C. 非常容易的任务　　　　　　　　　D. 难度适中的任务

6. 学业成功与失败的原因中，属于内在的、可控的、不稳定的因素是(　　)。

    A. 努力程度　　　　B. 任务难度　　　　C. 运气　　　　D. 能力

7. 成就目标理论的提出者是(　　)。

    A. 罗杰斯　　　　　B. 班杜拉　　　　　C. 德韦克　　　　D. 马斯洛

8. 学生渴望充分发挥自己的潜能，希望自己越来越成为所希望的人物，完成与自己能力相称的一切活动。根据马斯洛的需要层次理论，这属于(　　)。

    A. 自我实现的需要　　　　　　　　　B. 尊重的需要

    C. 求知的需要　　　　　　　　　　　D. 审美的需要

9. 在影响自我效能感的因素中，影响最大的因素是(　　)。

    A. 个人自身成败的经验　　　　　　　B. 替代性经验

    C. 言语暗示　　　　　　　　　　　　D. 情绪唤醒

10. 有些学生往往拥有无穷的好奇心，对学习有极高的自我卷入，他们对成功和失败有着相对超然的态度。这类学生被称作(　　)。

    A. 高趋低避者　　　　　　　　　　　B. 低趋高避者

    C. 高趋高避者　　　　　　　　　　　D. 低趋低避者

二、判断题

1. 学习动机是个体学习的动力，学习动机越强，学习效果越好。　　　　　　　(　　)

2. 根据奥苏贝尔对学习动机的分类，"为了得到老师和家长的夸奖而学习"属于自我提高的内驱力。　　　　　　　　　　　　　　　　　　　　　　　　　　　　(　　)

3. 教学过程中运用奖赏、赞扬、评分、竞赛等方式激起的学习动机一般为外部动机。(　　)

4. 根据马斯洛的需要层次理论，人类的某种需求得到满足之后，这类需求便会消失。

(　　)

5. 根据韦纳的归因理论，将失败的原因归于能力可使个体产生更强的学习动机。(　　)

6. 班杜拉把强化分为三种类型：直接强化、替代性强化和自我强化。　　　　(　　)

7. 根据成就动机理论，任务难度越大(成功的可能性越少)，成功所带来的满足感也就越强。　　　　　　　　　　　　　　　　　　　　　　　　　　　　　　　　(　　)

8. 持能力实体观的个体倾向于确立表现目标，他们希望在学习过程中证明或表现自己的能力。

9. 有一些学生特别想成功，同时也害怕失败，他们属于自我价值理论中的高趋高避者。

(　　)

10. 在通过创设问题情境激发学生学习动机时，问题应该具有一定难度，需要学生努力克服，且又是力所能及的学习情境。　　　　　　　　　　　　　　　　　　(　　)

三、主观题

1. 简述如何培养与激发学生的学习动机。

2. 材料题：

明明是王老师班里的学生。根据王老师的描述，明明是个乖孩子，可他不喜欢学习，上课时总是显得心不在焉。王老师通过家访发现，明明的家庭经济情况不错，但父母常年在外地做生意，与明明交流很少，明明是由奶奶一手带大的。了解了这些情况后，王老师在学校经常给明明提供生活上的关爱与帮助，明明的课堂表现越来越好，学习成绩也开始逐步上升。

请你运用马斯洛的需要层次理论对上述现象进行评析。

第五章

学习迁移

▍学习目标

1. 掌握学习迁移的含义与分类。
2. 理解学习迁移的代表性理论观点。
3. 掌握影响学习迁移的主要因素。
4. 能够运用促进迁移的方法指导教与学。

▍章节导读

我们从小就被要求写字应整洁、干净，这对中学、大学甚至成年后的写字习惯产生了影响；小学时学会了打羽毛球，对后来学打网球产生了影响；学会的汉语拼音会影响我们对英语音标的学习。

以上的各种影响作用有促进，也有阻碍。请大家仔细思考，应该如何界定这种影响？它是怎样产生的？我们应如何在生活、学习中有效利用呢？

本章将介绍学习迁移及其分类等基础知识，阐述几种经典的学习迁移理论观点，并解析各理论在实际教学中的应用价值。

第一节　学习迁移概述

在日常学习的过程中，我们会陆陆续续学到很多不同的知识，这些知识并不是孤立存在的，它们之间会互相影响，这种知识之间的互相影响就是学习的迁移。本节主要介绍学习迁移的含义、分类，以及迁移对学习的作用。

一、学习迁移的含义

在日常生活或学习过程中，迁移现象司空见惯。例如，数学知识掌握得好的学生在学习物理、化学时就比较容易，而学完汉语拼音再学英语音标就会互相干扰；会骑自行车的人再学骑摩托车要容易一些；小时候养成的良好的生活习惯对长大后的生活也会产生影响。

从广义上讲，学习迁移被定义为："一种学习对另一种学习的影响。"学习迁移也称训练迁移，具体来说，学习迁移就是在某一学科或情境中获得的知识、技能、道德品质或行为习惯对另一学科或情境中的知识、技能、道德品质或行为习惯的影响。可见，知识、动作、技能、态度都可以迁移。

迁移并不是只发生在同一类型的学习或经验内部，还存在于不同类型的学习与经验之间。例如，对汉字知识的学习会促进学生阅读技能的提高，而阅读技能的掌握也会促进其对数学问题的理解。所以，通过迁移，各种经验得以沟通，经验结构得以整合。

猜一猜，想一想

以下哪几种情形发生了学习迁移？

- 举一反三
- 温故知新
- 汉语拼音的学习干扰了英语音标的学习
- 爱屋及乌

二、学习迁移的分类

迁移是广泛存在的，根据不同的维度，学习迁移可分为不同的种类。

(一) 正迁移、负迁移和零迁移

根据迁移的性质，即迁移的影响效果不同，迁移可分为正迁移、负迁移和零迁移。

正迁移是指一种学习对另一种学习的积极影响，也叫助长性迁移。例如，掌握平面几何的知识有助于学习立体几何；学会一门外语有助于掌握另一门外语。负迁移是指一种学习对另一种学习的消极影响，也叫抑制性迁移。例如，英国司机在法国驾驶汽车，会有驾驶习惯的困难，因为法国的交通规则是左驾右驶，而英国则是右驾左驶。零迁移则是指两种学习间不存在直接的相互影响，但由于各种原因，个体在当下没有意识到经验间的内在联系，不能主动进行迁移，外在表现为零迁移，这一现象应该引起我们在教学中的重视。

(二) 顺向迁移和逆向迁移

根据迁移的时间顺序，迁移可分为顺向迁移和逆向迁移。

顺向迁移是指先前学习对后继学习的影响。例如，先前掌握的汉语语法对学习英语语法的影响。逆向迁移是指后继学习对先前学习的影响。例如，学习了微生物后对先前学习的动物、植物的概念会产生影响。无论是顺向迁移还是逆向迁移都有正、负之分；当然，对于正迁移和负迁移来说，也都各自存在顺向、逆向之分。

老司机的负迁移(英法开车规则不同)

(三) 横向迁移和纵向迁移

根据迁移的层次,迁移可分为横向迁移和纵向迁移。

横向迁移也叫水平迁移,是指学习内容在难度、复杂程度和概括层次上属于同一水平的活动之间产生的影响。例如,阅读报纸时看到在课堂上学过的心理学原理;数学中所学的锐角、直角、钝角等概念之间的关系是并列的,属于同一抽象概括水平,它们之间的学习影响属于水平迁移。纵向迁移也叫垂直迁移,是指学习内容在难度、复杂程度和概括层次上属于不同水平的学习活动之间产生的影响。纵向迁移表现为两个方面:一是自上而下的迁移,二是自下而上的迁移。前者指上位的较高水平的经验对学习较低水平经验的影响,如对"角"这一概念的学习会对"锐角、直角"等低水平概念的学习有一定影响。而后者是指下位的较低水平的经验对学习较高水平经验的影响,如学习了花、草、树等具体概念会对再学习植物这一概念产生影响。

(四) 特殊迁移和非特殊迁移

根据迁移发生的方式,迁移可分为特殊迁移和非特殊迁移。

特殊迁移也称具体迁移,是指学习迁移发生时,学习者原有的经验组成要素及其结构没有变化,只是将一种学习中习得的经验要素重新组合并移用到另一种学习之中。例如,棒球选手将基本动作熟练掌握,再学习打高尔夫球时,会很快掌握新的动作,打出较高水平。非特殊迁移也称一般迁移,是指一种学习中所习得的一般原理、原则和态度对另一种具体内容学习的影响,即将原理、原则和态度具体化,运用到具体的事例中。例如,学生在学习中总结的学习方法可以运用到各种具体的学习活动中。

(五) 自迁移、近迁移和远迁移

根据迁移范围的不同，迁移可分为自迁移、近迁移和远迁移。

自迁移是指个体所学的经验对相同情境中任务的操作产生的影响，通常表现为原有经验在相同情境中的重复。近迁移是指将所学经验迁移到与原始学习情境相似的情境中，如某几门相似学科之间知识的迁移。远迁移是指将所学经验迁移到与原始学习情境不相同的其他情境中，如我们在校内学习数学运算，之后将其应用到校外的实际生活中，即产生了远迁移。

(六) 同化性迁移、顺应性迁移与重组性迁移

根据迁移过程中所需的内在心理机制的不同，迁移可分为同化性迁移、顺应性迁移和重组性迁移。

同化性迁移是指不改变原有的认知结构，直接将原有的认知经验应用到本质特征相同的一类事物中。原有认知结构在迁移过程中不发生实质性的改变，只是得到某种充实，平时我们所讲的举一反三、闻一知十等都属于同化性迁移。顺应性迁移指将原有认知经验应用于新情境中时，需调整原有的经验或对新旧经验加以概括，形成一种能包容新旧经验的更高一级的认知结构，以适应外界的变化。这也表明，迁移并非仅是先前的学习或经验对以后的影响，也包括后面对前面的影响。比如，学生头脑中有一些日常概念，当这些日常概念不能解释所遇到的事时，就要建立一个概括性更高的科学概念来标志某一现象或事物，新的科学概念的建立过程也是一种顺应的过程。重组性迁移指重新组合原有认知系统中某些构成要素或成分，调整各成分间的关系或建立新的联系，从而应用于新情境。在重组过程中，基本经验成分不变，但各成分间的结合关系发生了变化，即进行了调整或重新组合。比如，将已掌握的字母进行重新组合，形成新的单词；在操作技能形成过程中，许多不同成分的动作被结合成连续的整体动作，其中不涉及新的动作的增加，只是各动作成分的重新结合、重新排列。通过重组性迁移，可以提高经验的增值性，扩大了基本经验的适用范围。

三、迁移的作用

许多教育专家认为，未来的文盲将不再仅仅是不识字的人，还包括不会学习的人。显然，学会学习或进行有效的学习是适应未来社会生活的必要条件。而要真正地学会学习，其中最重要的条件就是能够主动而有效地迁移。所以，迁移在个体的心理发展和社会适应中具有非常重要的作用，具体体现在以下 3 个方面。

(一) 迁移对于提高解决问题的能力具有直接的促进作用

学习的最终目的并不是将知识和经验储存于头脑中，也不是仅用于解决书本上的问题，而是要应用于各种不同的实际情境中，解决现实中的各种问题。能否准确、有效地提取有关经验来分析、解决目前的问题，这实际上就是一个迁移的问题。在学校情境中，大部分问题的解决是通过迁移来实现的，迁移是学生解决问题的一种具体体现。要将校内所学的知识技能用于解决校外的现实问题，这同样也依赖于迁移。要培养解决问题的能力，就必须从迁移能力的培养入手，否则问题解决就成为空谈。

（二）迁移是习得的经验得以概括化、系统化的有效途径，是能力与品德形成的关键环节

只有通过广泛的迁移，原有的经验才得以改造，才能够概括化、系统化，原有的经验结构才更为完善、充实，从而建立起能稳定地调节个体活动的心理结构，即能力与品德的心理结构。迁移是习得的知识、技能与行为规范向能力与品德转化的关键环节。

（三）迁移规律对于学习者、教育工作者以及有关的培训人员具有重要的指导作用

应用有效的迁移原则，学习者可以在有限的时间内学得更快、更好，并在适当的情境中主动、准确地应用原有的经验，防止原有经验的惰性化。教育工作者以及有关的培训人员应用迁移规律进行教学和培训系统的设计，在课程设置、教材的选择、教学内容的编排、教学方法的确定、教学活动的安排、教学成效的考核等方面利用迁移规律，加快教学和培训的进程。

第二节　学习迁移理论

迁移是学习的一个重要方面，凡学习必涉及迁移。学习迁移是一个复杂的问题，每一种学习理论对学习迁移都有自己独特的见解。学习迁移的实质，学习如何向新情境迁移，如何有效促进迁移等，心理学家们尝试从不同的角度来解释学习迁移的这些问题，从而形成了各种学习迁移理论。

一、古典迁移理论

对于采用什么样的教学方法才能有助于学习的迁移，不同学派的心理学家提出了各自的理论和假设。根据产生时间的不同，有关学习迁移的理论可以大致分为古典迁移理论和现代迁移理论，古典迁移理论主要涉及形式训练说、相同要素说、概括说和关系转换说4种。

（一）形式训练说

形式训练说是以18世纪的官能心理学为基础。官能心理学起源于古希腊对灵魂官能的划分，提出者是德国心理学家沃尔夫(Wolff)。他认为人的"心(心智)"是由多个生来就有的官能组成，包括注意力、记忆力、想象力、理解力、判断力、推理力、意志力等。每个官能都是一个独立的实体，各种官能互相独立，分别从事不同的活动，例如，用记忆官能去进行识记和回忆。对不同的官能施加的训练不同，其组成的活动也会有不同的强弱，即各种官能可以像训练肌肉一样通过练习增加力量(能力)。形式训练说认为学习就是一个不断训练各种官能以增强其能力的过程，那么教育的目的就在于进行这种形式的训练。

形式训练说认为，迁移是通过某种科目或题材对心的各种官能进行训练，学习的内容不重要，因为它容易遗忘，只能起到暂时的作用。重要的是学习活动的形式，如果活动是推理形式，则推理官能就得到发展；如果活动是记忆形式，则记忆官能得到训练。教育的目的不是让学生学习一些基本知识，而是通过知识的学习发展学生的思维、想象、记忆等官能。

形式训练说在近代的欧洲和北美非常盛行，在我国也有一定影响。但是，形式训练说认为心的各种官能可以经过训练而提高的观点，缺乏实验依据，仍然属于思辨的哲学心理学范

畴。因此，随着实验心理学的发展，这一学说开始受到严峻的挑战。

(二) 相同要素说

19 世纪末 20 世纪初，心理学家开始借助实验来检验形式训练说。美国心理学家詹姆斯 (James)在 1890 年首先通过记忆实验来研究学习迁移问题。结果发现，记忆能力不受训练的影响，记忆的改善不在于记忆能力的改善，而在于记忆方法的改善。继詹姆斯之后，许多心理学家也都设计更严密的实验，从不同角度向形式训练说提出挑战。其中，20 世纪初美国心理学家桑代克和武德沃斯(R. S. Woodworth)的研究影响最大。

桑代克和武德沃斯在 1901 年进行了一系列知觉训练迁移的实验，提出了相同要素说，最经典的是形状知觉实验(见图 5-1)。他们以大学生为被试，在实验前告知被试此次实验的目的是训练大家判断各种形状和大小的图形的面积。首先，被试会接受一个预测实验，要求估计矩形、三角形、圆形、不规则图形的面积。之后，用 10～100 平方厘米的 90 个平行四边形对他们进行充分训练。最后进行两个测验：第一个测验，要求被试估计与训练图形相似的 13 个长方形的面积；第二个测验，要求被试估计 27 个图形的面积，包含三角形、圆形和不规则图形三种类型，这 27 个图形是在最开始的预测实验中使用过的。实验结果发现，被试对平行四边形面积的判断成绩提高了，而对三角形、圆形和不规则图形的面积判断成绩却没有提高。这一结果挑战了形式训练说的官能训练的观点，桑代克认为学习迁移的发生是因为两种学习经验间存在相同要素。

图 5-1　形状知觉实验步骤

桑代克认为，一种学习之所以能对另一种学习产生影响，是因为两种学习情境中含有相同的要素，并且一个情境与另一个情境中的相同要素越多，迁移越容易发生。武德沃斯后来将"相同要素说"修改为"共同成分说"。根据共同成分说，如果两种学习活动有共同成分，则无论学习者是否意识到这种成分的共同性，都有迁移现象发生。

相同要素说揭示了学习迁移产生的原因之一，对相似学习活动间的迁移具有一定的说服力，对教育有一定的实际参考价值。但是桑代克提出的相同要素说仍然是从联结主义的观点出发，即在某种情境中需要的经验要素(知识、技能、概念等)一定要作为一种特殊的刺激—反应联结来学习，如此就大大缩小了迁移的范围。假设两种活动或情境之间没有相同要素，不相似的刺激—反应联结之间就不可能产生迁移。这一观点可导致人们在未来进行知识迁移时的积极性降低。

（三）概括说

美国心理学家贾德(C. H. Judd)用经验泛化说来解释学习迁移。他认为，两种学习情境中的共同要素只是产生迁移的必要前提，而产生迁移的关键是学习者在两种活动或经验中通过概括产生泛化的共同原理，也称作概括化理论。贾德把两个情境之间的相同要素的重要性降到最低限度，强调经验概括的重要性。

贾德在 1908 年做的水下击靶实验是概括说的经典实验。他以五、六年级的小学生为被试，分为 A、B 两组进行水中打靶。实验前，对 A 组被试先讲解光的折射原理而后进行练习击靶，B 组则只进行练习、尝试，不学习折射原理。实验开始，起初射击水下约 3 厘米的靶子时，两组射击成绩大致相等，理论学习对实践练习似乎没起作用。接着，改变条件，将靶子设在水下 10 厘米时，两组成绩表现出明显的差异。A 组被试提前掌握了折射原理，迅速适应了水下 10 厘米的条件，射击成绩不论在速度上还是在准确性上都超过了 B 组被试；而 B 组被试先前的练习不能帮助改进射击水下 10 厘米的靶子的练习，击靶成绩较差。贾德认为这是因为被试已经将学习的折射原理概括化，并运用到不同深度的特殊情境中。

贾德的概括说可以说是对相同要素说的进一步发展，只不过他强调的是两种学习间包含共同原理，对这种原理的概括是迁移产生的一个条件。因此，对原理掌握得越好，越有可能在新情景中产生迁移。这一理论也被大多学者所接受，并在实践中得到了证实。

猜一猜，想一想

王老师认为，学习没有捷径，必须多加练习，练得多了自然就"熟能生巧"。所以，她平常经常运用题海战术，通过做大量的练习题提高学生的解题能力。

你认为王老师受到了哪种迁移理论的影响？

（四）关系转换说

关系转换说是格式塔心理学家在 1929 年提出的学习迁移理论。该理论同样反对桑代克的相同要素说的观点，但可以看作概括说的继续与发展。关系转换说并不否认学习依赖于学习原理的迁移，但认为迁移的关键不在于对原理和经验的概括化，而在于对情境中各种关系的顿悟，尤其是对手段与目的关系的觉察。习得的经验能否迁移，并不取决于是否存在某些共同要素，也不取决于对原理的孤立的掌握，关键是学习者突然发现两个学习经验之间存在一定的关系。因此，该理论强调学习者对学习情境中关系的顿悟是学习迁移的实质。

苛勒在 1929 年用"小鸡啄米实验"证明了关系转换的学习迁移理论(见图 5-2)。他首先让小鸡在深、浅不同的两种灰色纸下面寻找食物。经过 40～60 次条件反射学习，小鸡学会了只能从深灰色纸下获得食物奖赏。然后，苛勒变换实验情境，保留原来的深灰色纸，用黑色纸取代浅灰色纸。如果小鸡仍然到深灰色纸下面

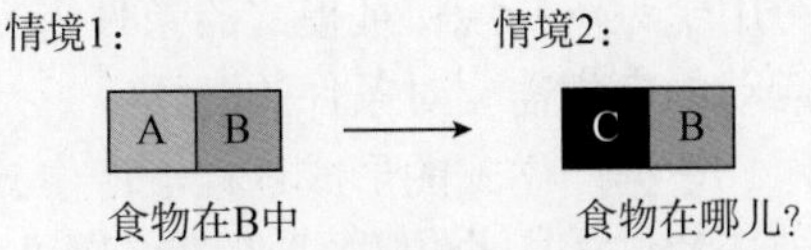

图 5-2　小鸡啄米实验示意图

寻找食物，那就证明迁移是由于相同要素的作用；如果小鸡是到两张纸中颜色更深的那张(黑色纸)下面寻找食物，那就证明迁移是对关系做出的反应。实验表明，小鸡对新刺激(黑色纸)的反应率为 70%,对原来的阳性刺激(深灰色纸)的反应率是 30%。后来，对三岁幼儿做类似的

取糖果实验，结果发现 100%的孩子都到颜色更深的那张纸上取糖果。苛勒通过实验证明迁移产生的实质是个体对事物间的关系的理解。关系转换说强调个体的作用，认为学习的主体对事物之间的关系认识得越清楚，并能加以概括化，则越容易产生迁移，迁移的作用也越普遍。

二、现代迁移理论

现代迁移理论普遍比较重视认知结构在学习迁移中的重要作用，本书主要介绍奥苏贝尔的认知结构迁移理论、安德森(J. R. Anderson)和辛格莱的产生式迁移理论。

(一) 认知结构迁移理论

认知结构迁移理论是奥苏贝尔提出的一种学习迁移理论。这一理论认为，一切有意义的学习都是在原有认知结构的基础上产生的，不受原有认知结构影响的有意义学习是不存在的。一切有意义的学习必然包括迁移，迁移是以认知结构为中介进行的，先前学习所获得的新经验通过影响原有认知结构的有关特征影响新学习。

认知结构是学习者头脑中的知识结构，是影响学习迁移的重要因素。奥苏贝尔认为影响学习迁移的主要变量是可利用性、可辨别性、稳定性和清晰性。可利用性是指原有的认知结构中是否具有用来同化新知识的适当观念(如概念、命题、案例等)，如果原有认知结构中具有可利用的知识和经验，则有助于新知识的同化，有助于学习迁移；可辨别性是指原有的观念与新知识的区别程度，如果原有的知识是按一定的结构分层次严密地组织好的，在学习新知识时，容易辨别新旧知识之间的异同，有助于学习迁移；稳定性和清晰性是指原有的起固定作用的观念的巩固程度，原有认知结构中的观念越巩固，越有助于促进学习迁移。学习者学习新知识时，认知结构的稳定性越强，可利用性越高，可辨别性越大，就越能促进对新知识的学习迁移。奥苏贝尔的认知结构迁移理论对解释陈述性知识的学习迁移较有说服力。

(二) 产生式迁移理论

产生式迁移理论是由安德森和辛格莱提出的。这种理论认为学习和问题解决的迁移之所以产生，主要是由于先前学习和问题解决中个体所产生的产生式规则与新问题解决所需要的产生式规则有一定的重叠。

在他们看来，一个产生式就是一个条件和行动的规则(简称 C–A 规则)。在这里，C 代表行为产生的条件，它不是外部刺激，而是学习者工作记忆中的认知内容，而 A 则代表行动或动作，不仅是外部的反应，同时也包括学习者头脑内的心理运算。每一个产生式都包含了一个用于识辨情境特征模式的条件表征和一个当条件被激活时用来构建信息模式的活动表征，活动的产生需要对条件的激活。

根据产生式的形成过程，产生式迁移理论将迁移划分为 4 种：①程序性知识向程序性知识迁移。当一个产生式在训练阶段习得而且直接应用于迁移任务时，这种迁移便是程序性知识向程序性知识的迁移。②陈述性知识向程序性知识迁移。当在训练任务中习得的陈述性知识结构有助于迁移任务中的产生式的习得时，就会出现陈述性知识向程序性知识的迁移。③陈述性知识向陈述性知识迁移。当原有的陈述性知识结构有助于或干扰新的陈述性知识的习得时，就会出现陈述性知识向陈述性知识的迁移，起促进作用的是正迁移，起干扰作用的是负迁移。④程序性知识向陈述性知识迁移。已经具有的认知技能促进了陈述性知识的学习，这种迁移便是程序性知识向陈述性知识的迁移。

除了上面提到的迁移理论外，学习迁移理论还包括霍利约克的符号性图式理论、金特纳的结构匹配理论、格林诺的情境性理论等，这些理论从不同的理论视角解释了迁移的形成。

猜一猜，想一想

产生式迁移理论认为迁移产生的关键是先前学习和问题解决中个体所产生的产生式规则与解决新问题需要的产生式规则有一定的重叠。

你认为产生式理论和哪种古典迁移理论高度相似呢？

第三节　影响迁移的因素

迁移是学习过程中普遍存在的一种现象，影响学习的所有因素直接或间接地对迁移产生影响，这些影响因素大致上可以区分为外界的客观因素和学习者自身的主观因素两大类。

一、客观因素

根据已有研究，影响迁移的客观因素主要有前后两次学习任务之间的相似性、教师的指导、学习材料的特性等。

(一) 前后两次学习任务之间的相似性

前后两次任务的共同成分决定了相似性因素对学习迁移的影响，含有较多的共同成分将产生较大的相似性，并导致迁移的产生。共同成分既可以是学习材料(如刺激)、学习中的环境线索、学习结果(如反应)、学习过程、学习目标等的相似，也可以是两种学习任务的原理、规则等的相似。例如，英语和法语在语音、词汇、语法等方面具有许多共同特征，学习这两门外语时，在听、说、读、写及记忆、思维等学习过程、学习结果方面也有共同的要求，这些共同成分决定了两种学习任务具有很大的相似性，因此，彼此之间很容易产生正迁移。而英语与汉语的共同成分较少，因此相对而言不容易产生正迁移。

此外，个体加工学习过程是否相似也影响着迁移的产生。由于加工过程往往受到活动目标的制约，因此目标要求是否一致、相似将在一定程度上决定加工过程是否相似，进而决定能否产生迁移。研究者发现与最终结果和目标的实现有关的成分属于结构特性，如原理、规则；而那些无关成分则是表面特性。如果结构特性和表面特性都非常相似，则学习者的知觉相似性提高，容易产生正迁移。如果结构特性不相似，但表面特性相似，则容易产生负迁移。只有结构特性相似，但表面特性不相似，不容易产生迁移。

除上面列举的各种相似性外，一些研究者还强调相似的学习情境可以在一定程度上给学生提供原有知识的学习线索，使学习迁移得以发生。

心理学与生活

表面特性相似容易产生负迁移

猜一猜，想一想

学习迁移的相同要素说理论以后，明明意识到两种学习或经验的共同成分在很大程度上影响迁移的产生。由此，他认为，越是相似的东西学起来越容易。

你知道明明错在哪里了吗？

（二）教师的指导

若教师有意识地对学生进行指导，则有利于发生积极的学习迁移。教师在教学时有意地引导学生发现学习材料间的共同点，启发学生去概括、总结，教会学生学习方法等，这些都会对学生的学习迁移产生积极影响。例如，学生学习锐角、直角概念后，引导学生总结出两种概念的共同点，则在学习钝角概念时，学生会更容易发生知识的迁移。

（三）学习材料的特性

根据贾德的概括说理论，那些包含正确的原理、原则，具有良好组织结构的知识，以及能够有效引导学生概括、总结的学习材料，都有利于学生在学习新知识时产生积极的迁移。

二、主观因素

影响迁移的主观因素主要是指学习者本身的一些特质或状态，主要包括学习者的智力和年龄、学习者原有认知结构、学习者对学习的定式和学习者对学习的态度。

(一) 学习者的智力和年龄

智力对迁移的质和量都有重要作用。研究表明，智力较高的人能较容易地发现两种学习情境之间的相同要素及其关系，更容易总结出学习内容的原理、原则，能较好地将之前的学习策略和方法运用到之后的学习中。

年龄是影响学习迁移的一个重要因素。由于不同年龄的个体思维发展阶段不同，其学习迁移产生的条件也有不同。处于具体运算阶段，其学习迁移的发生有赖于先后学习内容间较为具体的相同要素；而处于形式运算阶段的学习者已具备具体运算思维，所以此年龄段的学习者能够概括出学习间的共同原理而产生学习迁移。

(二) 学习者原有认知结构

原有的学习对后继学习的影响是比较常见的一种迁移方式，原有认知结构的特征直接决定了迁移的可能性及迁移的程度。奥苏贝尔的认知结构迁移理论对此进行了明确的阐述。原有认知结构对迁移的影响主要表现在以下几方面。

首先，学习者是否拥有相应的背景知识，这是迁移产生的基本前提条件。已有的背景知识越丰富，越有利于新的学习，即迁移越容易。

其次，原有的认知结构的概括水平对迁移起到至关重要的作用。一般而言，经验的概括水平越高，迁移的可能性越大，效果越好；经验的概括水平越低，迁移的范围越小，效果也越差。

最后，学习者是否具有相应的认知技能或策略以及对认知活动进行调节、控制的元认知策略，这也影响迁移的产生。有些情况下，学习者虽然掌握了某种迁移所必需的知识，且学习对象也具有相似性，但是仍不能产生迁移，其原因之一就是缺乏必要的认知和元认知技能与策略。

(三) 学习者对学习的定式

定式通常指先于一定的活动而又指向该活动的一种动力准备状态，有时也称为心向。定式的形成往往是由于先前的反复经验，它发生于连续的活动中，前面的活动经验为后面的活动形成一种准备状态。定式使个体在认识方面和外显的行为方面以一种特定的方式进行反应，使个体在活动方向的选择方面有一定的倾向性。正因如此，定式在迁移过程中也起到一定的作用。

定式对迁移的影响表现为两种：促进和阻碍。定式既可以成为积极的正迁移的心理背景，也可以成为负迁移的心理背景，或者成为阻碍迁移产生的潜在的心理背景。陆钦斯(A. S. Luchins, 1942)的量杯实验是定式影响迁移的典型例证。实验要求被试用容积不同的量杯去量一定量的水。量杯容量及要量的水量如表 5-1 所示。实验组和控制组开始时做一道练习题，然后按要求解决其他几道题。要求实验组做全部的题目，而控制组只做 7～11 题。结果发现，实验组的被试由于先进行了一定的练习，并发现所练习的问题都可以应用量杯方法(即 $D=B-A-2C$)来解决，就形成了定式，直接将量杯方法迁移到后面问题的解决过程中，使后面解题的速度加快，问题变得比较容易。从这一意义上来讲，定式是迁移产生的一种积极的心理因素。但是，这种定式同时又阻碍、限制了其他更简便的问题解决方法(即 $D=A-C$ 或 $D=A+C$)的产生，使思维僵化、因循守旧，难以灵活应用其他有效的经验来解决问题。这种定式阻碍了将其他方法迁移于目前问题的解决，因此表现为一种负迁移。实验还发现，控制组的被试都使用了最简便的解决问题的方法。定式的消极作用的另一个明显的表现就是功能固着，即把某种功能、作用赋予某种物体的心理倾向。由于过去的反复经验，个体对某种物体所具有的特定的、主要的功能形成了比较稳定的认识，当遇到问题时，首先想到的是该物体的这一功能，不易摆脱固有的定式，难以发现该物体所具有的其他的、潜在的功能。克服功能固着就需要在新情境中迁移原有的经验，或灵活地改变原有的认知结构，发现事物的新功能，以适应新情境的需要。

表 5-1　陆钦斯的量杯实验

问题	三种容器的水量			要量出的水量	解决方法
	A	B	C	D	
1	29	3	3	20	$D=A-3C$
2	21	127	3	100	$D=B-A-2C$
3	14	163	25	99	$D=B-A-2C$
4	18	43	10	5	$D=B-A-2C$
5	9	42	6	21	$D=B-A-2C$
6	20	59	4	31	$D=B-A-2C$
7	23	49	3	20	$D=B-A-2C, D=A-C$
8	15	39	3	18	$D=B-A-2C, D=A+C$

定式对迁移究竟是积极的影响还是消极的影响，这取决于许多因素，但关键要使学习者首先能意识到定式的这种双重性，具体分析学习情境，既要考虑如何充分利用积极的定式解决问题，同时又要打破已形成的僵化定式，灵活应对。

(四) 学习者对学习的态度

若学生学习知识时能够认识到所学知识对以后生活和学习的重要意义，并且能联想到当前知识可能的应用情境，那么会有助于学习者在以后的情境中利用原有知识去解决问题或产生学习迁移。这就是学习知识时的态度对学习迁移的影响作用。此外，学生对学校环境及教师、同学的态度也会影响学习者的学习和迁移。如果学习者对学校持有积极的态度，与师生保持良好的人际关系，将十分有助于学习的迁移。

第四节　促进学习迁移的教学

前面已经介绍了迁移在学习中的普遍性和重要性，如何通过教学促进学习迁移成为心理学家、教育家和教师们共同关心的课题。如前所述，影响迁移的因素较为复杂，且贯穿个体一生的学习中，因此，如何在教学中创设和利用积极迁移的条件和教育契机，消除不利学习迁移的因素，把"为迁移而教"的思想渗透到教育过程中是每一位教育者的责任。下面围绕教学从几个方面予以简要叙述。

一、精选教材

若想使学生在有限的时间内掌握大量有用的经验，教师必须对教学内容进行精选。教师应选择那些具有广泛迁移价值的科学成果作为教材的基本内容，而每一门学科中的基本知识(如基本概念、基本原理)、技能和行为规范具有广泛的适应性，其迁移价值较大。布鲁纳认为所掌握的内容越基本、越概括，则对新情况、新问题的适应性就越广，也就越能产生广泛的迁移。在教学中，他强调要掌握每门学科的基本结构(即基本原理、基本概念等)，因为领会基本的原理和概念是通向适当迁移的大道。在选择这些基本的经验作为教材内容的同时，还必须包括基本的、典型的事实材料，脱离事实材料空谈概念、原理，则概念、原理也是空洞的、无生命力的，也无法迁移。大量的实验证明，在教授概念、原理等基本知识的同时，配合具有典型代表性的事例，并阐明概念、原理的适用条件，则有助于迁移的产生。

二、合理编排教学内容

精选的教材只有通过合理的编排才能充分发挥其迁移的效能，否则迁移效果小，甚至阻碍迁移的产生。从迁移的角度来看，合理编排的标准是使教材达到结构化、一体化、网络化。结构化是指教材内容的各构成要素具有科学的、合理的逻辑联系，能体现事物的各种内在关系，如上下、并列、交叉等关系。结构化的教材能在教学中促进学生重构教材结构，进而构建合理的心理结构。一体化指教材的各构成要素能整合为具有内在联系的有机整体。一体化的教材通过同化、顺应和重组的相互作用，不断构建心理结构。为此，既要防止教材中各要素之间的相互割裂、支离破碎，又要防止相互干扰或机械重复。网络化是一体化的引申，指教材各要素之间应有联系，要突出各种基本经验的连接点、连接线，这既有助于了解原有学习中存在的断裂带，也有助于预测以后学习的发展带，为迁移的产生提供直接的支撑。

三、合理安排教学程序

合理编排的教学内容是通过合理的教学程序得以体现、实施的，教学程序是使有效的教材发挥功效的最直接的环节。无论是宏观的、整体的教材规划，还是微观的每一节课的教学活动，都应体现迁移规律。先教什么内容，后教什么内容，处理好这种教学内容的先后次序是非常必要的。在宏观上，教学中应将基本的知识、技能和态度作为教学的主干结构，并依此进行教学。在安排这些基本内容的教学顺序时，应该既考虑学科知识本身的内在逻辑联系，即知识序，又要考虑学生的心理发展顺序及其可接受性，即学生的认知序。综合兼顾知识序与认知序，从整体上科学、有效地安排教学程序。在微观上，应注重学习目标与学习过程的相似性，或有意识地沟通具有相似性的学习。教师应合理组织每一堂课的教学内容，合理安排教学顺序，依据从已知到未知、从简单到复杂、从具体到抽象等顺序来沟通新旧经验、建构经验结构。在激发学习动机、引入新内容、揭示重点和难点、反馈等诸环节上都应精心设计，以便学生真正理解、掌握所学的内容，并能将所掌握的内容进行适当的迁移。同时也要注意各节课所教内容之间的衔接，沟通知识和经验之间的有机联系，激活有关经验，避免惰性，建立合理的经验结构。教师应帮学生对所学的内容进行整理、提炼和融会贯通，真正提高学生学习的质量。

四、提高学生对知识的概括水平

教师在教学中应注意启发学生对所学内容进行概括、总结，培养和提高其概括、总结能力，充分利用原理、原则的迁移。一方面，教师应在教学中加强学生对基本知识和基本技能的掌握，培养他们对基本知识的概括能力，在未来情境中更好地迁移和运用；另一方面，在对学生讲解原理、原则时，要在最大范围内列举各种变式，让学生全面掌握相关内容，以脱离原理、原则的背景而把握其实质，未来可更有效地解决新问题。

五、教授学习策略，提高迁移的意识性

授人以鱼，不如授人以渔。这意味着仅仅教给学生组织良好的信息是不够的，必须使学生了解在什么条件下迁移所学的内容，以及关注迁移的有效性等。掌握必要的学习策略及其元认知策略是达到这一目标的有效手段。许多研究证明，学习策略及元认知策略具有广泛的迁移性，同时它们又能够提高学习者迁移的意识性。教师结合实际学科的教学来教授有关的学习策略和元认知策略，这不仅可以促进学生对所学内容的掌握，而且可以改善学生的学习能力，使学生学会学习，提高其迁移的意识性，从根本上促进迁移的产生。

本章知识要点

学习迁移是一种学习对另一种学习的影响，或习得的经验对完成其他活动的影响。

根据迁移的影响效果不同，迁移可分为正迁移、负迁移和零迁移；根据迁移的时间顺序，迁移可分为顺向迁移和逆向迁移；根据迁移层次和水平的不同，迁移可分为横向迁移和纵向迁移；根据迁移发生的方式，迁移可分为特殊迁移和非特殊迁移；根据迁移过程中所需的内在心理机制的不同，迁移可分为同化性迁移、顺应性迁移和重组性迁移。

心理学史上第一个正式的迁移理论是形式训练说，该理论强调对心的各种官能的训练可以促进迁移。

心理学史上影响最大的理论是桑代克的相同要素说和贾德的概括说。前者强调学习任务之间共同成分的重要性；后者强调对任务之间共同原理的概括。学习任务具有共同成分只是迁移产生的前提条件，但不是充分条件。

迁移的关系转换说是由格式塔学者苛勒提出，强调对情境间关系的顿悟是迁移发生的关键。

随着认知心理学的兴起，迁移理论有了新发展，较有影响的是奥苏贝尔的认知迁移理论、安德森和辛格莱的产生式迁移理论。

影响迁移的客观因素包括前后两次学习任务之间的相似性、教师的指导、学习材料的特性，主观因素包括学习者的智力和年龄、学习者原有认知结构、学习者对学习的定式、学习者对学习的态度。

促进教学中有效迁移的措施包括：精选教材；合理编排教学内容；合理安排教学程序；提高学生对知识的概括水平；教授学习策略，提高迁移的意识性。

本章练习题

一、单选题

1. 从迁移的观点看，"温故知新"属于( )。
   A. 顺向正迁移
   B. 逆向正迁移
   C. 顺向负迁移
   D. 逆向负迁移

2. 下列属于负迁移的是( )。
   A. 举一反三
   B. 在学校爱护公物的言行影响在校外规范自己的行为
   C. 外语学习中，词汇的掌握对阅读的影响
   D. 学习汉语拼音对英语字母发音的影响

3. 小朋友学会称呼邻居家的男性为"叔叔"后，他可能会对所遇到的任何陌生男性均称呼为"叔叔"，这种迁移属于( )。
   A. 顺向迁移
   B. 横向迁移
   C. 正迁移
   D. 一般迁移

4. 根据迁移性质或影响效果的不同，迁移可分为( )。
   A. 顺向迁移与逆向迁移
   B. 横向迁移与纵向迁移
   C. 正迁移与负迁移
   D. 一般迁移与具体迁移

5. 有一种迁移理论认为迁移的发生是一个自动化的过程，对迁移的训练形式重于训练内容。该理论是( )。
   A. 形式训练说
   B. 相同要素说
   C. 概括说
   D. 关系转换说

6. 重视对情境关系的理解的迁移理论是( )。
   A. 形式训练说
   B. 相同要素说
   C. 概括说
   D. 关系转换说

7. 相同要素说的代表人物是( )。
   A. 桑代克
   B. 贾德
   C. 苛勒
   D. 加涅

8. 根据迁移的抽象概况水平不同，迁移可分为( )。
   A. 顺向迁移与逆向迁移
   B. 横向迁移与纵向迁移
   C. 正迁移与负迁移
   D. 一般迁移与具体迁移

9. 关系转换理论是由( )提出的迁移理论。
   A. 桑代克
   B. 贾德
   C. 格式塔心理学家
   D. 奥苏贝尔

10. 影响迁移的个人因素有( )。
    A. 认知结构与态度
    B. 智力与学习环境
    C. 年龄与学习资料
    D. 学习目标与态度

二、判断题

1. 只有学习知识时才会发生迁移。   (   )
2. 演绎式学习属于自下而上的迁移。   (   )
3. 定式会降低问题解决的效率。   (   )

4. 迁移的可能性大小与经验的概括水平成反比例关系。　　　　　　　（　　）

5. "举一反三"是正迁移。　　　　　　　　　　　　　　　　　　　（　　）

6. 经验类化理论强调概括化经验在迁移中的作用。　　　　　　　　（　　）

7. 水平迁移也称横向迁移，是指处于同一概括水平的经验间的相互影响。（　　）

8. 形式训练说重视学习的迁移，重视能力的训练和培养。　　　　　（　　）

9. 定式只可成为正迁移的心理背景。　　　　　　　　　　　　　　（　　）

10. 特殊迁移的范围比一般迁移的范围广。　　　　　　　　　　　　（　　）

三、主观题

1. 举例说明什么是学习迁移。

2. 辨析题：

逆向迁移就是负迁移。

请判断以上说法的正误，并说理由。

第六章

知识的学习

学习目标

1. 掌握知识的含义与分类。
2. 掌握知识学习的含义、分类与不同阶段。
3. 掌握知识表征的含义及类型，能够在教学中合理运用直观与概括。
4. 了解知识应用的过程。
5. 理解影响知识应用的不同因素。

章节导读

　　知识是人类一切实践和创造活动的基础，是学生智力发展的前提条件。知识的学习历来备受教育者的关注，在学校教育中，引导学生形成科学、完整的知识体系是智育的重要内容之一。因此，知识的传授是学校教育最基本的目标，学生学习的主要任务之一就是掌握人类长期积累形成的系统的科学文化知识。然而，知识学习的过程是错综复杂的，要想更好地掌握知识，必须了解知识的实质和相关规律。本章根据现代教育心理学的已有研究成果，对知识的含义与分类、知识的表征与存储，以及知识的运用做了主要讨论。同学们，一起来学习本章的知识吧！

第一节　知识概述

　　随着社会的发展，人们对这个世界的认识也在逐步加深。从广义上讲，知识可以视为人类对周围客观世界的主观解释，它代表了人类对世界的认知水平和驾驭水平。本节将从心理学的视角来学习知识的含义、分类、作用，以及知识学习的过程。

一、知识的含义

　　知识是人们在日常生活中使用非常广泛的一个词，那么，究竟什么是知识呢？从本质上来说，知识是人对事物属性与联系的能动反映，它是通过人与客观事物的相互作用而形成的。在人与外界的相互作用中，在人的现实活动中，人们会获得来自客体的各种信息，并且会通过一定的方式对这些信息进行加工和组织，形成对事物的理解。但是关于知识的定义，学术界一直存在争议。

布卢姆将知识定义为对具体事物和普遍原理的回忆，对方法和过程的回忆，或者对一种模式、结构或框架的回忆。还有一些研究者倾向于强调知识的结果，将知识定义为由信息构成的、储存于长时记忆中的表征。当代著名的认知心理学家皮亚杰认为，"知识是主体和环境或思维与客体相互交换而导致的知觉建构，知识不是客体的副本，也不是由主体决定的先验意识"。综上所述，本书把知识定义为主体与其环境相互作用而获得的信息及其组织，储存于个体内即为个体的知识，储存于个体外即为人类的知识。知识的本质是信息在人脑中的表征。

二、知识的分类

知识的范围相当广泛，从关于"物"的知识到关于人和社会的知识，从日常生活经验到分门别类的正规知识，从具体的感性知识到有关普遍原理和抽象概念的理性知识，均属于知识。根据不同标准和不同目的，可以将知识划分为多种类型。

(一) 感性知识与理性知识

根据知识反映深度的不同，可以将知识分为感性知识和理性知识。所谓感性知识，是对事物的外表特征和外部联系的反映，可分为感知和表象两种水平。所谓理性知识，反映的是事物的本质特征与内在联系，包括概念和命题两种形式。概念反映的是事物的本质属性及各属性之间的本质联系，如"教育心理学是研究教育系统中学生的学习及其规律与应用的学科"就是一个概念。命题就是人们通常所说的规则、原理、原则，表示的是概念之间的关系，反映的是不同事物之间的本质联系和内在规律，如"教育心理学是心理科学与教育科学相结合的产物"就是一个命题。

(二) 具体知识与抽象知识

根据知识抽象程度的不同，可以将知识分为具体知识和抽象知识。具体知识指具体而有形的、可通过直接观察而获得的信息。该类知识往往可以用具体的事物予以表示，如有关日期、地点、物品等方面的知识。抽象知识指不能通过直接观察，只能通过定义来获取的知识。这类知识往往是从许多具体事例中概括出来的、具有普遍适用性的概念或原理，如有关道德、人性等的知识。

(三) 结构良好领域的知识与结构不良领域的知识

根据知识应用的复杂程度，可以将知识分为结构良好领域的知识和结构不良领域的知识。结构良好领域的知识是有固定答案的知识，如需要背诵的课文中的语言知识。结构不良领域的知识是指生活中比较复杂的知识。结构不良领域是普遍存在的，例如，参加一场学习经验交流会后，你很受启发，可是当你想把他人的学习方法运用到自己的学习中时，就要处理大量带有结构不良特征的情境和知识。

(四) 陈述性知识与程序性知识

安德森根据知识表现形式的不同把知识分为两类：陈述性知识和程序性知识。陈述性知识主要反映事物的状态、内容及事物变化发展的原因，说明事物是什么、为什么和怎么样，一般可以用口头或书面言语进行清晰的陈述。它主要用来描述一个事实(如"北京是中国的首都")或陈述一种观点(如"生命在于运动")，因此也称描述性知识。程序性知识主要反映活动的具体过程和操作步骤，说明做什么和怎么做。它是一种实践性知识，主要用于实际操作，因此也称操作性知识。由于它主要涉及做事的策略和方法，因此也称为策略性知识或方法性知识，如怎样操作某机器，怎样解答数学题或物理题等。

陈述性知识与程序性知识的分类常常是与学习者所达到的学习水平相联系的。学习常常从陈述性知识的获得开始，而后进一步加工消化，成为可以灵活、熟练应用的知识。比如在教师培训中，一个新教师开始只是知道了一些教学设计的原则，如启发性原则，但他还不明白如何将这些知识运用到具体的教学活动中，通过对这些知识的深入理解，通过具体的教学实践和反思，他才能将这些知识转化为可以有效指导教学活动的知识。当然，程序性知识并不都是高级的，有时它也很简单，比如小孩子学习怎样系扣子等。

(五) 显性知识与默会知识

英籍匈牙利哲学家波兰尼提出将知识分为显性知识与默会知识。前者也称明言知识，是能用语言文字(包括数学公式、图表)等诸种符号表达的知识；后者是只能意会而不能言传的知识，也叫隐性知识。例如，幼儿在受正规教育之前，能用合乎语法的句子表达自己的思想，但是他们未清晰地意识到自己的话语中暗含的语法规则。实际上，信息加工心理学的两类知识划分与波兰尼的两类知识划分存在很大的一致性。陈述性知识也就是显性知识，是个体能够意识到并能用言语表达的；程序性知识中有些是个体完全不能意识和用言语表达的，也就是默会知识。

猜一猜，想一想

请你想一想，以下哪几项属于程序性知识？
- 三角形的内角和为 180°
- 打太极拳时的动作要领
- 写作技能
- 九九乘法口诀

三、知识的作用

心理学研究表明，个体要想有效地完成某一项任务，仅有能力是不够的，还必须同时具备相应的知识。那么，在个体发展过程中，知识究竟有什么作用呢？

(一) 知识是个体对行为进行定向和调节的基础

知识是个体适应环境的重要机制，知识一旦被人们掌握，就会参与今后有关活动的调节，指导有关活动的进行。首先，知识具有辨别功能。人可以基于有关知识对感受到的事物进行辨认和归类，从而对它们不再感到陌生。其次，知识具有预期功能。具备了相应的知识后，人就可以通过推论对事物形成一定的预期，推知事物会是怎样的，它会怎样发展、变化等。最后，知识还具有调节功能。个体总在以自己的知识为基础来确定活动的程序，并对活动的实施过程进行监控和调节。

（二）知识是能力发展的重要构成要素

能力作为一种个体心理特征，是对活动的进行起稳定的调节和控制作用的个体经验。知识不简单地等同于能力，但知识是能力发展的重要基础。能力是更稳定的心理特性，对人的活动有更普遍、更一贯的调节作用，而能力的发展依赖于知识的获得，它是知识、技能进一步概括化和系统化而形成的高度整合性的心理结构，是个体通过对知识、技能的广泛迁移应用而实现的。因此，在实际教学过程中，绝不能把知识排除在能力之外，不能离开知识的教学去谈能力的培养，而必须把能力的形成和发展建立在掌握大量、丰富的知识的基础之上。

（三）知识的掌握程度制约着问题的解决水平

知识的掌握无论对于丰富学生的知识和经验、增长学生的见识，还是对于形成学生的各项技能、发展学生的智力，都具有十分重要的作用。研究表明，任何领域问题的解决都涉及大量专门知识的应用，个体必须具有 5 万～20 万个相关知识组块，才能成为某一领域的专家。如果缺乏相应的专门知识，专家也不能解决该学科领域的问题。可见，知识的掌握程度制约着问题的解决水平。因此，在强调全面培养学生素质的今天，如何使学生掌握深层的、灵活的、有用的"真知识"，如何提高知识获得的效果和效率，应该作为教学活动的中心课题。

四、知识学习的含义

知识学习即个体在头脑中形成科学文化知识的过程，这一复杂问题向来备受教育者的关注，只有明确知识学习的规律，才能使学生在学习活动中达到事半功倍的效果。

知识学习有广义和狭义两种理解。广义的知识学习既包括个体对知识的发现，也包括个体对知识的接受。应该说，人类最初的知识确实是来源于人类的直接发现，是对人们长期的实践活动中各种经验的概括和总结。但是，社会的发展使得每个人不可能也没有必要去重复人类知识形成的曲折历程，而可以依赖活动的间接经验，在较短的时间内充分地利用人类创造的知识财富来武装自己的头脑。对于广大学生而言，间接经验的学习主要依赖知识掌握的过程，这就是狭义的知识学习。

五、知识学习的分类

根据不同的分类标准，知识学习可以分为不同的类型。这里介绍三种比较常见的知识学习的分类方式。

（一）接受学习、发现学习和支架性学习

按照知识获得方式的不同，可以把知识学习分为接受学习、发现学习和支架性学习。在接受学习中，学习的内容是以结论的形式呈现给学习者的，学习就是要获得这些现成的知识。

教师的主要任务是用合适的方式来组织新知识，把它们呈现给学习者，并促进学习者对新知识的理解和记忆。在发现学习中，学习的主要内容不是直接呈现给学习者的，而是需要学习者自己去发现事物的特点和规律。教师的主要任务不是讲解各种结论和答案，而是设计问题情境，鼓励学生通过解决问题来发现背后的概念、原理。

学习中到底需要多大程度的外部支持，这并不是或有或无的，也不是固定不变的。近年来，研究者非常重视支架性学习，强调随着学习的进行而动态地减少外部支持。支架是指建高大建筑时搭起的脚手架，这里用来形象地说明一种学习和教学模式：借助教师所提供的"脚手架"，逐渐把管理、控制学习的任务从教师转移到学生一方，最后撤去支架。这就是说，在某种学习的开始，教师可能要给学生很多的支持(脚手架)，包括提醒、鼓励、举例、示范等所有有利于学习者增强独立学习能力的支持，而随着教学的进行，随着学生独立探索的可能性的增加，教师要随即逐渐地减少外部支持，直至最后完全让位于学生的独立探索。

(二) 符号学习、概念学习和命题学习

根据所获得的知识形式的不同，可以把知识学习分为符号学习、概念学习和命题学习。符号学习又称代表学习，是指学习一个或一组符号的意义，或者说学习它们代表什么。符号学习的主要内容是词汇学习，即学习一个词代表什么，它可以代表自然界或人类社会中的事物，也可以是人头脑中的概念，而这种代表关系是约定俗成的。在符号学习中，学习者要将符号与它所代表的事物、观念联系起来，在认知结构中建立相应的等值关系。比如当我们跟婴儿提起"狗"这个词的时候，婴儿头脑里浮现的是狗的样子，而不是其他动物，这时候婴儿才真正掌握了"狗"这个语言符号的含义。

概念学习在于掌握同类事物共同的关键特征，从而将这类事物与其他事物区分开。比如，为了学习"鸟"的概念，学习者要准确抓住鸟类共同的关键特征，如卵生、有羽毛、有翅膀等，同时又要排除那些非关键特征，如体形大小、颜色、能飞多高等，这样，"鸟"就概括了具有这些关键特征的动物，成了一个具有一般意义的概念。可见，概念学习包含了符号学习，但比符号学习更为复杂。

命题是由词联合起来组成的句子所代表的，命题学习就是理解句子所表达的整体意义，这需要将新命题与头脑中原有的有关概念、观念联系起来。命题学习要以符号学习和概念学习为基础，是更为复杂的学习活动。

(三) 下位学习、上位学习和并列结合学习

根据新知识与原有认知结构的关系，知识学习可以分为下位学习、上位学习和并列结合学习。

(1) 下位学习。下位学习又称类属学习，即通过类属过程获得意义的学习。类属过程是一种把新的观念归属于认知结构中原有观念的某一部位，并使之相互联系的过程。这种类属过程多次进行，就会推动知识不断产生新的层次，因而也就不断分化与精确化。类属学习的效率取决于认知结构中原有的起类属作用的观念的形成和巩固。在下位学习或类属学习中，需要区分两种不同的学习过程：派生类属学习与相关类属学习。

当新的学习材料作为原先获得的概念的特例，或作为原先获得的命题的证据或例证而加以解释时，便产生了派生类属学习。在派生类属学习中，新知识只是旧知识的派生物，通过派生类属，不仅可使新概念或命题获得意义，而且可使原有概念或命题得到充实或证实。例

如，原有概念"鱼"由"带鱼""草鱼""黄鱼"等从属概念组成，现在要学习"鳗鱼"，可以把它纳入"鱼"的概念之中，既扩充了"鱼"的概念，又获得了"鳗鱼"这一新概念的意义。一般而言，这种学习比较简单，只需要经过具体化过程即可。

当新学习的知识从属于原有认知结构中的某一观念，但并非完全包含于原有概念之中，并且也不能完全由原有观念所代表，二者仅是一种相互关联的从属关系时，便产生相关类属学习。此时，需对原有的认知结构做部分调整或重新组合，新知识是原有概念的扩充、深化、限定或精确化的产物。例如，过去已经学过"爱国行动"，现在要学习"保护能源""清洁环境"等新概念，由于这类新知识的部分方面可以与"爱国行动"相联系，因此，可以将它们类属于原有的"爱国行动"中，结果不仅获得了新知识，而且原有的"爱国行动"被扩展深化了。这类学习中事物的属性是多方面的，其不同方面可以与不同的上位概念相结合。因此，一般而言，相关类属学习比较复杂，必须悉心比较上位概念和下位概念，经过复杂的概括活动才能达到。

由此可见，派生类属学习和相关类属学习在性质上是有区别的。在派生类属学习中，新知识被纳入原有知识中，原有的概念或命题只是得到证实或说明，本质未变；在相关类属学习中，每当新知识被类属于原有的概念或命题时，原有的概念或命题便得到了扩展、深化或精确化。

(2) 上位学习。当认知结构中已经形成几个概念，现在要在这几个原有概念的基础上学习一个包容程度更高的命题时，便产生了上位学习，或称总括学习。在对被提供的材料进行归纳组织或综合成整体时，都需要进行总括学习。总括学习在概念学习中比在命题学习中更为普遍。例如，儿童在知道"青菜""萝卜""菠菜"等概念之后，再学习"蔬菜"这个总括性的概念时，新学习的概念总括了原有的概念，新的概念就有了意义。又如，对小学生教授面积概念时，教师让学生比较台面、桌面、教室地面、墙面、操场等的面积大小，最后概括出"面积就是平面图形或物体表面的大小"这一命题，即面积的定义，这样的学习也是上位学习。一旦一般面积概念形成以后，再学习具体图形，如三角形、圆形等的面积概念时，这种学习又转化为下位学习。

(3) 并列结合学习。当新的命题与认知结构中原有的特殊概念既不能产生从属关系，又不能产生总括关系时，它们在有意义学习中可能产生联合意义，这种学习称为并列结合学习。许多新的命题和概念的学习都导致这类意义。这些命题和概念是有潜在意义的，因为它们是由一些已经学习过的概念合理结合而构成的，这些概念与整体的有关认知内容一般是吻合的，因而能与认知结构中有关内容的一般背景联系起来。并列结合学习与上位学习、下位学习不同，不能与认知结构中的有关特殊概念相联系。在并列结合的命题学习中，由于只能利用一般的和非特殊的有关内容起固定作用，因此对于它们的学习和记忆都比较困难。

学生在数、理、化以及社会科学中学习概括的许多例子都是并列结合学习。例如学习质量与能量、热与体积、遗传结构与变异、需求与价格等概念之间的关系，就属于并列结合学习。假定质量与能量、热与体积、遗传结构与变异为已知的关系，现在要学习需求与价格的关系，这个新学习的关系虽不能类属于原有的关系之中，也不能概括原有的关系，但它们之间仍然具有某些共同的关键特征。例如，后一变量随前一变量的变化而变化等。根据这种共同特征，新关系与已知的关系并列结合，新关系便具有了意义。

猜一猜，想一想

当新的学习材料作为原先获得的概念的特例时，便产生了派生类属学习。当新学习的知识从属于原有认知结构中的某一观念，但并非完全包含于原有观念之中时，便产生了相关类属学习。

请思考：哪一种学习形式可以拓展原有知识结构的内涵？

六、知识学习的阶段

奥苏贝尔根据言语材料学习的特点把学习过程分为两个阶段：一是初学阶段；二是保持阶段。学习者在初学阶段要经过重复的练习，其目的是增加新习得的意义或知识的稳定性，以及新旧知识的可辨别度，而不是增强孤立的刺激与反应之间的联结。在这个阶段，新学会的意义变成特殊概念系统的一个完整部分。这种与认知结构相联系的可能性对获得与保持过程有两个重要的后果：其一是获得与保持不再依赖于相当脆弱的人类机械记忆能力来进行任意的和逐词逐句联系的机械学习，习得与保持的效率可以得到大大提高；其二是新习得的材料从属于组织原则，这些原则支持与之相联系的系统的获得与保持。

在学习的保持阶段，孤立于已建立的概念系统的无联系的、逐个元素之间的任意联结的形成只起到很小的作用。然而，早期的大多数心理实验研究只涉及机械的、逐字逐句的学习，这种学习的保持效果很差。有意义的学习依赖于个体独特的认知结构，它是人类学习的主要形式。有意义学习通过将新概念在一个有关的概念系统中获取适当的定位，使认知结构中有意义学习材料的长时记忆更完善。

知识学习主要是学生对知识信息的内在加工过程，这一过程分为以下几个阶段：习得阶段、巩固阶段、提取与应用阶段。在习得阶段，新的知识信息进入短时记忆，与长时记忆中被激活的相关知识建立联系，从而出现新意义的建构。在巩固阶段，新建构的意义储存于长时记忆中，如果没有复习或新的学习，这些意义会随时间的流逝而出现遗忘现象。在提取与应用阶段，人们运用所获得的知识回答"是什么"或"为什么"的问题，并应用这些知识解决同类或类似问题，使所学知识产生迁移。

根据以上有关知识学习的阶段及其特点，本书认为在知识学习的几个阶段中应解决的主要的心理问题分别是知识的同化、保持和迁移。通过同化，学生运用自己已有的知识理解新知识，并使其在自己认知结构的适当地方找到其位置。通过保持使新知识得到巩固。最后，通过应用使知识产生广泛的迁移，使学生能够做到举一反三。

第二节　知识的表征与存储

知识的表征与存储是指知识在头脑中的存储方式，这实际上是一个假设的命题。本节主要介绍一些关于知识在头脑中存储的理论假设，以及如何在此基础上更加高效地记忆和存储知识。

一、知识表征的含义

个体知识是以什么形式存储在头脑中的呢？这就是知识的表征与存储问题。认知心理学家认为，根据知识种类的不同，知识的表征方式可能是不同的。

表征代表了外部世界与有机体内部之间的标定关系，一般包括内容和形式两个方面。内容指表征所具有的实际信息，形式即表达内容的方式。相同的内容可用不同的形式表达，如"中国的首都是北京"和"北京是中国的首都"表达的是相同的内容。同一形式也可以表达不同的内容，如"他正在上课"。如果"他"是教师，表示他正在讲课；如果"他"是学生，则表示他正在听课。

二、知识表征的分类

一般认为，陈述性知识和程序性知识在头脑中的表征形式是不同的。当进行单个知识的存储时，陈述性知识以命题的基本形式存在，程序性知识以产生式的基本形式存在。当很多相似或相关联的知识在头脑中进行表征时，一般认为它们以图式的形式存在。当头脑中的各种各样的图式按照某种规律组合在一起时，便共同构成了更上位的认知结构。

(一) 陈述性知识的表征形式：命题网络

一个命题就相当于一个概念，它是人们能够评价是非对错的最小的意义单元。命题和句子并不完全对应，有些句子可能包括两个甚至多个命题。比如，"蝙蝠是一种会飞的哺乳动物"，这实际上包含了两个意义要点，即两个命题：蝙蝠是哺乳动物；蝙蝠会飞。两个或多个命题常常因为有某个共同的成分而相互联系在一起，从而构成了命题网络(见图6-1)，或称为语义网络。在这种网络中，那些相关的概念之间具有更紧密的联系，在接触有关的信息时，这些概念之间可以相互扩散、激活，从而被个体提取和利用。可见，学习者并不是按照

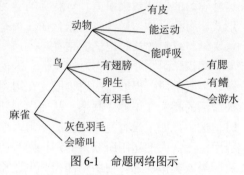

图 6-1　命题网络图示

信息原有的形式把它们"复制"到头脑中，而是按照自己可以理解的方式对意义进行重新组织。学习者对知识的理解越深，所形成的联系就越多，命题网络就越复杂。

(二) 程序性知识的表征形式：产生式系统

人的活动实际上包含一系列决策过程。当人们进行决策时，要先确认当前的情境和条件，然后产生相应的行动。所谓产生式，就是一些"条件—行动"的结合规则，它表明了所要进行的活动以及做出这种活动的条件。产生式以"如果……，就……"的形式存在，即在满足某个条件的时候，人们做出某个行动。例如，如果明天下雨，那么运动会就延期举行。与前面所说的相对更为静态的命题网络不同，产生式具有自动激活的特点，一旦满足了特定的条件，相应的行动就会发生，这常常不需要太明确的意识。而且，一个产生式的结果可以作为另一个产生式的条件，从而引发其他的行动，这样，众多的产生式联系在一起，就构成了复杂的产生式系统。

（三）成块知识的组织：图式

所谓图式，就是关于某个主题的一个知识单元，它包括与某主题相关的一套相互联系的基本概念，构成了感知、理解外界信息的框架结构。比如，我们在头脑中都有关于教室的图式，与它相关的概念有教师、学生、讲台、课桌等，基于这样的图式可以预想教室的布置，可以想到当老师走进教室、走向讲台的时候，学生会将目光转移过来，然后起立……

一个图式中包括一些空位，也可以说是一些维度，每个空位的不同取值说明了事物在这个维度上的不同特征，表明了事物在这一维度上所属的类别。比如，看到一棵树，即使我们从来没有见过，但基于"树"的图式，可以想到以下问题：从树的外形来看，它是乔木还是灌木？从生长季节上来看，它是落叶的还是四季常青的？从叶子来看，是阔叶的还是针叶的？等等。图式构成了理解新信息的基础和参照框架，也可以帮助人形成对事件的预期，产生有关这一事物的疑问，从而引发对信息的探寻活动。

（四）认知结构

不管是命题网络、产生式系统还是图式，它们都强调知识间的联系，强调知识的组织结构。人的知识不是零乱地"堆积"在人的头脑中，而是按照一定的逻辑关系"集成"在头脑中，形成一定的认知结构。所谓认知结构，就是学生头脑里的知识结构，广义而言，它是某一学习者的全部观念及其组织；狭义地说，它可以是学习者在某一特定知识领域内的观念及其组织。一般认为，认知结构具有一定的层次性，有些概念、规则、原理的抽象概括水平比较高，处在认知结构的上层；而有些知识则相对更为具体，概括水平较低，处在认知结构的下层。比如动物包括哺乳动物、爬行动物、鸟、昆虫等，而哺乳动物、爬行动物等又各自包括不同种类，有各种不同的物种。认知结构又不完全是严格的层次结构，由于人有着各种具体经验以及各种各样的联想、推理，所以各种知识和经验之间会形成复杂的网状联系。这种包含丰富联系的认知结构能使学习者更深刻地理解知识，更牢固地保持知识，也便于学习者在具体情境中更好地激活和运用知识。

三、知识的直观

直观是主体通过对直接感知到的教学材料的表层意义、表面特征进行加工，从而形成对有关事物的具体的、特殊的、感性的认识的加工过程。在知识的学习过程中，知识的直观对教学起着重要作用。下面对知识直观的分类和直观教学的合理运用进行详细介绍。

（一）知识直观的分类

就直观的知识对象而言，可以把直观分为实物直观、模像直观和言语直观三种。这三种直观形式各有其优缺点，在教学活动中应根据实际需要选择不同的直观方式或直观方式的组合。

（1）实物直观。实物即实际事物，实物直观即通过直接感知要学习的实际事物而进行的一种直观方式。例如，观察各种实物、演示各种实验、到工厂或农村进行实地调查访问等都属于实物直观。

由于实物直观是在接触实际事物时进行的，它所得到的感性知识与实际事物间的联系比较密切、一致，因此它在实际生活中的定向作用较好，在实践活动中也能很快地发挥作用。同时，实物直观给人以真实感、亲切感，因此它有利于激发学生对科学知识的学习兴趣，调动学生学习科学知识的积极性。正因为实物直观有这些优点，所以在教学过程中可以广泛采用。

但是，实际事物的本质要素与非本质要素往往混杂在一起，而且事物的非本质要素往往比较突出、强烈，本质要素则比较隐蔽、弱小。由于强的刺激因素对弱的刺激因素起着掩蔽作用，因此往往难以突出本质要素，必须透过现象看本质，这具有一定的难度。由于实物直观的这些缺点，因此它不是唯一的直观方式，还必须有其他种类的直观。

(2) 模像直观。模像即事物的模拟性形象，它是实际事物的模拟品，而非实际事物本身(见图 6-2)。所谓模像直观，即在对事物的模像直接感知的基础上进行的一种直觉的能动反映。例如，各种图片、图表、模型、幻灯片和教学电影、电视等的演示均属于模像直观。

图 6-2　模像

由于模像直观的对象可以人为制作，因此模像直观在很大程度上可以克服实物直观的局限，扩大直观的范围，提高直观的效果。首先，它可以人为地排除一些无关因素，突出本质要素。其次，它可以根据观察需要，通过大小变化、动静结合、虚实互换、色彩对比等方式扩大直观范围。正是由于模像直观的这些优点，它已成为现代化教学的重要手段，是现代教育技术学研究的重要内容。

但是，由于模像只是事物的模拟形象，而非实际事物本身，因此模像与实际事物之间有一定差别。为了使得通过模像直观而获得的知识在学生将来的实践活动中发挥更好的定向作用，应注意将模像与学生熟悉的事物相比较，同时，在可能的情况下应使模像直观与实物直观相结合。

(3) 言语直观。言语直观是指在形象化的言语作用下，通过学生对语言的物质形式(如语音、字形)的感知及对语义的想象而进行的一种直观的、能动的反映形式。例如，语文教学中文艺作品的阅读、有关情景与人物形象的领会，史地教学中有关历史生活、历史事件、历史人物和有关地形地貌、地理位置的领会，均少不了言语直观。

言语直观的优点是不受时间、地点和设备条件的限制，可以广泛使用。言语直观的效果主要取决于教师语言的质量。教师的讲解声调要抑扬顿挫，声音应有高低快慢的变化，并且语言应精练、优美、富有情绪性。言语直观的另一个优点是能通过语调和生动形象的事例去激发学生的感情，唤起学生的想象。但是，言语直观所引起的表象往往不如实物直观和模像直观鲜明、完整、稳定，因此，在可能的情况下言语直观应尽量配合实物直观和模像直观。

猜一猜，想一想

以下哪一项属于模像直观?
- 植物标本
- 参观工厂
- 演示实验
- 教学电影

（二）直观教学的合理运用

在教学过程中利用直观形式呈现知识时，应该注意以下几点。

1. 灵活运用各种直观形式

实物直观、模像直观和言语直观各有优缺点，为了提高直观的效果，应根据教学的需要和问题的性质，灵活运用直观形式。

实物直观虽然真切，但是难以突出本质要素和关键特征；模像直观虽然与实际事物之间有一定差别，却有利于突出本质要素和关键特征。因此，一般而言，模像直观的教学效果优于实物直观。但此定论仅限于科学知识的学习阶段。当学习有了一定基础后，由简化的情境进入实际的复杂情境，更多地运用实物直观是必要的。在教学过程中，先进行模像直观，获得基本的科学概念和科学原理后再进行实物直观，比一开始就进行实物直观的学习效果好。

此外，为了增强直观的效果，不仅要注意实物直观和模像直观的合理选用，而且必须加强词与形象的结合。首先，形象的直观过程应该受到词的调节，以组织学生的注意，提高感知的目的性。为此，在形象的直观过程中，教师应提供明确的观察目标，提出确切的观察指导，提示合理的观察程序。其次，形象的直观结果应以确切的词加以表述，以检验直观效果并使对象的各组成要素进行分化。最后，应根据教学任务，选择合理的词与形象的结合方式。

不是所有知识点都适合实物直观

2. 运用感知规律，突出直观对象的特点

要想在直观过程中获得有关的感性知识，首先必须注意和观察直观对象。而要想有效地观察直观对象，必须运用强度律、差异律、活动律、组合律等感知规律，突出直观对象的特点。

强度律表明，作为知识载体的直观对象(实物、模像或言语)必须达到一定强度，才能为学习者清晰地感知。因此，在直观过程中，教师应突出那些低强度但重要的要素，使它们充分地展示在学生面前；在讲授过程中，教师的言语应尽量做到抑扬顿挫。

差异律是指对象和背景的差异影响着人们的感知效果。对象和背景的差异越大，对象越容易从背景中区分开来。对同一知识内容和体系中对象和背景的设置是一门艺术。对象与背景的设置可从两个层次分析：在物质载体层次，涉及的是如何在板书设计、教材编排、授课技巧等方面恰当地加大对象和背景的差异，突出直观对象；在知识层次，涉及的是新旧知识的安排，如何使已有知识在学习新知识时起到经验作用，即通过什么手段或途径唤起某些旧知识，使旧知识成为学习新知识的支撑点。第一层次即通常所说的直观对象与感知背景的差异，第二层次即直观对象与知识背景的差异。

活动律是指活动的对象比静止的对象容易感知。为此，在直观过程中应注意在活动中进行直观，在变化中呈现对象。教师应善于利用现代科学技术作为知识的物质载体，使知识以活动的形象展现在学生面前；注意在变换背景知识的条件下多次突出对象知识，从而造成一种活动的态势。

组合律表明，凡是空间上接近、时间上连续、形状上相同或颜色上一致的事物，易于构成一个整体被人们清晰地感知。因此，教材编排应分段分节，教师讲课应有间隔和停顿。

3. 培养学生的观察能力

知识传递的成效取决于教师、学生与媒体的协同作用。在直观过程中，教师对一定直观教材的操纵效果如何，主要取决于学生的观察能力。因此，为了更好地完成教学任务，必须认真培养学生的观察能力。

观察前，必须让学生明确观察的目的，进行有关知识的准备，并拟订详细的观察计划。只有这样，才能正确地组织学生的注意，使之指向和集中在所要观察的对象上。在观察过程中，要认真培养学生观察的技能和方法，让学生把握合理的观察程序，并认真做好观察记录。一般来说，应先由整体到部分，再由部分到整体，即先对整体对象有了初步的、一般的认识后，再对对象的各个部分进行细致的观察，进而了解各个部分之间的联系，把它们综合为一个整体，达到对观察对象的准确、细致、全面的认识。此外，还要注意使学生掌握由此及彼、由表及里、区分对象与背景等观察技能。观察后，要求学生对观察结果和资料进行分析、整理和总结，撰写观察报告。这样，可以大大促进学生观察的积极性和主动性，提高观察效果。

4. 让学生充分参与直观过程

由于科学知识归根到底要通过学生头脑的加工改造才能掌握，因此在直观过程中，应激发学生积极主动、切实参与的热情。应让学生动手进行操作，如让学生参与制作标本，让学生制作图表，让学生在多媒体的环境中进行学习等，从而改变"教师演，学生看"的消极被动的直观方式。

四、知识的概括

知识的概况是在知识直观的基础上抽取事物的本质特征与规律的过程。下面主要对知识概括的分类和知识概括的合理运用进行介绍。

(一) 知识概括的分类

在实际的知识学习过程中，存在抽象程度不同的两种类型，即感性概括和理性概括。

（1）感性概括。感性概括即直觉概括，它是在直观的基础上自发进行的一种低级的概括形式。首先，感性概括虽然形式上是通过一定的概括得来的，是抽象的，而且外延也涉及一类事物而非个别事物，但是从内容上看，它并没有反映事物的本质特征和内在联系，所概括的只是事物的一般外表特征和外部联系。例如，"主语就是句子开端部位的词"就是一种感性概括。由于感性概括是根据事物的外部特征而形成的，所以只是知觉水平的概括。通过这种知觉水平的概括，学生的认识实际上仍停留在感性认识范围内。

其次，感性概括是在直观的基础上，通过反复感知而自发实现的。事物的某些要素或要素组合，由于经常重复或意义特殊而在头脑中逐渐增强，从而与那些没有特殊意义又未能得到重复感知的要素分离开来，并把这些强烈的要素看成该类事物所共有的本质特征。实际上，感性概括是依靠事物外表特征的强弱对比，强要素泛化掩蔽弱要素而实现的。由于感性概括是自发实现的，所以又称为直觉概括。人们的日常概念多数是由感性概括形成的。

感性概括在学生日常经验的学习中很常见，但由于这种概括不能反映事物的本质特征与内在联系，所以在科学知识的领会过程中，不能仅仅依靠这种概括来完成学习任务，必须使学生掌握高级的理性概括的方式。

（2）理性概括。理性概括是在前人认识的指导下，通过对感性知识和经验进行自觉的加工、改造来揭示事物的一般的、本质的特征与联系的过程。首先，理性概括是一种高级的概括形式，它所揭示的是事物的一般因素与本质因素。所谓一般因素，指的是一类事物所共有的，不是个别或某些事物所特有的；所谓本质因素，即内在地而非表面地决定事物性质的因素。由于理性概括是根据某一现象或某一系列现象的本质而进行的，因此它是由个别到一般、由表及里、由具体到抽象的思维水平的概括。通过这种思维水平的概括，学生对事物的认识就不再停留在表面，而是深入到事物的内在、本质。

其次，理性概括不是自发进行的，而是在主体对感性材料自觉地进行一系列分析、综合、比较、抽象、概括的基础上实现的，是通过思维过程而完成的。因此，在实际的教育过程中，教师不仅要重视概括，更重要的是应注意使学生掌握概括的技能。

最后，在教学条件下，理性概括是在前人认识的指导下实现的。如果没有前人认识的指导，就难以确定概括的方向，难以区分一类事物所共有的一般因素，也就难以确定事物的本质因素，难以获取科学的理性知识。当然，仅有前人认识的指导还不够，科学知识必须通过学生本人的概括作用才能真正掌握，否则难以达到与前人经验相应的水平。这一点也是教学上不可忽视的。

总之，通过感性概括，学生只能获得概括不充分的日常概念和命题；只有通过理性概括，才能获得揭示事物本质的科学概念和命题。因此，在教学条件下，应关注理性概括的具体过程和如何有效地进行理性概括等问题。

猜一猜，想一想

感性概括是在直观的基础上自发进行的一种低级的概括形式。理性概括是在前人认识的指导下，通过对感性知识和经验进行自觉的加工、改造来揭示事物的一般的、本质的特征与联系的过程。

那么，感性概括和理性概括两者之间的联系是什么呢？

（二）知识概括的合理运用

提高学生知识概况的水平可以从以下几个方面着手。

1. 明确概括的目的

概括的目的在于区分事物的本质特征与非本质特征，抽出事物的本质特征，抛弃事物的非本质特征。研究表明，概括的这种目的越明确，则越有利于避免直观材料的消极影响而提高概括的效果，从而提高概念的领会水平。

2. 配合运用正例和反例

为了抽取事物的本质特征，同时抛弃非本质特征，在实际教学过程中还必须注意配合使用概念或规则的正例和反例。正例又称肯定例证，指包含概念或规则的本质特征和内在联系的例证。反例又称否定例证，指不包含或只包含了一小部分概念或规则的主要属性和关键特征的例证。一般而言，概念或规则的正例传递了有利于概括的信息，反例则传递了有利于辨别的信息。

3. 为学生提供丰富多彩的变式

变式即用不同形式的直观材料或事例说明事物的本质属性，即变换同类事物的非本质特征，以便突出本质特征。简言之，变式是指概念或规则的肯定例证在无关特征方面的变化。例如在生物课堂中介绍"果实"概念时，不要只选可食的果实(如苹果、西红柿、香蕉等)，还要选择一些不可食的果实(如橡树子、棉子等)，这样才有利于学生看到一切果实都具有"种子"这一关键属性，而舍弃其"可食性"等无关特征(见图6-3)。又如在讲惯性时，不仅要列举固体的惯性现象，也要列举液体和气体的惯性现象，这样学生才会形成"一切物体均有惯性"的正确观念，而不至于认为只有固体才有惯性。

图6-3　变式可以有效突出事物的本质属性

4. 引导学生对材料进行精细加工

精细加工是指对学习材料进行深入的加工活动，以寻求字面背后的深层意义，将新学习的材料与头脑中已有知识建立联系的策略。最常用的精细加工策略有摘录、提要、提问、笔记等。

5. 引导学生科学地进行比较

概括过程即思维过程，也就是在分析、综合的基础上进行比较，在比较的基础上进行抽象、概括的过程。因此，区分对象的一般与特殊，以及本质与非本质的过程，对于科学知识的概括具有非常重要的意义。

6. 启发学生进行自觉概括

在实际的教学情境中，教师应该启发学生进行自觉的概括，鼓励学生自己总结原理、原则。教师启发学生进行自觉概括的最常用方法是鼓励学生主动参与问题的讨论。在讨论的时候，不仅要鼓励学生主动提出问题，而且要鼓励他们主动解答问题。

第三节 知识的应用

一、知识应用的含义及特点

知识的应用是指学生在领会教材的基础上，依据所获得的知识解决同类课题的过程。例如根据所学的概念、原理来解释有关的现象、证明某一定理等，这在一定程度上体现了学生的学习效果，也反映了学生掌握知识的程度。一般来说，知识应用有以下特点。

(一) 知识应用的范围一般限于同类事物

知识应用的范围一般限于同类事物，是抽象知识的具体化过程，即把从一类事物中抽象与概括出来的知识推广到同类具体事物中，使抽象知识与具体事物建立联系的过程。例如，在语文知识的学习过程中，学生利用在范文中习得的语言、文学知识分析作品中句子的语法结构或写作技巧，或模仿范文的写作特点描述、分析人物与事件等。

(二) 知识应用不同于知识领会

知识领会与知识应用既有联系，又有区别。知识应用是在知识领会的基础上进行的，同时又是对知识领会的检验与发展。

知识领会是具体事物的抽象化过程，知识应用是抽象知识的具体化过程。从认识活动的进程来说，前者是由个别到一般、由具体到抽象、由感性到理性的过程；后者是由一般到个别、由抽象到具体、由理性到感性的过程。从逻辑意义上来说，前者是归纳过程，后者则是演绎过程。从思维的内容来说，前者通过对同类的具体事物的一系列分析，分别抽出这类事物共有的一系列本质特征，从而形成这类事物的概念、原理、定理或法则等抽象知识；后者则要求把抽象知识分解为一系列本质特征，并在这些本质特征的指引下分析具体事物，从而确定这些具体事物是否具有这一系列特征，进而判定这种抽象知识能否包括这些具体事物。

(三) 知识应用是一种相对单一的迁移形式

迁移主要表现为一种学习对另一种学习的影响，或习得的经验对完成其他活动的影响，其实质是经验的整合。迁移的内容既可以是知识方面的，也可以是技能或者行为规范方面的，从这个意义上说，知识迁移只是丰富的迁移内容中的一种。而知识应用又是知识迁移的一种类型——同化性迁移，即不改变原有的知识结构，直接将原有的知识应用到相同的一类事物中，向新事物赋予意义，或者将新事物纳入原有知识结构中，充实知识结构。

(四) 知识应用不同于解决实际问题

知识应用虽然是通过解决各种形式的问题来体现的，但这些问题多是以课业问题的形式提出的，且具有较明显的直接对应性，即利用当前的知识来解决问题。解决课业问题既可以表现为应用已学知识完成有关的口头作业或书面作业，如回答课堂提问、解答习题等，也可以表现为应用知识去完成实际操作或实地作业，如数学的测量、物理和化学的实验、生物的种植与养殖、地理的实地考察等。解决课业问题与解决实际问题是有一定区别的。解决实际问题主要是指学生自觉、能动地综合应用不同时间、不同地点、不同科目中习得的知识和经验于社会实践，解决或发现生活和生产中的实际问题。一般而言，解决课业问题相对简单易行，而解决实际问题难度较大，需要多种知识的综合应用与迁移，要求智力活动更具有创造性。

二、知识应用的过程

知识的应用是通过具体化来实现的，主要包含审题、联想、解析和类化 4 个彼此相关而又相对独立的基本过程。

（一）审题

知识应用的首要环节是审题，审题即了解题意，只有明确了问题中给予的条件与要达到的目标，才能通过联想回忆起解决当前问题所需要的知识，使教材具体化，找到解决问题的途径或方法。

审题并不是单纯地去感知眼前的问题，而是要在感知的基础上，通过想象、思维等在头脑中进行一系列的智力活动，尤其表现在要进行一系列的分析与综合活动。也就是说，审题涉及如何组织各种智力活动的心智技能。通过有关专家和新手的对比研究以及实际教学可以发现，新手或差生之所以不能解决问题，其中审题的心智技能的缺乏是非常普遍的一个原因。首先，不重视审题。有的人表现为读过题后，在还没有确切了解题意、弄清题目的条件与要求时，就急于猜测或盲目尝试，形成盲目解题；有的人表现为忽视或遗漏某些情节或数字。其次，不善于审题，表现为虽然一遍遍读题，但在读题过程中不知道应该注意什么，应该做些什么，结果往往没有弄懂题目中的关键词语，或是遗漏了题目中的隐蔽因素。

（二）联想

联想是指以所形成的问题表征为提取线索，去激活头脑中已有的相关知识结构或者图式的过程，是使抽象化或概括化的知识得以具体化的必要环节。解决问题总是要依赖过去的知识和经验，如果能够从所给问题中辨认出符合问题目标的某个熟悉的模式，那么就能提出相应的解题设想，进而解决问题。

在应用知识的过程中，联想活动的进行将因问题的复杂程度和学生对所用知识的掌握程度的不同，而有扩展与压缩、直接与间接、意识到知识的重现与意识不到知识的重现的分别。研究表明，在解决比较容易完成的问题和对某种原理、法则等知识已能熟练应用的情况下，应用过程中的联想活动是高度压缩的，多数是通过一种直接的概括、联想进行的，一般都意识不到有关知识的重现。但在某些情况下，学习者的联想过程是展开的。比如当学习者尚未应用过所学的概念或原理来解决问题时，或者按此原理、概念只解决过很少的问题时，或者按此原理、概念只解决过简单的问题而现在所遇到的是较复杂的问题时，就发生明显扩展的间接的、有意识的联想。而作为掌握阶段之一的知识应用，通常都是以展开的、间接的、能意识到的联想形式进行的。

(三) 解析

解析是具体化过程的核心环节，决定着具体化的水平。解析即分析问题中各部分的内在联系，分析问题的结构，将问题结构的各部分与原有知识结构的有关部分进行匹配。这种匹配是通过对课题进行一系列的分析、综合，找出当前问题与过去的知识和经验共同具有的本质特征而实现的。

解析的结果往往表现为提出解决目前问题的各种设想、制订具体的计划与步骤。解析的过程往往需要学习者进行调节、监控，即需要学习者的元认知监控。优秀的学习者在解决问题的过程中，更倾向于主动地进行自我解释、自我调控，试图从样例中抽象出解法，并建立样例问题与眼前新问题之间的联系。同时，优秀的学习者具有比较积极的问题解决观念，不会因暂时的困难而轻易放弃。由于问题的性质及个体已有经验水平的差异，解析的过程也有所不同。

(四) 类化

类化也叫归类，即概括出眼前的问题与原有知识的共同的本质特征，并将这一具体问题归入原有的同类的知识结构中，以便理解当前问题的性质。类化是抽象知识具体化的最终环节，是通过在审题、联想和解析的基础上，揭示当前的问题与过去的知识和经验所具有的共同本质特征而实现的。

类化的进程将因课题的难易、同例题的差别程度，以及已有抽象知识的领会水平等的不同而有所差异。在熟练地应用所学的知识去解决那些难度较低、与例题或样例差别较小的问题时，类化过程几乎是同审题、联想和解析过程一起实现的，这时类化的进程是高度压缩的、直接的。如果是初次应用刚刚习得的知识，或眼前的问题同例题差别较大，一时难以辨认其本质特征时，类化通常是展开的、间接的。

审题、联想、解析和类化是知识应用过程中不可缺少的 4 个环节，且彼此之间相互联系。首先，这 4 个环节的执行有一定的顺序，且每个环节是下一环节执行的前提，也就是说，联想是在审题的基础上进行的，学生必须根据所形成的有关问题的最初映象，有选择地激活已有的知识；解析又是以审题和联想的结果作为对象的，其方向也是由审题和联想决定的，在此基础上才能找出问题与所学知识的共同的本质特点，加以类化。审题、联想越准确，越有助于深刻地解析和广泛地类化，应用的水平也越高。其次，这 4 个环节有时并不是经过一次执行即可成功的，在某些情况下，需要经过多次的反复以及外界的帮助。

三、影响知识应用的因素

知识应用受多种因素影响，常见的客观因素有待解决问题的表征形式、教学的方式和方法等，主观因素主要包括学习者对已有知识的领会水平与巩固程度、学习者应用知识的心智技能和学习者的动机、智力水平、实践经验等，下面对常见的影响因素展开论述。

(一) 待解决问题的表征形式

教育过程中，问题存在多种表现形式，如课堂中的提问、课后的练习题等。学生在解决问题时，常常受到问题的形式、难度等的影响。问题的形式不同，应用知识解决问题的难度也有所不同。问题越复杂，要求学习者的心理参与程度就越高，心理资源的投入也就越大，知识应用的过程也越需要展开。

实际教学与研究发现，相对于带有具体情节的问题，比较抽象的问题往往更容易解决，具体且接近实际的问题解决起来比较困难。解决不需要进行实际操作的"文字题"时比较容易，解决需要实际操作的"实践题"时比较困难。

(二) 学习者对已有知识的领会水平与巩固程度

个体应用知识去解决相关的问题，必须能够回忆、提取出相应的知识。如果知识记忆得不准确、不牢固，必然导致提取困难和错误，这直接影响问题的成功解决。因此，知识能否顺利地应用，取决于对已有知识的领会水平与巩固程度。准确而透彻地把握知识的本质特征是应用知识的关键，深刻领会知识既有助于牢固地记忆，也能够促进知识的有效应用。如果学习者对知识的领会水平较低，仅停留在低级的感性阶段，那么，在要求学生应用这种习得的知识去解释同类现象时，其解释水平往往是现象类比，而且范围也很有限。

(三) 学习者应用知识的心智技能

知识应用中涉及的心智技能多种多样，既有一般性的思考技能和自我调控的元认知技能，也有审题、联想、解析和类化等具体的技能。如果不善于在审题时抓住问题的基本结构并形成问题的表征，不善于在联想中依据要求区分哪些知识是解决当前问题所必需的，不善于在解析时从问题的一系列直观特征中区分本质特征与非本质特征，不善于在类化中依据概念与原理等的本质特征去寻找并确定当前问题中是否存在这些特征，则知识的具体化即知识的应用将受阻。有时候学习者不能有效地在知识应用中充分发挥心智技能的作用，这可能是因为学习者缺乏必要的心智技能，致使盲目尝试与猜测，没有合理的智力活动程序，不能一步步深入思考问题；也有可能是学习者拥有必要的心智技能，但没能有效地、恰当地应用，或使用了错误的技能。

实践经验会影响知识应用的效果

本章知识要点

知识即主体与其环境相互作用而获得的信息及其组织，储存于个体内即为个体的知识，储存于个体外即为人类的知识。知识的本质是信息在人脑中的表征。

知识可以划分为多种类型，如感性知识与理性知识、具体知识与抽象知识、结构良好领域的知识与结构不良领域的知识、陈述性知识与程序性知识，显性知识与默会知识等。

陈述性知识主要反映事物的状态、内容及事物发展的原因，说明事物是什么、为什么和怎么样；程序性知识主要反映活动的具体过程和操作步骤。

按照知识获得的不同方式，可以把知识学习分为接受学习、发现学习和支架性学习；根据所获得的知识的不同形式，可以把知识学习分为符号学习、概念学习和命题学习；根据新知识与原有认知结构的关系，可以把知识学习分为下位学习、上位学习和并列结合学习。

知识学习过程分为以下阶段：习得阶段、巩固阶段、提取与应用阶段。

知识表征的分类主要包括命题网络、产生式系统、图式、认知结构。

直观是教学过程中学生对感性知识做出的能动的反映，就直观的对象而言，可以把直观分为实物直观、模像直观和言语直观。

直观教学的合理运用要求教师在教学过程中做到：灵活运用各种直观形式；运用感知规律，突出直观对象的特点；培养学生的观察能力；让学生充分参与直观过程。

在实际的知识学习过程中，存在抽象程度不同的两种概括，即感性概括和理性概括。

知识概括的合理运用要求教师在实际教学活动中明确概括的目的，配合运用正例和反例，为学生提供丰富多彩的变式，引导学生对材料进行精细加工，引导学生科学地进行比较，启发学生进行自觉概括。

知识的应用是通过具体化来实现的，主要包括审题、联想、解析和类化4个彼此相关而又相对独立的基本环节。

知识应用受多种因素影响，常见的客观因素有待解决问题的表征形式、教学的方式和方法等，主观因素主要包括学习者对已有知识的领会水平与巩固程度、学习者应用知识的心智技能和学习者的动机、智力水平、实践经验等。

本章练习题

一、单选题

1. 下列属于陈述性知识的是(　　)。
   A. 三角形的内角和为180°　　　　　　B. 太极拳中的动作要领
   C. 写作技能　　　　　　　　　　　　D. 游泳技巧
2. 在直观的基础上自发进行的一种低级的概括形式是(　　)。
   A. 符号概括　　　B. 命题概括　　　C. 感性概括　　　D. 理性概括
3. 用不同形式的直观材料或事例说明事物的本质属性，变换同类事物的非本质特征，以便突出本质特征，指的是(　　)。
   A. 正例　　　　　　B. 变式　　　　　　C. 反例　　　　　　D. 特例

4. 模像直观的特点不包括( )。
   A. 克服实物直观的局限　　　　　　　　B. 可以人为制作
   C. 提高直观的效果　　　　　　　　　　D. 缩小直观的范围

5. 儿童在知道"青菜""萝卜""菠菜"等概念之后，再学习"蔬菜"这个概念时，产生的是( )。
   A. 上位学习　　　　B. 下位学习　　　　C. 并列学习　　　　D. 结合学习

6. 掌握同类事物共同的关键特征，从而将这类事物与其他事物区分开，是指( )。
   A. 符号学习　　　　B. 命题学习　　　　C. 概念学习　　　　D. 支架性学习

7. 善于利用现代科学技术作为知识的物质载体，使知识以活动的形象展现在学生面前；注意在变换背景知识的条件下多次突出对象知识，从而造成一种活动的态势，这体现的是感知规律中的( )。
   A. 强度律　　　　　B. 差异律　　　　　C. 组合律　　　　　D. 活动律

8. 明确问题中各部分的内在联系、问题的结构，将问题结构的各部分与原有知识结构的有关部分进行匹配，体现的是知识应用过程中的( )。
   A. 审题　　　　　　B. 联想　　　　　　C. 解析　　　　　　D. 类化

9. 教师给予学生支持，包括提醒、鼓励、举例、示范等所有有利于学习者增强独立学习能力的支持，随着教学的进行，随着学生独立探索的可能性的增加，教师要逐渐地减少外部支持，直至最后完全让位于学生的独立探索。以上表述体现的是( )。
   A. 有意义学习　　　B. 支架性学习　　　C. 接受学习　　　　D. 发现学习

10. 下列不属于实物直观的是( )。
   A. 幻灯片　　　　　B. 物理实验　　　　C. 工厂参观　　　　D. 调查访问

二、判断题

1. 程序性知识主要反映事物的状态、内容及事物变化发展的原因，说明事物是什么、为什么和怎么样。　　　　　　　　　　　　　　　　　　　　　　　　　　　( )

2. 下位学习或类属学习中存在两种不同的学习过程：派生类属学习与相关类属学习。
　　　　　　　　　　　　　　　　　　　　　　　　　　　　　　　　　　( )

3. 演示各种实验、到工厂或农村进行实地调查访问等都属于实物直观。　　( )

4. 感性概括是在前人认识的指导下，通过对感性知识、经验进行自觉的加工和改造来揭示事物的一般的、本质的特征与联系的过程。　　　　　　　　　　　　　　( )

5. 变式即用不同形式的直观材料或事例说明事物的本质属性，即变换同类事物的本质属性，以便突出非本质属性。　　　　　　　　　　　　　　　　　　　　　　( )

6. 为了抽取事物本质特征，同时抛弃非本质特征，在实际教学过程中必须注意配合使用概括或原则的正例和反例。　　　　　　　　　　　　　　　　　　　　　　( )

7. 知识的应用主要包括审题、联想、解析和类化4个彼此相关而又相对独立的基本环节。
　　　　　　　　　　　　　　　　　　　　　　　　　　　　　　　　　　( )

8. 当认知结构中已经形成几个概念，现在要在这几个原有概念的基础上学习一个包容程度更高的命题时，便产生了并列结合学习。　　　　　　　　　　　　　　　( )

9. 图式就是关于某个主题的一个知识单元，它包括与某主题相关的一套相互联系的基本

概念，构成了感知、理解外界信息的框架结构。　　　　　　　　　　　　　　　（　　）

10. 知识应用主要受个体主观因素的影响，待解决问题的表征形式不会影响个体知识应用的效果。　　　　　　　　　　　　　　　　　　　　　　　　　　　　　　　　　（　　）

三、主观题

1. 知识的直观体现有哪几种形式？它们各自有何优缺点？

2. 辨析题：

在下位学习、上位学习和并列结合学习三种学习形式中，上位学习的难度最大。

请判断以上观点的正误，并说明理由。

（　）
（　）

第七章

技能的学习

▌学习目标

1. 了解技能的含义及特点。
2. 了解心智技能的形成过程、特征及培养。
3. 了解动作技能的形成及训练。

▌章节导读

同学们在学校中不仅要学习静态的知识，还要掌握一些技能。具备了某领域的知识，并不意味着一定掌握了该方面的技能。例如，一位同学已经能够背诵打乒乓球的要领，但这并不意味着他已经学会了打乒乓球。也就是说，需要通过大量的练习，才能够将学到的知识转化为相应的技能。也只有这样，才能够真正形成和发展能力，在获得知识和经验的同时，学会创造性地解决问题。

在本章中，我们将从较为专业的角度来探讨技能的含义、分类、特点，以及训练与培养。卖油翁能够"油穿钱孔而不外溢"属于技能吗？技能是不是就是指速写速记速算技能？如果你想学习某种技能，怎样才能又快又好地学会呢？带着上述问题，让我们一起来学习本章内容吧！

第一节　技能概述

在日常生活中，人们需要掌握多种不同类型的技能，比如阅读、打字、骑车等，这些都是技能的不同表现。技能是人们成长过程中需要掌握的重要内容之一，人们在学校里学习的技能主要包括心智技能和动作技能两大类。

一、技能的含义及特点

技能是运用一定的知识，经过练习而获得的一种合乎法则的活动方式，比如跳舞、绘画、弹琴等。知识的掌握是技能形成的前提，练习是技能形成的途径，掌握合乎法则的活动方式则是技能形成的标志。这一界定反映了技能的下列特点。

(一) 学习和练习是技能的形成途径

技能不同于本能，技能是在后天的学习过程中，通过不断地练习而逐步完善的。学生的技能是通过不断地练习，由不会到会、由会到熟练逐步发展完善而形成的。技能的学习过程符合幂定律。在图 7-1 中可以看到，在学习的最初阶段，练习对技能形成有非常明显的改善，随着练习的不断进行，技能进步的速度逐步减慢。

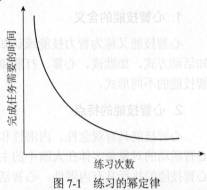

图 7-1 练习的幂定律

(二) 技能是一种活动方式

技能是由一系列动作及执行方式构成的。学生刚刚学习某种技能时，大脑中储存的是概念性的知识。学生通过思考与新情境相类似的已有知识和经验，或接受有经验者的指导，或模仿他人成功的活动方式，经过反复多次练习形成熟练技能后，在头脑中形成一套完整、严密的动作映象系统，难以用语言把它描述出来。因此，技能的掌握不是通过言语表述而是通过实际活动表现出来的。

(三) 技能是合乎法则的活动方式

技能的活动方式不是动作的任意组合。各动作要素及其之间的顺序都要符合活动的内在规律。例如，学习游泳时，必须按照一定的顺序严格执行各个动作才能漂浮在水中并迅速前进；而培养阅读技能总是从学习字词句开始，进而段落，最后才是章节的阅读。

合乎法则的熟练技能具有以下特征：①流畅性，即各个动作成分以整合的、互不干涉的方式和顺序进行。②迅速性，即快速地做出准确的反应。比如，对比专家和新手会发现，专家可以快速地处理大量的信息。③经济性，即完成某种活动所需的生理和心理能量较小，工作记忆的负荷较小。④同时性，即熟练的活动的各成分可以同时被执行或者可以同时进行无关的活动。⑤适应性，即能够灵活地适应各种变化的条件。

猜一猜，想一想

学习完技能的含义以后，老师提问小明同学，问他现在都会哪些技能，小明想了想回答道："我会打篮球，会游泳，也能背唐诗，还能哄小宝宝睡觉。"

请你想一想，在小明回答的几项中，有哪些算是技能？

二、技能的分类

根据技能的性质和特点，技能可以被分成心智技能和动作技能两类，也叫智力技能和操作技能。

（一）心智技能

学习的目的不仅是理解知识，还包括掌握一定的心智技能。心智技能是掌握知识和解决问题的重要前提，也是形成和发展能力的必要条件。

1. 心智技能的含义

心智技能又称为智力技能或认知技能。心智技能是一种借助内部语言在人脑中进行的认知活动方式，如默读、心算、打腹稿等。学生在观察、记忆和解决问题时所采用的策略是心智技能的不同形式。

2. 心智技能的特点

心智技能具有观念性、内潜性和简缩性3个特点。首先，心智技能的对象具有观念性。心智活动的对象是客体在人脑中的主观映象，是客观事物的主观表征，是知识、信息。其次，心智技能的执行具有内潜性。心智活动的执行既不像操作活动那样以外显的形式通过肢体运动来实现，也不像言语活动那样可以借助言语器官或口腔肌肉的运动信号觉察活动的存在，它是借助内部言语在头脑内部默默地进行的，只能通过其作用对象的变化而判断其存在。最后，心智技能的结构具有简缩性。心智活动不像操作活动那样必须将每一个动作实际做出，也不像外部言语那样必须把每个字词一一说出，而是不完全的、片断的，是高度省略和简化的。

智力活动的隐蔽性可能导致工作量被低估

3. 心智技能的分类

在心智技能中，根据适用范围的不同，又可以将它分为专门心智技能和一般心智技能两种。专门心智技能是某种专门的认知活动所必需的，也是在相应的专门智力活动中形成、发展和体现出来的，如默读、心算、打腹稿等技能便是学生在学习活动中必须掌握的最基本的专门心智技能。一般心智技能是指可以广泛应用于许多领域的心智技能，是在多种专门心智技能的基础上经过概括化而形成、发展起来的，如观察技能、分析技能、综合技能和比较技能等。

一般心智技能和专门心智技能虽有区别，但又是密切联系在一起的。通常，一般心智技能体现在各种专门心智技能中，而各种专门心智技能中总是包含一般心智技能，两者是在同一智力活动中形成和发展的。例如，学生在从事写作活动时，不仅形成和发展了打腹稿的专门心智技能，同时也形成和发展了分析、综合、比较等一般心智技能。正如熟练的运动技能可以帮助人们出色地完成各种外部活动任务一样，熟练的心智技能也是人们有效地完成各种智力任务的重要条件。一个具有创作技能的人，由于能够正确地构思、布局、选择适当的语言材料，才能充分表达自己的思想和感情，从而使文章富有感染力。

(二) 动作技能

动作技能是通过练习而形成的操作活动方式，它具有客观性、外显性和展开性的特点。

1. 动作技能的含义

动作技能又称为运动技能或操作技能，是指由一系列的外部动作以合理的程序组成的操作活动方式，如绘画、体操、骑自行车等技能。

需要注意的是，有些动作并不是动作技能，比如眨眼、走路、吃饭。只有人们利用动作去完成一个具体任务的时候，我们才认为是动作技能。动作技能是人类习得的能力，是人类有意识、有目的地利用身体动作去完成一项任务的能力。个体越是经济、有效、合理地利用身体动作完成任务，其动作技能的水平就越高，其能力就越强。

2. 动作技能的特点

动作技能具有客观性、外显性和展开性的特点。首先，就动作的对象而言，动作技能的对象是物质性客体或肌肉，具有客观性；其次，就动作的执行而言，动作的执行是通过肌体运动实现的，具有外显性；最后，就动作的结构而言，操作活动的每个动作必须切实执行，不能合并、省略，在结构上具有展开性。

3. 动作技能的分类

(1) 连续的动作技能和不连续的动作技能。根据运动过程中动作的起止点是否清晰，可将运动技能分为连续的动作技能和不连续的动作技能。连续的动作技能一般较多地受外部情境制约，需要根据外部情境中的信息，不断调整操作者与外部的关系，如唱歌、滑冰等。不连续的动作技能一般是自我调节的，较少受外部情境的控制，如跳远、踢球等。由于两类动作技能控制的性质不同，完成任务所需的能力和策略也不同，比如赛车运动员和举重运动员完成任务的策略就不相同。

(2) 封闭技能和开放技能。根据动作的环境条件和个体的相互关系，可将运动技能分为封闭技能和开放技能。封闭技能是一种完全依赖内部肌肉反馈作为刺激指导的技能，如体操、游泳等。这种技能一般具有相当固定的动作模式。因此，掌握这种技能就要通过反复练习，使自己的动作达到某种理想的定型。开放技能主要依赖周围环境提供的信息，正确地感知周围环境成为运动调节的重要因素，如篮球、拳击、足球等。开放技能要求人们具有处理外界信息变化的随机应变能力和对事件的预见能力。

(3) 粗大技能和精细技能。根据完成动作时参与肌肉的不同，可将运动技能分为粗大技能和精细技能。粗大技能是指运用大肌肉的运动功能，而且经常要涉及整个身体，如跑步、游泳、打球等。精细技能是指以小肌肉群活动为主的运动技能，具有精巧、细微的特点，又称为精细技能，如穿针引线、写字、弹钢琴等。但是手工技能并不是精细动作技能的全部，声带在演讲或者唱歌中的使用，以及摆动耳朵也属于精细动作技能的范畴。

(4) 徒手型动作技能与器械型动作技能。根据操作对象的不同，可将运动技能分为徒手型动作技能与器械型动作技能。凡是靠操作自身机体来实现的操作技能都属于徒手型动作技能，如自由体操、跑步等。那些靠操作一定的器械来实现的技能属于器械型动作技能，如打字、单杠、双杠等。

第二节　心智技能的形成与培养

心智技能是国内外教育心理学家都十分重视的研究课题，不同学者对心智技能的形成过程有不同的解释和理解，因此出现了多种不同的理论。

一、心智技能的形成过程

心智技能是在不断的学习过程中，在主客体相互作用的基础上，主体通过动作经验的内化而形成的，具有内潜性、简缩性、观念性的特点。苏联著名心理学家加里培林等人依据自己多年来的实验研究资源，于 1953 年提出了智力活动按阶段形成的理论；安德森(Anderson，1995)利用菲茨与波斯纳(Fitts & Posner，1967)的动作技能形成的三阶段理论解释心智技能形成的过程；我国冯忠良根据心智技能形成中的原型的重要作用，提出了心智技能的三阶段模型。

(一) 加里培林的五阶段模式

依据加里培林的观点，"智力活动是外部的、物质活动的反映"，学生心智技能形成"是外部物质活动转化到反映水平，即知觉、表象和概念水平的结果"。这种转化(内化)过程需要经历 5 个基本阶段。

(1) 活动定向阶段。这是一个准备阶段，即领会活动任务的阶段。在此阶段，学生在活动之前知道做什么和怎样做，在头脑中形成对活动本身和活动结果的表象，进行对活动的定向。学生通过活动定向阶段不仅了解了活动的目的和所学的对象，还明白了这一智力活动中的操作及其程序。在这一阶段，教师应向学生示范活动的样本，并指出活动的操作程序及关键点。例如，教师在演示加法进位运算时，应该使学生知道加法运算的关键点是进位，明确运算的客体是事物的数量和运算的操作程序及方法，由此在学生头脑中形成完备的定向映象。

(2) 物质活动或物质化活动阶段。该阶段就是借助实物或实物的模象(比如模型、示意图、标本等)进行智力活动的阶段。例如，学生刚开始学习加法运算时，教师可以让学生利用手指或者火柴等实物进行计算活动。加里培林认为："任何新的智力在最初都不是活动本身，而是作为外部的物质或物质化的活动而形成的。"可见，只有物质或物质化的活动形式才是学生智力活动的源泉。在教学中，教师必须注意此阶段的两个关键点：一是展开，二是概括。展开是指将智力活动分为大大小小的各个操作展示给学生。概括是指在展开的活动水平上，了解各个活动的联系，使学生能够从对象中区别活动任务所需要的属性并归纳出进行智力活动的法则。学生在进行这种概括并熟悉这种概括后，还要将完成这一活动的全部操作进一步简化，并与他们的言语活动结合起来，为过渡到下一阶段做准备。

（3）有声的外部言语活动阶段。在这一阶段，学生的智力活动已摆脱了实物或者实物模象，以自己出声的外部言语为支持物。例如，在加法运算中，他们能根据题目的数字借助言语进行口算，而不用再借助手指、火柴等实物进行运算。这一阶段是外部的物质活动向智力活动转化的开始，是活动在形式上发生质变的重要阶段。

（4）无声的外部言语活动阶段。这一阶段活动的特点在于活动的完成是以不出声的外部言语来进行的。与前一阶段相比，不出声的外部言语活动只是"言语减去了声音"，但是此阶段并不是这么简单，这种不出声的言语要求对言语机制进行很大的改造，学生需要重新学习及掌握。因此这种言语形式要求学生进行专门的练习，比如阅读教学中要求学生由朗读过渡到默读的训练。

（5）内部言语活动阶段。这一阶段是智力活动完成的最后阶段，其特点是活动的简缩化和自动化。学生凭借简化了的内部言语，似乎不需要多少意识的参与就能"自动化"地进行活动。内部言语与外部言语相比，言语的结构和机制都发生了重大变化。外部言语是与他人交流的手段，因此必须符合语法、连贯流畅、清晰易懂。而内部言语是为自己用的言语，是为调节智力过程进行服务的，因此常常不合语法，被大大压缩和简化。例如，学生熟练掌握加法的运算技能后，已经不再需要默念公式和法则，会直接报出答案。运算过程被压缩和自动化，学生已觉察不到运算的过程，只觉察到运算的结果。

加里培林关于智力活动按阶段形成的理论受到了国际学术界的普遍关注。这对了解心智技能活动和进一步探索心智技能形成的规律有重要的启发意义，对于当前我国学校实施的素质教育也具有一定的参考意义。

（二）安德森的三阶段论

安德森利用菲茨与波斯纳的动作技能形成的三阶段理论解释心智技能形成的过程。

在认知阶段，要了解问题的结构，即问题的起始状态、要达到的目标状态、从起始状态到目标状态所需要的步骤，从而形成最初的问题表征。对于复杂的问题，还要了解问题的各个子目标及达到子目标所需要的算子。

在联系阶段，学习者应用具体的方法来解决问题，主要表现在把某一领域的描述性知识"编辑"为程序性知识。知识的编辑是使一系列的条件与行动能快速、流畅执行的一种程序性表征过程，其间将出现两个子过程：合成与程序化。所谓合成，是将一系列个别的产生式依次组合成一个前后连贯的程序。所谓程序化，是指在执行这一程序的过程中，将逐渐摆脱对陈述性知识的提示依赖。随着不断的练习，学习者对解决问题的法则的言语复述逐渐减少，能够直接判断某一法则的可适用性。在该阶段，个体可逐渐产生一些新的产生式法则，以解决具体的问题。

在自动化阶段，个体对特定的程序化的知识进一步深入加工和协调。此时，个体操作某一技能所需的有意识的认知投入较小，且不易受到干扰。不过，高度自动化的程序也可能使人的反应变得刻板，因此安德森认为对某些程序保持一定程度的有意识的控制十分重要。

(三) 冯忠良的心智技能形成三阶段论

冯忠良在加里培林学说的基础上，经过长期的教学实验研究，提出了智力技能形成的三个阶段。

(1) 原型定向阶段。原型也叫原样，即外化了的实践模式、物化了的智力活动方式或操作活动程序。原型定向就是了解智力活动的实践模式，了解外化或物质化了的智力活动方式或操作活动程序，从而使学生知道该完成哪些动作及怎样完成，明确活动的方向。这一阶段的主要任务：首先使学生确定所学心智技能的实践模式，其次要使这种实践模式的动作结构在头脑中得到清晰的反映。学生的原型定向往往是通过教师的讲解、示范而获得的。比如在写作训练中，教师示范写作中如何审题、命题、立意、取材、布篇及语言表达等，使学生明确写作的一般过程及步骤，在头脑中形成写作过程的完整映象。

(2) 原型操作阶段。原型操作指学生依据心智技能的实践模式，以外显的操作方式执行头脑中建立起来的活动程序及计划。在这一阶段，教师要求学生必须按照一定的顺序完成所有动作系列，不能遗漏或缺失，并及时检查，考察完成动作的方式是否正确，对象是否发生了应有的变化。同时，要注意采用变式加以概括，有利于学生掌握和内化心智技能。另外，为避免活动动作停留在展开水平，阻碍智力活动的速度，在学生熟练完成相关动作时，应及时简缩动作，转向内化阶段。原型操作阶段是心智技能形成过程中的一个重要阶段，学生在这个阶段通过实际操作获得了完备的动觉映象，为原型内化奠定了基础。

(3) 原型内化阶段。原型内化是智力活动的实践模式向头脑内部转化，也就是动作离开原型中的物质性客体及外显形式而转向头脑内部，借助言语作用于观念性对象，从而对对象进行加工、改造，使原型在学生头脑中转化为心理结构内容的过程。原型内化过程首先要从外部言语开始，而后转向内部言语。在这个阶段，教师要求学生用出声或不出声的外部言语完整地描述原型的操作过程，然后逐渐简缩，省略或合并不必要的动作，完成内化。比如，学生进行阅读训练时，教师首先要求学生从大声诵读开始，而后转向默读与速读。此时教师要注意变化动作的对象，以利于心智技能的灵活性。例如，学生熟练掌握分数的运算规律后，应变换练习形式，可以将简单的运算题变换成应用题。

猜一猜，想一想

小芳的妈妈非常关心小芳的学习，要求小芳认真学习，直到小芳上小学三年级了，妈妈还要求小芳在写语文作业的时候一个字一个字地用手指点字阅读。

你觉得小芳妈妈的要求符合心智技能的学习规律吗？妈妈应该怎样做呢？

二、心智技能形成的特征

根据国内外心理学家对心智技能的研究，心智技能形成的特征可概括为以下几点。

(一) 心智技能的简缩性

心智技能的形成中，活动的各个环节逐渐联合成为一个有机的整体，内部言语趋于概括化和简约化，观念之间的泛化现象逐渐减少以至消失。在解决课题时，由展开性推理转化为简缩性推理。

(二) 心智技能的自动化

心智技能形成后，活动已经不需要多少意识参与调节和控制就能自动进行，达到运用自如、得心应手的程度。学生已经觉察不到自己头脑中的内部操作过程和程序，而只能觉察到内部活动的结果。

(三) 心智技能的效率化

心智技能的学习是将一种"如何做"的规则程序系统地移植、内化，从而形成智力操作程序，使学生在掌握新知识和解决问题的速度与水平上都有明显的提高。心智技能一旦形成，学生就能举一反三，触类旁通，快速和高效率地解决问题。

三、心智技能的培养

由于心智技能是按一定的阶段逐步形成的，因此在培养时必须分阶段进行，才能获得良好的教学成效。为提高分阶段训练的成效，必须充分依据心智技能的形成规律，采取有效的措施。为此，必须注意以下几点。

(一) 激发学习的积极性与主动性

任何学习任务的完成均依赖于主体的学习积极性与主动性。学习的积极性和主动性取决于主体对学习任务的自觉需要。对学习任务缺乏自觉的学习需要就不可能有高度的学习积极性，而自觉的学习需要的产生往往与对学习任务的必要性的认识及体验分不开。由于心智技能本身难以认识的特点，主体难以体验其必要性。因而，在主体完成这一学习任务时，往往缺乏相应的学习动机及积极性。为此，在教学工作中，教师应采取适当措施，以激发主体的学习动机，调动其学习的积极性。

(二) 注意原型的完备性、独立性与概括性

心智技能的培养开始于主体所建立起来的原型定向映象。在原型建立阶段，一切教学措施都要考虑到有利于建立完备、独立且具有概括性的定向映象。所谓完备性，指对活动结构(动作的构成要素、执行顺序和字形要求)要有清楚的了解，不能模糊或缺漏。所谓独立性，指应从学生的已有经验出发，让学生独立地确定或理解活动的结构及其操作方式，而不能是教师给予学生现成的模式。所谓概括性，是指要不断变更操作对象，提高活动原型的概括程度，使之具有广泛的适用性，扩大其迁移价值。有关研究表明，定向映象的完备性、独立性与概括性不同，则活动的定向基础就有差异，这会影响到心智技能最终形成的水平。

（三）适应培养的阶段性特征，正确使用言语

心智技能是借助内部言语而实现的，因此言语在心智技能形成中具有十分重要的作用。在不同心智技能培养的阶段，言语的作用是不同的。在原型定向与原型操作阶段，言语的作用在于标志动作，并对活动的进行起组织作用。所以，这时的培养重点在于使学生了解动作本身，利用言语来标志动作，并巩固对动作的认知，切不可忽视对动作的认识而片面强调言语标志练习。学生过于注意言语而忽视动作，对心智技能的形成非但无益，而且会起阻碍作用。为此，一定要在学生熟悉动作的基础上再提出言语要求，以言语来标志所学动作，并组织动作的进行。此外，在用言语来标志动作时，用词要恰当，要注意选择表现力强而学生又能接受的词来描述动作。在原型内化阶段，言语的作用在于巩固正在形成的动作表象并使动作表象得以进一步概括，从而向概念性动作映象转化。这时言语已转变成为动作的体现者，成为加工动作对象的工具。所以，这时培养的重点应放在考查言语的动作效应上。在这一阶段上，不仅要注意主体的言语动作是否正确，而且要检查动作的结果是否使观念性对象发生了应有的变化。此外，随着心智技能形成的进展程度，要不断改变言语形式，如由出声到不出声，由展开到简缩，由外部言语转向内部言语。

除上述三点基本要求外，教师在集体教学中还应注意学生的个别差异，充分考虑学生所面临的主客观条件，并针对学生存在的具体问题采取有针对性的辅助措施，以求最大限度地发展学生的心智技能。

第三节　动作技能的形成与训练

动作技能对个人具有重要的作用，随着年龄的增长、社会的发展，个体需要不断学习更复杂的动作技能，学习使用新型工具来适应环境变化。本节将重点介绍动作技能的形成和训练。

一、动作技能的形成

心理学家们对动作技能的形成机制有着不同的解释和理解。本节主要介绍国外学者菲茨(P. M. Fitts)与波斯纳(M. I. Posner)的三阶段模型和国内学者冯忠良的四阶段模型。

（一）菲茨与波斯纳的三阶段模型

菲茨与波斯纳概括了人类学习动作技能的一般过程，他们的分析为进一步详细研究动作技能提供了基础。他们把动作技能的形成分为三个阶段。

(1) 认知阶段。这是动作技能形成的开始阶段。在这一阶段，学生的主要任务是理解学习任务，形成目标意象和目标期望。目标意象主要是指学生了解和明确技能动作的基本要求，在头脑中形成关于这一动作活动的完整表象，以作为实际操作的参照；而目标期望则是根据以往的经验、自己的能力以及任务的难易程度，对自己所能达到的完成水平的估计，即明确自己能做到什么程度。在此阶段，教师的主要任务是讲解与示范。例如，在体育课上，教师向学生讲解太极拳动作要领并示范完整动作，帮助学生形成太极拳表象，以作为学习太极拳的参照。

(2) 联系阶段。学生在认知阶段形成的是对技能整体的理解，并熟悉每一个技能的具体动作，而联系阶段是对各个独立的动作进行合并或者组合，以形成更大的单元。例如，学习太极拳时，将起势的两脚开立、两臂前举、屈膝按掌 3 个分解动作联系起来，动作之间形成连锁。在技能学习初期，学生在生活中形成的习惯性动作往往与所要学习的动作方式不相符，稍有分心，习惯动作就会干扰正确动作的掌握。因此，在这一阶段，学生要注意集中注意力于个别动作，努力排除过去经验中习惯的干扰。

(3) 自动化阶段。自动化阶段是技能形成的最后阶段。在这个阶段中，学生学习的动作技能的各个动作似乎是自动流出来的，整个动作系统从始到终几乎是一气呵成，各个动作的相互协调已经达到自动化，无须特别的注意和纠正。人们可以一边从事熟练的活动，一边考虑其他的事情。例如，有经验的司机在正常开车时，可以顺利地与别人交谈；妈妈可以一边编织毛衣，一边看电视。在这个阶段，学生能熟练地运用动作技能去完成所面临的各种学习任务。

（二）冯忠良的四阶段模型

冯忠良根据技能的动作特点，从教学实际出发，将动作技能的形成分为以下 4 个阶段。

(1) 操作定向阶段。操作定向是了解操作活动的结构与要求，在头脑中建立起操作活动的定向映象的过程。也就是说，学生在技能形成之初，首先要掌握与动作有关的陈述性知识和程序性知识，形成定向映象，知道做什么，怎么做。所形成的活动的定向映象应包含两个方面：一是有关操作动作本身的各种信息，比如各动作间的关系、顺序，以及操作的方向、力度等；二是与操作技能学习有关的各种内外刺激的信息，比如可被利用的反馈信息、容易引起分心的刺激等。

(2) 操作模仿阶段。操作模仿是实际再现特定的动作方式或行为模式。操作模仿是在定向的基础上进行的，学生将头脑中形成的定向映象以外显的实际动作表现出来。在这个阶段，学生可以通过模仿检验已经形成的动作定向映象，使之更完善、巩固、充实。另外，模仿还可以加强个体的动觉感受，更好地调节与控制身体各个部分的运动与姿势。在这个阶段，动作的稳定性、准确性、灵活性有待加强，各个动作的协调性较差，经常出现顾此失彼的现象，学生需要用较长的时间、较多的精力和体力完成活动，因此操作活动的效能较低。

(3) 操作整合阶段。操作整合是把操作模仿阶段习得的动作固定下来，并使各动作成分相互结合成为定型的、一体化的动作。学生通过整合前一阶段习得的动作，使各个动作之间协调联系，动作结构趋于合理，实现动作的初步概括化。在这一阶段，学生的动作可以表现出一定的稳定性、精确性、灵活性。各个动作趋于分化、精确，整体动作趋于协调、连贯，对动作的有效控制逐步加强。整合是操作技能形成过程中的关键环节，它是从模仿到熟练的一个过渡阶段，为熟练的活动打下基础。

(4) 操作熟练阶段。操作熟练指所形成的动作方式对各种变化的条件具有高度的适应性，动作的执行达到高度的完善化和自动化。自动化并非无意识，而是指它的执行过程不需要意识的高度参与，可以将注意力分配给其他活动。在这一阶段，动作表现出高度的稳定性、准确性与灵活性，各个动作之间高度连贯、流畅，动作的心理消耗和体力消耗都降到最低，活动效能较高，可以轻松地完成动作，甚至有效地同时从事两种或多种活动。

二、动作技能的训练

动作技能的训练是一个动态过程，有效的教学训练可以加速动作技能的形成，并促进其保持和迁移。教师应当将动作技能依据其相互联系划分为不同的学习任务，然后分阶段采取相应的教学措施，进行有计划的培养。

(一) 提供精准、有效的指导

每一种运动技能都有其特定的目的和要求。只有当学生理解了学习任务的性质和学习的情境，他们才能自觉地组织自己的行动来掌握这种技能，这是训练动作技能的必要条件和内在原因。首先，教师应该使学生懂得所学动作技能的重要性，形成学生强烈的学习动机，学生才会认真学习，力求掌握。其次，教师应明确技能活动所应达到的目标，使学生对自己的学习任务有一个明确的目标。在教师要注意目标的可行性和期望的现实性，既要考虑到任务的难易程度，又要考虑到学生的实际情况。

(二) 进行准确的示范与讲解

示范与讲解在动作技能形成过程中是不可缺少的，准确的示范与讲解有助于学生不断地调整头脑中的动作表象，形成准确的定向映象，进而在实际操作中做出准确的动作。示范是指将动作技能演示出来以便学生观察、学习。讲解是通过言语解说，使学生了解动作的基本原理、具体要求、动作要点等，提高学生对动作的认识水平。在动作技能形成的过程中，教师应根据具体的学习阶段和动作特点将示范与讲解结合起来，避免在动作技能学习中只重视动作示范，忽视讲解作用而导致教学效果不理想，以免影响动作技能的迁移效果。教师在示范的同时，可以简明扼要地向学生讲解一些操作原理及动作概念，使学生了解动作的原理、概念等操作性知识，为动作技能的形成奠定基础。

(三) 进行充分而必要的练习

练习是影响动作技能学习的最重要因素。大量的实验证明，练习是形成各种动作技能不可缺少的关键环节，通过应用不同形式的练习，可以使个体掌握某种技能。这里的练习是指有意练习，也就是说学生在练习时，必须调动感知、记忆、思维等多种认知成分积极参与，为达到某一学习目标而进行的反复操作过程，而不仅仅是单纯的反复操作或机械重复。这种练习并不是愉快、有趣的，需要付出一定的努力。

(1) 练习量。动作技能的形成必须通过大量的练习才能达到熟能生巧的程度，因此过度学习是必要的。过度学习也指过度训练或过度练习，即实际练习时间超过达到某一操作标准所需的练习时间，它对动作技能的保持尤其重要。但是过度学习不代表练习的次数越多越好，过分的过度学习可能会使学生产生疲劳、失去兴趣等，导致相反的结果。因此要在了解某一技能的基本练习次数的基础上，确立过度学习的程度。

(2) 练习时间。练习时间的不同将直接影响动作技能的学习。根据练习时间的分配，练习可以分为集中练习和分散练习。集中练习是指将练习时段安排得很接近，中间没有休息或只有短暂的休息；分散练习是指用较长的休息时段将练习时段分隔开。研究发现，对于一个连续性的动作任务来说，分散练习的效果优于集中练习，而对于不连贯的动作任务而言，集中练习的效果优于分散练习。

(3) 练习周期。在动作技能的形成过程中，练习到一定阶段往往会出现练习时而进步，时而退步的波动起伏现象，甚至出现进步暂停或者技能水平下降的"高原现象"(见图 7-2)。出现上述现象的原因主要有两个方面：一是练习达到一定的水平，此时的提高需要以新的结构和新的方法代替旧的结构和旧的方法，在没有完成这种改造之前，练习成绩的进步会暂时停止甚至下降；二是经过较长时间的练习，学生的练习兴趣下降，产生厌倦或疲劳等消极情绪，注意力分散。此时教师应帮助学生寻找原因，针对性地改善练习方法，鼓励学生，帮助学生突破"高原期"。

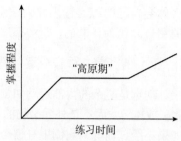

图 7-2　技能形成中的"高原现象"

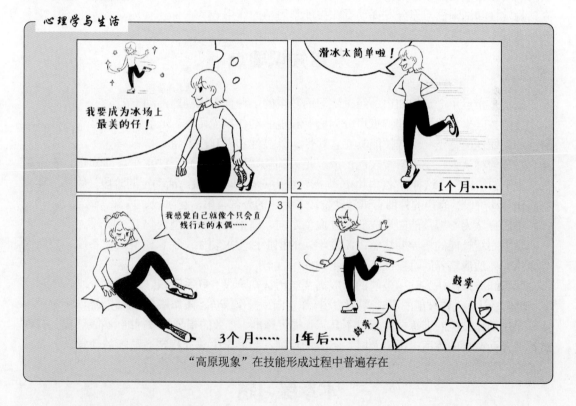

"高原现象"在技能形成过程中普遍存在

（四）提供及时、有效的反馈

反馈是指学生在动作技能练习时，能及时地了解自己的练习情况与练习的结果，以便提高练习质量。通过反馈，学生才能辨别动作的正误，知道自己的动作是否达成要求。可见，在练习中给学生提供反馈信息是提高练习效果的有效措施。一般来说，反馈来自两个方面：一是内部反馈，即学生本身的感觉系统提供的感觉反馈，主要依靠个体的听觉、视觉、触觉、动觉等获取反馈信息；二是外部反馈，即学生本身以外的人或事给予的反馈，比如教师、录像等。在学生练习初期反馈信息时，教师要做到积极向学生提供关于他们练习时身体运动过程和动作姿势方面的信息，因为这些信息是学生用来改进自己技能动作的主要线索，而这些信息又是学生本人很难获得的。而在学生练习后期，教师应指导学生细心体会自己的练习行为并力求总结自己的经验。因为这时的练习是以技能动作的连贯、协调和自动化为目的的，要实现这一目标只能依靠学生自己在练习中细心地去体会才能达到。

(五) 帮助学生建立稳定、清晰的动觉

动觉是复杂的内部运动知觉，它反映的主要是身体运动时的各种肌肉活动的特性，如紧张、放松等，而不是外界事物的特性。有关肌肉活动的各种感知觉等与视觉、听觉有所不同，如果不经过训练，它们很难被个体明确地意识到，并经常受到外部因素的影响，被外部因素掩盖。由于运动知觉的模糊性，经常会发生学习者不能意识到自己的错误动作的现象，当然也就很难对动作进行有意识地调节或控制。这样容易导致技术水平不稳定，难以找出动作失误的确切原因，使操作技能的学习陷入盲目状态。因此，有必要进行专门的动觉训练，以提高其稳定性和清晰性，充分发挥动觉在技能学习中的作用。

本章知识要点

技能是指运用一定的知识、经过练习而获得的一种合乎法则的活动方式。

技能按其本身的性质和特点可分为心智技能和动作技能两种。心智技能具有观念性、内潜性和简缩性的特点；动作技能具有客观性、外显性和展开性的特点。

加里培林认为，学生心智技能形成"是外部物质活动转化到反映水平，即知觉、表象和概念水平的结果"。这种转化(内化)过程需要经历 5 个基本阶段：活动定向阶段、物质活动或物质化活动阶段、有声的外部言语活动阶段、无声的外部言语活动阶段、内部言语活动阶段。

冯忠良认为心智技能的形成要经过原型定向、原型操作和原型内化三个阶段。

学生心智技能的培养要注意：激发学习的积极性与主动性；注意原型的完备性、独立性与概括性；适应培养的阶段性特征，正确使用言语。

菲茨和波斯纳认为动作技能的形成需要经历认知阶段、联系阶段、自动化阶段。

冯忠良认为动作技能的形成需要经历操作定向、操作模仿、操作整合、操作熟练 4 个阶段。

学生动作技能的训练要注意以下几点：提供精准、有效的指导；进行准确的示范与讲解；进行充分而必要的练习；提供及时、有效的反馈；帮助学生建立稳定、清晰的动觉。

本章练习题

一、单选题

1. 阅读技能、写作技能、运算技能、解题技能都属于(　　)。
    A. 操作技能　　　　　B. 心智技能　　　　　　C. 应用技能　　　　　D. 学习技能
2. 下列对技能的描述正确的是(　　)。
    A. 技能就是活动程序　　　　　　　　　B. 技能就是潜能
    C. 动作技能可以通过练习提高　　　　　D. 技能一下子就能学会

3. 下列属于心智技能的是(　　)。
    A. 驾驶汽车　　　　B. 洗衣服　　　　　C. 解应用题　　　　D. 听到声音

4. 下列不属于心智技能特点的是(　　)。
    A. 内潜性　　　　　B. 自动化　　　　　C. 简缩性　　　　　D. 观念性

5. 下列对动作技能的描述不正确的是(　　)。
    A. 练习包括有意义的重复和反馈　　　　B. 练习中存在"高原现象"
    C. 练习就是不断地重复　　　　　　　　D. 动作技能形成中过度学习是必要的

6. 动作技能形成的第一阶段是(　　)。
    A. 联系阶段　　　　B. 认知阶段　　　　C. 自动化阶段　　　D. 熟练阶段

7. 下列属于连续操作技能的活动是(　　)。
    A. 打开收音机　　　B. 写草书　　　　　C. 实弹射击　　　　D. 开车

8. 下列有关动作技能的特点正确的是(　　)。
    A. 物质性、协调性、简缩性　　　　　　B. 适应性、协调性、简缩性
    C. 物质性、外显性、展开性　　　　　　D. 观念性、协调性、适应性

9. 技能学习要以(　　)的掌握为前提。
    A. 基础性知识　　　B. 概念性知识　　　C. 科学知识　　　　D. 程序性知识

10. (　　)是个体通过自身的视觉、听觉、触觉、动觉等获取的反馈信息。
    A. 内部反馈　　　　B. 外部反馈　　　　C. 动觉反馈　　　　D. 过程反馈

二、判断题

1. 技能是自然习得的。　　　　　　　　　　　　　　　　　　　　　　(　　)
2. 打球、游泳、写日记都属于操作技能。　　　　　　　　　　　　　　(　　)
3. 操作动作的执行具有内潜性。　　　　　　　　　　　　　　　　　　(　　)
4. 阅读、运算、记忆都是常见的心智技能。　　　　　　　　　　　　　(　　)
5. 在操作整合阶段，动作衔接连贯、流畅、高度协调。　　　　　　　　(　　)
6. 示范的有效性取决于示范者的身份和性别。　　　　　　　　　　　　(　　)
7. 在技能形成过程中，练习中期出现进步的暂时停顿现象，被称为抑制现象。(　　)
8. 对心智技能最早进行系统研究的是苏联心理学家巴甫洛夫。　　　　　(　　)
9. 解题技能是一种操作技能。　　　　　　　　　　　　　　　　　　　(　　)
10. 心智动作通过实践动作"内化"实现。　　　　　　　　　　　　　　(　　)

三、主观题

1. 简述冯忠良的动作技能的形成阶段模型。

2. 材料题：

美美同学迷恋上了健美操，刚开始学习的时候，她发现自己进步很快，每天都有所改变，她感到很高兴。可是，她练习了半年后发现，自己跳的离心目中的理想状态总感觉还差那么一点，她为此感觉丧气：自己明明很努力，为什么进步那么慢呢？

你知道美美同学遇到的这种现象叫什么吗？这种现象形成的原因有哪些？

第八章

问题解决和创造性的培养

1. 能够区分结构良好的问题和结构不良的问题。
2. 掌握问题解决的步骤和策略。
3. 了解影响问题解决的主客观因素，能够区分思维定式和功能固着。
4. 知道如何通过教学提升问题解决能力。
5. 掌握创造力的含义与特征。
6. 了解创造力的心理成分。
7. 掌握创造活动过程的 4 个阶段。
8. 了解常用的测量创造力的方法。
9. 理解智力与创造力的关系。
10. 了解创造力的培养途径。

■ 章节导读

在日常工作和学习生活中，人们会有很多解决不了的问题，也有很多能够解决的问题。那么，在心理学的视角下，人们解决问题的心理过程是怎样的？本章将学习问题解决的过程和方法，以及影响问题解决的主观和客观因素。

不可否认的是，有些人在解决问题的时候，喜欢"不走寻常路"，即创造性地解决问题。你知道创造力的心理成分有哪些吗？应怎样对创造力进行测量？哪些人可能更具有创造力？人们可以通过训练提升创造力吗？

同学们，带着上述问题，一起来学习本章的内容吧！

第一节 问题解决概述

在日常的生活和学习过程中，人们总是会遇到各种各样的难题，而克服这些难题的过程就是问题解决的过程。问题解决是知识应用的一种典型形式，问题的呈现方式、自身的知识和经验、动机和情绪等主观、客观因素都会影响问题解决的效果。本节将从心理学的视角来介绍问题解决的界定、问题解决的过程、问题解决的策略、影响问题解决的因素，以及促进问题解决的数字手段。

一、问题解决的界定

对于"问题"的界定，目前大多数学者都认可美国学者纽厄尔和西蒙(Newell & Simon, 1972)的表述。他们认为问题有 3 个要素：第一，给定信息，指有关问题初始状态的一系列描述；第二，目标，指有关问题结果状态的描述；第三，从初始状态到目标状态存在的障碍。简言之，问题就是一种疑难情境，在这种情境中，个体所追求目标的实现存在一些障碍，而扫除这些障碍需要认知的参与。例如，一个儿童想让爸爸帮自己做一个纸飞机，而爸爸身边只有一张纸和一把剪刀，若想拥有纸飞机，爸爸需要采取一些措施使这张纸变成纸飞机。

由上面对问题的描述可知，问题解决就是由一定情境引起的，按照一定的目标，应用各种认知活动和技能，使问题得以解决的过程。需要注意的是，在问题解决的过程中，有些问题的初始状态和目标状态是清晰的，解决方法也相应明确，这种问题叫作结构良好的问题。在学习过程中，人们遇到的绝大多数问题都是结构良好的问题。然而，有一些问题或者描述不清晰，或者目标状态不清晰，或者没有明确的解决方案，这种问题叫作结构不良的问题。例如，计算机开机的时候出现蓝屏，导致蓝屏的原因可能有很多，因而没有明确的解决方案，该问题属于结构不良的问题。

猜一猜，想一想

以下哪些问题属于结构良好的问题：
- 制定一条去某地的最短驾车路线。
- 回答问题"如何做一个好人"。
- 考试时，完成半命题作文。

二、问题解决的过程

一般来讲，从一个问题被发现到问题解决，可大致分为发现问题、理解问题、提出假设、检验假设 4 个环节。

(一) 发现问题

从完整的问题解决过程来看，发现问题是其首要环节，也是最困难、最具有挑战性的一个环节。有诸多因素会影响人们对问题的捕捉与发现，如问题的隐蔽程度、个体的问题意识、思维定式、时间与精力等。

（二）理解问题

理解问题也称为表征问题，其核心是把握问题的性质和关键信息，摒弃无关因素，并在头脑中形成有关问题的初步印象，形成问题的表征。表征既是个体在头脑中对所面临的事件或情境的表现和记载，也是个体解决问题时加工的对象。对问题的表征是否恰当，直接影响问题解决的速度和结果。例如，学生在做题时出现的审题错误会直接导致得出错误的答案。

（三）提出假设

提出假设就是提出解决问题的可能途径和方案，选择恰当的问题解决步骤。提出假设是问题解决的关键步骤，错误的假设必定会导致问题解决的失败。

假设的正确与否直接影响问题解决的效果

（四）检验假设

检验假设就是通过一定的方法来确定假设是否合乎实际、是否符合科学原理。检验假设分为直接检验和间接检验。直接检验即通过实践来检验，通过问题解决的结果来检验；间接检验即通过推论来淘汰错误的假设，保留并选择合理的、最佳的假设。

三、问题解决的策略

常见的问题解决策略有算法式策略和启发式策略两大类，启发式策略又包括手段—目的分析法、逆向工作法、爬山法和类比法4种。

(一) 算法式策略

算法式策略就是在问题空间中搜索所有可能的解决问题的方法，直至选择一种有效的方法解决问题。采用算法式策略可以保证问题的解决，但需要大量的尝试。采用算法式策略解决问题时，可能会发生胡乱地应用算法，碰巧得到了正确答案，但却不知道正确解决问题的策略的情况。

(二) 启发式策略

启发式策略是根据一定的经验和目标的指示，在问题空间内进行较少的搜索，以达到问题解决的一种方法。常见的启发式策略有以下几种。

(1) 手段—目的分析法。当问题可分成若干个子问题时，人们常常采用手段—目的分析法。它的基本步骤：第一，比较初始状态和目标状态，提出第一个子目标；第二，找出完成第一个子目标的方法或操作，实现子目标；第三，提出新的子目标。如此循环往复，直至问题解决。但有时，人们为了达到目的，不得不暂时扩大目标状态与初始状态的差异，以便最终达到目标。

(2) 逆向工作法(逆推法)。逆向工作法是指从问题的目标状态出发，以此为起点逐步向后推，得出达到目标需要的条件，将这些条件与问题提供的已知条件进行比较，若两者吻合，则推理成功，问题得到解决。

(3) 爬山法。爬山法是一种类似于手段—目的分析法的解题策略。它的基本思想是设立一个目标，然后选取与起始点邻近的未被访问的任一节点，向目标方向运动，逐步逼近目标。这就像爬山一样，如果在山脚下，要想爬到山顶，就得一点一点地往上爬，一直爬到最高点。有时先得爬上矮山顶，然后再下来，重新爬上最高的山顶。因此，爬山法只能保证爬到眼前山上的最高点，而不一定是真正的最高点。

(4) 类比法。类比法是利用一个问题的解决经验去解决另一个具有类比关系的问题。该方法常用于科学问题的解决，例如科学家利用回声定位原理发明了声呐，用来定位水下的潜航器。

猜一猜，想一想

以下行为属于哪种问题解决策略？
- 明明尝试了各种方法来解决一个从未遇到过的数学题。
- 为了实现一年挣 10 亿元，明明制定了几个阶段性小目标。
- 医生给明明开药时，先尝试一天吃两次，如果副作用不明显，再继续加量服药，直到病好。

四、影响问题解决的因素

问题解决时的客观和主观因素都会影响问题解决的效果。客观因素主要指问题情境与表征方式，主观因素主要指已有知识和经验、思维定式与功能固着、原型启发、动机强度和情绪状态等。

(一) 问题情境与表征方式

问题情境是指人们所要解决问题的客观情境或刺激模式，也就是问题中材料的组织方式或问题呈现的知觉方式。问题表征是在头脑中对问题进行信息记载、理解和表达的方式。刺激的呈现方式能够影响问题的表征方式，而问题的表征方式直接影响问题的解决。问题情境中的刺激模式与个人的知识结构越接近，问题就越容易解决；反之，则越困难。以九点连线图问题为例(见图 8-1)，实验要求人们用一笔连续画 4 条直线把图中的 9 个点连在一起。人们常常不能解决这一问题，其原因在于，9 个点在知觉上组成了方形，人们总是试图在这个方形的轮廓中连线，这样，问题的表征方式就阻碍了问题的解决。如果在这个实验中告诉被试，连线时可以突破方形的限制，被试的成绩就会得到很大的提高。

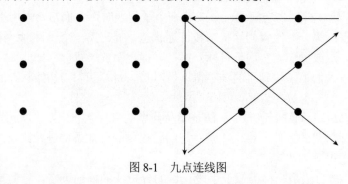

图 8-1　九点连线图

(二) 已有知识和经验

知识和经验丰富与否会影响人们解决问题。心理学研究表明，专家和新手在解决问题效率上的差异，主要是由专家和新手在知识数量上的差异和知识组织方式上的差异造成的。研究表明，专家不但有庞大的知识储备，而且他们具有独特的知识组织方式。例如，面对某一个问题，专家总是围绕中心原理来组织他们的知识，而新手则是围绕问题中陈述的细节来组织他们少量的知识，故而专家更有可能快速找到所需的模式去解决某个问题。

概括来讲，专家和新手解决问题的差异可以归纳为以下几点。

第一，专家不关注中间过程，可以很快地解决问题；新手则需要很多中间过程，而且会有意识地加以注意。

第二，新手先明确目的，从尾到头地解决问题；专家或者立即推理，或者搜集信息，从头到尾地解决问题，这是一种再认的过程。

第三，专家更多地利用直觉，即根据生活经验的表征来解决问题；新手则更多地依赖正确的方程式来解决问题。专家解决问题所依据的经验中的基本关系是复杂方程式的基础。

(三) 思维定式与功能固着

思维定式是指由先前的活动形成的，并影响后继活动趋势的一种心理准备状态。它在思维活动中表现为一种易于以习惯的方式解决问题的倾向。当问题情境不变时，定式对问题的解决有积极的作用，有利于问题的解决；当问题情境发生了变化，定式对问题的解决有消极影响，不利于问题的解决。

功能固着是指个体在解决问题时往往只看到某种事物的通常功能，即人们长期以来形成的对某些事物的功能或用途的固定看法，而看不到该事物其他方面可能有的功能。功能固着影响人的思维，不利于新假设的提出和问题的解决。心理学家梅耶(Mayer)设计了一个"两绳实验"。一个房间的天花板上吊着两根绳子，两根绳子相隔很远，被试无法同时抓住(见图 8-2)。房间里只有一把椅子、一盒火柴和一把钳子，要求被试把两根绳子系住。问题解决的方法是把钳子作为重物系在一根绳子上，使绳子形成单摆运动，当两根绳子靠得很近时，抓住另外一根绳子，从而把两根绳子系起来。结果发现只有 39%的被试能在 10 分钟内解决该问题，大多数被试认为钳子只有剪断铁丝之类的功能，并没有意识到它还可以当作重物来使用。

图 8-2 梅耶的两绳实验

(四) 原型启发

原型启发是指在其他事物或现象中获得的信息对解决当前问题的启发，具有启发作用的事物或现象叫原型。任何一个人对某一项目的发明创造或革新，都不是凭空想象出来的，在开始时总要受到某种类似的事物或模型的启发。例如，鲁班被带齿的茅草划破了手而发明了锯子；瓦特看到水烧开时蒸汽把壶盖顶起来，受到启发后发明了蒸汽机；人们通过对鸟翅膀构造的研究，设计了飞机机翼；人们根据蝙蝠超声波定位原理，制造出雷达等，这些都体现了原型启发。

(五) 动机强度和情绪状态

人们对活动的态度、社会责任感、兴趣等，都可以成为发现问题的动机，从而影响问题解决的效果。研究表明，动机强度与解决问题的效率之间的关系可以用一条倒 U 形曲线来说明。它表明在一定的范围内，解决问题的效率随动机强度的增高而上升，中等强度的动机是解决问题的最佳水平。

情绪对问题解决有一定的影响，紧张、惶恐、烦躁、压抑等消极的情绪会阻碍问题的解决，而乐观、平静、积极的情绪将有助于问题的解决。如果学生考试时情绪过分紧张，会导致思路阻塞，有时甚至面对容易的问题也会束手无策；如果学生能以积极的情绪迎接考试，则有助于打开思路，使问题得以解决。

除上述因素外，个体的智力水平、性格特征、认知风格、与他人的人际关系等因素也会影响问题解决的效果。

五、促进问题解决的教学手段

由上面内容可以看出，影响问题解决的因素既有个体内部知识和经验的数量等与概括水平相关的因素，也有个体外部与问题解决技巧相关的因素。鉴于此，在实际的教学过程中，教师可以从以下几个方面着手提高学生问题解决的能力。

(一) 提高学生知识储备的数量与质量

为了提高学生知识储备的数量与质量，可以从以下几个方面着手。

1. 帮助学生牢固地记忆知识

知识记忆得越牢固、越准确，提取得也就越快、越准确，成功地解决问题的可能性也就越大。教师应教授学生一些记忆和提取的方法，鼓励学生应用这些方法。

2. 提供多种变式，促进知识的概括

只有深刻领会和理解知识，学生才能牢固地记忆和有效地应用这些知识。因此，教师要重视概括、抽象、归纳和总结，应用同质不同形的各种问题的变式来突出本质特征，加强学生对不同类型的问题的区分与辨别，提高他们对所学内容的理解水平。

3. 重视知识之间的联系，建立网络化结构

问题解决经常是综合应用各种知识的过程，知识之间的有机联系是保证正确地解决问题的基础。为此，教师要有意识地沟通课内外、不同学科、不同知识点之间的纵横交叉联系，使学生所获得的知识不是一个孤立的点，而是能够融会贯通、有机配合的网络化、一体化的知识结构。

(二) 教授与训练解决问题的方法和策略

为了提高学生解决问题的效果，教师可以教授学生一些具体的问题解决方法，也可以在解决问题时以显性教学的方式将问题解决的思路示范给学生。

1. 结合具体学科，教授思维方法

有效的思维方法或心智技能可以引导学生正确地解决问题。教师既可以结合具体的学科内容，教授相应的心智技能，如审题技能、构思技能等，也可以根据已有的研究成果，开设专门的思维训练课。教授心智技能或策略的主要目的是使学生学会学习、学会解决问题，成为一个自主的、自我调控的、有效的学习者。

2. 外化思路，进行显性教学

教师在教授思维方法时，应遵循由内而外的方式，即把教师头脑中的思维方法或思路提炼出来，明确地、有意识地外化出来，示范给学生，并要求学生模仿、概括和总结，这在一定程度上可以避免学生的盲目摸索。学生通过这种学习可以逐步掌握各种思维方法，将教师的经验转化为自己的经验，充实或完善自己的内部认知结构，这是一个由外而内的内化过程。

(三) 提供多种形式的练习

在进行解决问题的训练时，既要避免低水平的、简单的问题，又要有适当的、结合现实的实际问题；既可以要求学生解决、回答有关的问题，也可以要求学生自己提问题、编问题。多种形式的练习可以调动学生主动参与学习的积极性，提高学生知识应用的变通性、灵活性与广泛性。

(四) 培养发现和提出问题的意识

为了培养学生发现和提出问题的意识，教师可以多鼓励学生发现问题，鼓励学生提出自己对问题的假设，同时引导学生做好问题解决后的自我评价与反思。

1. 鼓励学生主动发现问题

鼓励学生对平常事物多观察，不要被动地等待教师指定作业后才套用公式或定理去解决问题。

2. 鼓励学生多角度提出假设

在明确问题的基础上，教师应鼓励学生从不同的角度，尽可能多地提出各种假设。教师不要对这些想法进行过多的评判，以免过早地局限于某一解决问题的方案。这时，应关注的是想法的数量，而不是质量。

3. 鼓励自我评价与反思

要求学生自己反复推敲、分析各种假设和各种方法的优劣，对解决问题的整个过程进行监控与评价。也就是说，应注重培养学生的元认知能力，以有效地调控问题解决的过程。

第二节　创造力概述

问题解决既可以使用现成的方法，也可以不使用现成的方法，但是有创造性地解决问题则必然不使用现成方法。使用现成方法解决问题，是常规问题解决途径；不使用现成方法解决问题，是非常规问题解决途径。后者需要个体独立找到新方法来解决问题，属于创造性地解决问题，是创造力在问题解决上的体现。另外，一个人有无创造力或其创造力水平的高低，常常可以在问题解决上得以体现。有创造力或创造力水平高，问题解决的速度较快；反之，问题解决的速度较慢。所以，创造力在某种意义上也是一种问题解决的能力，只是不是采用常规方法解决问题，而是富有新意、极不寻常地解决问题。

一、创造力的含义

无论对于专家、学者，还是普通公众，创造力都不是一个陌生的词汇，其对应的英文单词为 creativity。对于创造力的概念界定，有学者将其作为能力的一个组成部分，认为创造力是一种特殊能力；有学者认为创造力是一个过程，这个过程能够产生新事物或新观念；还有学者认为创造力是一种标新立异、与众不同的人格特征。上述对创造力的概念界定，并没有优劣对错之分，只是学者们对创造力进行界定时的侧重点不同而已。本书对创造力采用大多数专家、学者都能够接受的一个定义，即创造力是指向特定的目的，运用一切已知信息，产生某种新颖、独特、具有社会或个人价值的产品的能力。

在上述创造力的定义中，新颖独特意味着能别出心裁地做出前人未曾做过的事。凡是科学发明、文艺创作中足以被世人称颂者，都符合新颖的要求。但如果只是超越前人，却无价值，也不能称为真正意义上的创造。因此，对于创造性的界定，不仅要看其想法或产品是否新颖，还要看其是否具有个人或社会价值。另外需要注意的是，创造力具有多元性：一方面，创造力为一般人所共有，而非伟人所独有；另一方面，创造力并非只体现在科学创造和艺术创造两方面，各种实践活动都可能产生创造。

二、创造力的特征

以发散思维的基本特征来代表创造力的特征是目前学术界的主流观点。发散思维是创造性思维的核心，其主要特征有 3 个。

(1) 流畅性。个人面对问题情境时，在规定的时间内产生不同观念的数量越多，流畅性越高。该特征代表心智灵活，思路通达。

(2) 变通性。变通性即灵活性，指个人面对问题情境时，不墨守成规，不钻牛角尖，能随机应变，触类旁通。对同一问题所想出不同类型答案越多者，变通性越高。

(3) 独创性。个人面对问题情境时，能独具匠心，想出不同寻常的、超越自己也超越同辈的意见。对同一问题所提意见越新奇独特者，其独创性越高。

猜一猜，想一想

老师让同学们列举砖头的用途，明明和丽丽的回答如下。

明明：砖头可以盖房子，可以盖鸡窝，可以盖厂房……

丽丽：砖头可以盖房子，可以打狗，可以当作临时台阶……

你认为明明和丽丽谁的思维变通性更好？

三、创造力的构成

创造力由多种心理成分组成，主要包括以下几个方面。

(一) 创造意识

创造意识是对自己创造的意图、欲望、动机及创造过程的自觉。它是创造力的主要成分，对创造活动起着强有力的推动作用。有强烈创造意识的人，会利用一切机会，充分调动自己的一切潜力，朝着成功创造突进、冲刺，其成功的机会自然远远超出缺乏这种创造意识，仅仅是偶然地、不自觉地进行创造活动的人。因此，要培养创造力，首先要增强创造的动机，激发创造欲望，时常保持创造意识。

(二) 创造性想象

创造性想象是创造的翅膀，是创造力的必不可少的重要组成部分，新颖性、独立性、创造性是其本质特征。实践证明，科学研究的重大发现、新产品的发明和新技术的出现、文学家和艺术家的创作与构思等，都离不开创造性想象，甚至儿童的游戏、画画等，都需要创造性想象的参与。

(三) 创造性思维

创造性思维是创造力的核心因素。个体通过创造性思维不仅能揭示事物的本质与规律，而且能突破固定的惯性思维的束缚，在强烈的创造动机和外在刺激的激发下，充分利用人脑意识和下意识的活动能力，借助各种具体的思维方式(如直觉和灵感)，以渐进性或突发性的形式，对已有的知识和经验进行不同方向、不同程度的组合与建构，从而获得新颖、独特、有价值的新观念、新知识、新方法、新产品等创造性成果。创造性思维是多种思维方式的有机结合，主要表现为发散思维与聚合思维的统一，形象思维与抽象思维的统一，以及直觉思维、灵感与逻辑思维的统一等。

(四) 创造性人格

创造性人格是创造力的重要组成部分。研究发现，创造力的发展与某些人格特质有很高的相关性，这些人格特质被称为创造性人格。例如，高度的自信心、喜欢冒险、能够容忍模糊与错误、具有幽默感、有较强的独立性等人格特征被发现与创造性存在正相关。

四、创造活动的过程

英国心理学家华莱士(G. Wallas)认为任何创造活动的过程都包括准备阶段、孕育阶段、明朗阶段和验证阶段。

(一) 准备阶段

在该阶段，主体要明确问题和目标的必要性和可行性，然后收集资料，探索和尝试初步的解决方法，但往往这些方法在有些环节上可能很顺利，在有些环节则行不通，问题的解决出现阻碍。

(二) 孕育阶段

问题暂时得不到解决，便要进一步酝酿如何解决。这种酝酿转为以潜意识加工为主，显意识加工为辅，有时甚至暂时停止显意识的工作，完全交给潜意识去加工。这一阶段也常常叫作问题解决的潜伏期、酝酿期。

(三) 明朗阶段

经过潜意识加工，神经联系的组织逐渐完成。当最后一个联系贯通以后，问题的解决一下子变得豁然开朗。主体的创造意识突然被一个诱因激活，以前的困扰一一化解，问题得到顺利解决。这一阶段常常伴随着强烈的情绪变化，给创造主体以愉悦的内心体验。

(四) 验证阶段

问题解决以后，结果或结论是否正确，还要得到显意识加工的检验，这时要反思整个创造过程。提出的解决方法必须详细地、具体地叙述出来并加以运用和验证。如果结果或结论得到了证实，创造过程便宣布结束；如果结果或结论得不到证实，则上述过程必须全部或部分重新进行。

科学研究中的酝酿效应

五、创造力的测量

创造力的测量方法就是测验和评估个体创造性的手段与技巧，主要包括专家评价法、心理测验法、实验法、作品分析法等。

(一) 专家评价法

专家评价法是由有关专家按照一定的标准，对受测者的创造性进行评价的一种方法。专家评价法的实施可分 3 个步骤：①组成评价小组，成员为有关专家或有经验的教师；②由评价小组成员分别对个体的创造性进行评析；③合成总的评价成果，其中包括评价者一致性(信度)的考察。这种方法的优点是较为经济，对未来有预测性，缺点是评价结果受评价者的个人经验、情绪状态等主观因素影响较大。

(二) 心理测验法

心理测验法是通过标准化的心理测验工具对个体的创造性进行测量的方法。心理测验法一般采用标准化的题目，按规定的程序施测，然后将测验成绩与个体所在年龄段的常模做比较，从而评定个体的创造力水平。目前，世界上应用最广泛的创造力测验是于 1966 年编制的托兰斯创造性思维测验(见图 8-3)。该测验由言语创造性思维测验、图画创造性思维测验和听觉形象联想测验三部分构成，理论上适合对所有年龄段的个体进行施测。

图 8-3　托兰斯创造性思维测验示例

(三) 实验法

实验法是通过给受测者设置一定的问题情境，控制和改变一些条件，记录其反应情况，然后加以分析的一种测量方法。这种方法的突出特征是对个体的行为与环境条件进行了人为的操作，把创造力的某些特定影响因素从复杂的条件中分离出来，使问题简单化，从而使考察这些因素对创造力的影响成为可能。

(四) 作品分析法

作品分析法是指通过对被试按要求完成的作品进行定性和定量分析，来揭示其创造水平的一种方法。这是一种客观分析法，因为它常利用某些数量化指标来进行较为精细的客观评价。这里的作品仅限于个体的工艺品、作文、故事、绘画、乐谱及计算机程序等。作品分析法虽然具有客观性且具有分析深入、细致等优点，但是由于编制记分系统难度较大，所以并不经常使用。

第三节 创造力的影响因素与培养途径

创造力的产生与多种主观、客观因素相关，包括自身的智力水平、知识积累程度、周围环境的包容性，以及自身的个性特征。因此，创造力的培养也需要从多方面着手，既需要创设宽松的、富有包容性的学习环境，也需要开设一些具体的课程，开发学生的创造性思维。

一、创造力的影响因素

创造力的影响因素既包括客观环境因素，也包括学习者自身的知识和经验、智力水平、个性与动机等因素。

(一) 环境

家庭与学校的教育环境，以及社会文化是影响个体创造力的重要因素。首先，父母的受教育程度、教育方式和家庭气氛等都在不同程度上影响孩子的创造力。研究发现，父母受教育程度较高者、对子女的要求不过分严格者、对子女的教育采取适当辅导策略者，以及家庭气氛比较民主者，都比较有利于孩子创造力的培养。其次，在学校方面，如果学校气氛较为民主，教师不以权威管理学生；教师鼓励学生的自主性，允许学生表达不同意见；学习活动有较多自由，教师允许学生在自行探索中发现知识，这样的教育就有利于创造力的培养。最后，社会文化也会影响学生创造力的发展。如果一个社会过分强调社会规范、因循守旧，不敢探索那些有可能失败的未知事物，个体创造力就会被限制。如果团体压力过大，不能容纳那些标新立异的人，那么个体就会有更多的从众行为。相反，如果人人对创造、发明表示羡慕，对创新者和发明者有敬意，创造就会受到鼓励，则必定人人乐于开拓冒险、推陈出新，个体的创造力就会得到张扬，创新人才也就会大量涌现。因此，创设具有一定开放性和自由空间的成长环境，尊重学生的独立性、尊重他们的差异，是创造力培养的另一个重要方面。

(二) 知识和经验

原有知识的积累与经验的激活对创造力具有重要意义，个体对问题情境的表征、结构的分析、解法的推理都取决于问题解决者原有的知识和经验。当然，知识和经验的多寡并不能单独决定创造性思维的产生。知识和经验的组织方式及是否能有效提取，对创造性思维同样具有重要影响。只有在对知识形成深刻理解的基础上，建立既有知识结构与当前直接经验的密切联系，个体才能有效运用创造性思维，将在学校教育中获得的知识和经验，以流畅、灵活、富有独创性的方式，迁移到新的生活和学习情境中来，并最终做出既有个体创新意义又有社会创造价值的结论和产品。

(三) 智力水平

创造力的研究表明，创造力与智力水平并非成简单的线性关系，两者既有独立性，又在某种条件下具有相关性，在整体上呈正相关趋势。高智商是高创造力的必要条件，但不是充分条件。智商与创造力的关系表现为：①低智商不可能具有创造力；②高智商可能有高创造力，也可能有低创造力；③低创造力者的智商水平可能高，也可能低；④高创造力者必须有高于一般水平的智商。

(四) 个性与动机

有研究显示，具备高创造力的个体，往往在个性心理层面呈现出幽默感、强烈的抱负和动机、容忍模糊与错误、喜欢幻想、好奇心、独立性等普遍的人格特征。因此，对于学校教育所主要承担的、提高自我实现的创造力而言，创造力的提高不仅依靠思维与能力的训练，而且有赖于个性和学习动机的培养。首先，为了增强创造力，教育教学必须从学习动机的激发与维持入手，将浓厚的学习兴趣升级为长期的探究志趣。作为激发创造性的潜在条件，广义上的兴趣(包括志趣)是人对事物的积极探究的稳定倾向，只有带着对长期探究的渴望，个体才会对新的知识、问题和观念保持高度敏感。其次，较高的独立性和批判性对创造性思维来说也具有重要意义。喜欢独立判断，有独立见解，自尊自信，不轻信、盲从他人，不盲目崇拜权威，不落俗套，不拘泥于规则，这些都是具有高创造力的人的特征。另外，有较高的心理承受力，不怕错误和失败，善于在挫折面前进行自我调整，以及有决心，敢于前进，好表现等，都是有利于创造力发挥的个性特征。

猜一猜，想一想

请你猜一猜，以下哪位同学的创造力可能更高？
- A同学是妥妥的学霸，每次考试都是第一名。
- B同学的父母对其要求很严格，每天有做不完的练习题。
- C同学具有强烈的好奇心，什么事情都要一探究竟。
- D同学自尊心很强，特别害怕失败。

二、创造力的培养途径

培养学生的创造力可以从以下3个方面着手：创设有利于创造力产生的适宜环境；注重创造性个性的塑造；开设具体的创造力课程，教授学生创造性思维策略和技法。接下来，从这3个方面对如何培养学生的创造力展开具体阐述。

（一）创设有利于创造力产生的适宜环境

培养学生的创造力应该给学生营造一个宽松、自由、富有包容性的学习环境，在这样的环境中，学生拥有充分选择的权利，不必过分担心犯错误或者失败。同时，教师也不应是一个单纯的"传道、授业、解惑"者，他们更应该是学生学习的参与者与合作者。

1. 创设安全、自由的心理环境

教师应给学生创造一个能支持或容忍标新立异者或偏离常规思维者的环境，让学生感受到心理安全和心理自由，即给学生的学习创造较为宽松的心理环境。美国心理学家罗杰斯认为，心理的安全和自由是有利于人们进行创造性活动的两个基本条件。在一般情况下，具有高创造力的人常常会具有偏离文化常模的倾向，如果社会能够给予他们充分的容忍和有力的支持，那么这些具有高创造力的人就会感到心理的安全和自由，从而更好地发挥自身的创造力。要做到这一点，需要社会、家庭和学校三者共同努力，创设良好的氛围和环境，支持学生用不同寻常的方式去理解事物，容忍他们对权威和专家的怀疑，因势利导，促进学生的认知功能和情感功能的充分发挥，以提高学生的创造力。

2. 为学生留有充分的选择余地

给学生留有充分的选择余地也是创设创造性环境的重要部分。首先，改革传统的考试制度与考试内容，在考试的形式、内容等方面都应考虑测评创造性的问题，使考试真正成为选拔有能力、有创造力人才的有效工具。比如，在学业测试中，可以增加部分无固定答案的问题，让学生有机会发挥其创造力。评估学生的考试成绩时，也应该考虑其创造力的高低。给学生创造较为宽松的学习环境，为学生提供发挥创造力的机会。其次，在课程编排上，适当增加选修课的分量，让学生有机会选择不同的课程。可以说，学生没有选择，就失去了个性，也就难以有创造力。

3. 增强教师自身的创造力，做善于培养学生创造力的教师

教师既是知识的传授者，也是创造力教育的实施者和推动者。要培养富有创造力的学生，必须要有具有创造性人格特征的教师。一方面，教师应加强自身的创造素养，发挥榜样示范作用，善于吸收最新教育科学成果，并将其积极运用于自己的教学之中，乐于实施富有成效的创造性的教学，这将直接推动学生创造力的发展；另一方面，教师应能够正确对待富有创造倾向的学生，建立和谐的师生关系。教师要鼓励学生独立思考、鼓励发散思维、大胆地探索、自由地发表意见，欢迎学生对教师的讲解提出异议，给予学生充分开展想象、联想的实践空间，适时地参与学生的讨论，把学生看作共同解决问题的朋友，并不断鼓励学生超越自己，把每个学生都看成有前途的发明家和创造家。因此，教师要转变教育观念，树立以自己的创造性形象来促进学生创造性发展的理念，强化创新意识，努力增强自身的创造性人格特质，以身作则，率先垂范。

（二）注重创造性个性的塑造

由于创造力与个性之间具有互为因果的关系，从个性入手来培养创造力是促进创造力产生的一条有效途径。研究者提出的各种建议可概括如下。

1. 保护好奇心

应接纳学生任何奇特的问题，并赞许其好奇心。好奇是创造活动的原动力，可以引发个体进行各种探索活动，应给予鼓励和赞赏，不应忽视或讥讽。

2. 解除个体对答错问题的恐惧心理

学生所提问题无论合理与否，均以肯定态度接纳。出现错误时，也不应全盘否定和指责，应鼓励学生正视并反思错误，引导学生尝试新的探索。

3. 鼓励独立性和创新精神

教师应重视学生与众不同的见解、观点，并尽量采取多种形式鼓励学生以不同的方式来理解事物。对常规问题的处理能提出超常见解者，教师应给予鼓励。

4. 重视非逻辑思维能力

非逻辑思维是创造性思维的重要成分，在各种创造活动中都起着重要作用，贯穿整个创造活动的始终。教师应鼓励学生大胆猜测，进行丰富的想象，而不拘泥于常规的答案。给学生机会进行猜测，并尽量让他们有猜测成功的体验。在丰富学生的想象力方面，可以采了以实物、图片、多媒体辅助教学手段，组织参观和访问活动，开辟丰富多彩的课外活动等，使学生头脑中的表象更为鲜明、完整。

(三) 开设具体的创造力课程，教授学生创造性思维策略和技法

1. 常见的创造力课程

(1) 创造发明课。该课程的开展一般分为三个阶段：第一阶段，让学生学习科学发明的历史，介绍丰富多彩、引人入胜的历史故事，鼓励学生进行再发明创造；第二阶段，让学生学习科学家、发明家的故事，把自己当作一个发明家；第三阶段，让学生真正像一个发明家那样去动手从事发明创造活动。

(2) 直觉思维训练课。直觉思维是创造性思维的一种，是一种跳跃式的思维，是不经过明显的推理过程就得出结论的一种思维方法。

(3) 发散思维训练课。训练发散思维的方法有多种，如用途扩散法、结构扩散法、方法扩散法、形态扩散法等。用途扩散法，即让学生以某件物品的用途为扩散点，尽可能多地设想它的用途。比如，尽可能多地说出别针的用途。结构扩散法，即以某种事物的结构为扩散点，设想出利用该结构的各种可能性。比如，尽可能多地画出包含 A 结构的物品，并写出或说出它们的名字。方法扩散法，即以解决某一问题或制造某种事物的方法为扩散点，设想出利用该种方法的各种可能性。比如，尽可能多地列举出用"吹"的方法可以完成的事情。形态扩散法，即以事物的形态(如颜色、味道、形状等)为扩散点，设想出利用某种形态的各种可能性。比如，利用红色可以做什么。

(4) 推测与假设训练课。推测与假设训练的主要目的是发展学生的想象力和对事物的敏感性，并促使学生深入思考，灵活应对。比如，让学生总结解题错误后，为其他同学提出新的问题；在讲评故事性课文之后，让学生对其进行续写；初读文章标题和摘要之后，让学生去猜测文中的具体内容等。

(5) 自我设计训练课。这是一种灵活性较强的训练课程。教师为学生提供必要的材料与

工具，让学生利用这些材料，实际动手制作某种物品。

(6) 假设课。假设课即创设一种设身处地的问题情境，然后提出解决问题的办法。

(7) 侧向思维训练课。侧向思维是指从其他事物中得到启示而产生新设想的思维方式。侧向思维是创造性思维的重要形式，历史上许多发明创造都是侧向思维的产物。培养侧向思维的重要途径是对学生进行联想和类比推理的训练。教师应鼓励和引导学生根据联想法则(如相似、对比、接近等)进行积极联想。联想能够克服两个概念在意义上的差距而把它们联结起来，因而，往往能够发现某些事物的相同因素或某种联系，揭示事物的本质。通过联想训练可以触类旁通，开阔学生解决问题的思路，活化所学的知识。

2. 促进创造性思维发展的策略和技法

头脑风暴法(脑力激励法)是促进创造性思维发展较常用的方法。心理学家奥斯本提出，为产生更多新颖、独创的问题解决方案，可使用脑力激励法，即在集体之中群策群力，互相启发，尽可能多地提出解决问题的方法。头脑风暴法通常以集体讨论的方式进行，鼓励参与者尽可能快地提出各种各样异想天开的设想或观点，相互启迪，激发灵感，从而引发创造性思维的连锁反应，形成解决问题的新思路。具体应用此方法时，应遵循 4 条基本原则：一是让参与者畅所欲言，禁止对提出的所有方案提出批评意见，延迟评价。评价必须在穷尽所有的想法之后再进行。二是鼓励标新立异、与众不同的观点，提倡自由奔放的思考，让参与者充分发表自己的看法。三是以获得方案的数量而非质量为目的，即鼓励产生多种想法，多多益善。四是鼓励提出改进意见或补充意见，提倡对他人的设想进行组合和重建以求改善。

除了上述方法外，创造力的训练方法还包括系统探求法、联想类比法、组合创新法、对立思考法、转换思考法、检查清单法等。

本章知识要点

问题是一种疑难情境，在这种情境中，个体所追求目标的实现存在一些障碍，而扫除这些障碍需要认知的参与。问题可分为结构良好的问题和结构不良的问题。

问题解决就是根据一定情境，按照一定的目标，应用各种认知活动和技能，使问题得以解决的过程。

问题解决包括发现问题、理解问题、提出假设、检验假设 4 个阶段。

问题解决的策略包括算法式策略和启发式策略，启发式策略包括手段—目的分析法、逆向工作法、爬山法、类比法。

根据已有研究，影响问题解决的因素有问题情境与表征方式、已有知识和经验、思维定式与功能固着、原型启发、动机强度与情绪状态。

创造力是指向特定的目的，运用一切已知信息，产生某种新颖、独特、具有社会或个人价值的产品的能力。

以发散思维的基本特征来代表创造力的特征是目前学术界的主流观点，发散思维是创造性思维的核心，其主要特征有 3 个：流畅性、变通性、独创性。

创造力的心理成分包括创造意识、创造性想象、创造性思维、创造性人格。

英国心理学家华莱士认为任何创造活动的过程都包括准备阶段、孕育阶段、明朗阶段和验证阶段。

创造力的测量方法就是测验和评估个体创造性的手段与技巧，主要包括专家评价法、心理测验法、实验法、作品分析法等。

创造力的影响因素既有客观环境因素，也包括学习者自身的知识和经验、智能水平、个性与动机等因素。

头脑风暴法由心理学家奥斯本提出，是在集体之中群策群力，互相启发，尽可能多地提出解决问题的方法。

本章练习题

一、单选题

1. 在问题解决过程中汇总、分析问题，抓住问题关键，找出主要矛盾的过程是问题解决的(   )。
   A. 发现问题阶段　　　　　　　　B. 理解问题阶段
   C. 提出假设阶段　　　　　　　　D. 验证假设阶段

2. 在解决问题的基本策略中，学生在解题时，首先列出所有步骤的方法属于(   )。
   A. 算法式策略　　　　　　　　　B. 手段—目的分析法
   C. 逆向工作法　　　　　　　　　D. 爬山法

3. 人们常常用杯子喝水，却没有想过改造成笔筒。这种情况属于(   )。
   A. 酝酿效应　　　　　　　　　　B. 思维定式
   C. 原型启发　　　　　　　　　　D. 功能固着

4. 以下影响问题解决的因素中，属于客观因素的是(   )。
   A. 知识和经验　　　　　　　　　B. 问题的表征方式
   C. 动机水平　　　　　　　　　　D. 思维定式

5. 以下关于专家和新手解决问题的差异，表述错误的是(   )。
   A. 专家比新手解决问题的速度更快
   B. 专家比新手更擅长围绕某个原理表征知识
   C. 专家喜欢从头到尾顺向解决问题，新手喜欢从尾到头解决问题
   D. 专家不喜欢依赖直觉解决问题

6. 以下不属于创造力的特征的是(   )。
   A. 流畅性　　　　B. 变通性　　　　C. 新颖性　　　　D. 价值性

7. 人们经常说的"一题多解"，更多地体现创造力的(   )。
   A. 流畅性　　　　B. 变通性　　　　C. 新颖性　　　　D. 价值性

8. 创造力的核心成分是(   )。
   A. 创造意识　　　B. 创造性想象　　C. 创造性思维　　D. 创造性人格

9. 在创造力的培养阶段中，以潜意识加工为主的阶段是(   )。
   A. 准备阶段　　　B. 酝酿阶段　　　C. 明朗阶段　　　D. 验证阶段

10. 关于如何塑造学生创造性个性，以下选项表述不正确的是(   )。
    A. 保护好奇心　　　　　　　　　B. 鼓励独立性和创新精神

C. 给学生提供具有创造性的榜样　　　D. 重视直觉思维能力

二、判断题

1. 问题可分为结构良好的问题和结构不良的问题，学生在学习过程中遇到的问题大多属于结构良好的问题。　　　　　　　　　　　　　　　　　　　　　（　　）

2. 在问题解决的 4 个阶段中，提出假设对问题的解决具有关键作用。　（　　）

3. 在解决问题时，如果缺少必要的背景知识，适宜采用算法式策略。（　　）

4. 人类根据蝙蝠回声定位的原理发明了雷达，这种现象叫作原型启发。（　　）

5. 思维定式是人们思考问题时的一种习惯化倾向，这种想当然的倾向不利于问题的解决。　　　　　　　　　　　　　　　　　　　　　　　　　　　　　（　　）

6. 创造性思维是多种思维方式的有机结合，主要表现为发散思维与聚合思维的统一，形象思维与抽象思维的统一，以及直觉思维、灵感与逻辑思维的统一等。　　（　　）

7. 托兰斯创造性思维测验是目前世界上最流行的创造力测验之一，该测验由言语创造性思维测验、图画创造性思维测验和听觉形象联想测验三部分构成。　　　（　　）

8. 高智商是高创造力的必要而非充分条件。　　　　　　　　　　　（　　）

9. 一般来说，具有高创造力的人具有以下人格特征：独立、自信、喜欢幻想、条理性强。　　　　　　　　　　　　　　　　　　　　　　　　　　　　　　（　　）

10. 头脑风暴法由奥斯本提出，它最重要的一条原则就是注重质量，宁缺毋滥。（　　）

三、主观题

1. 简述影响问题解决的主要因素。

2. 材料题：

明明是一名中学生，他最近了解到一些有趣的名人故事。他发现，世界上极富创造力的人好像都没上过大学。例如，微软创始人比尔·盖茨考上了世界顶尖级的大学，却毅然选择退学，我国数学家华罗庚压根就没上过大学，大发明家爱迪生甚至连小学都没有毕业……由此，明明认为，要想成为发明家，有想法、有胆识就够了，上学压根没用。

显然，明明的想法是错误的，你能用本章所学的知识给明明一些建设性建议吗？

第九章

学习策略

▌学习目标

1. 了解学习策略的含义和特征。
2. 理解并学会运用几种不同的认知策略。
3. 理解元认知的概念，学会使用元认知策略指导教学和学习。
4. 理解并学会运用几种不同的资源管理策略。
5. 尝试综合运用认知策略、元认知策略及资源管理策略指导教学和学习。

▌章节导读

不知道你是否有这样的感悟：学习一篇晦涩难懂的文章时，在理解文章意思的基础上，尝试与以前学到的知识或者生活中的现象发生联系后，学习效果会比重复的机械记忆效果好得多。这就是学习策略的作用。联合国教科文组织在《学会生存》一书中指出，"未来的文盲不再是不识字的人，而是没有学会怎样学习的人"。心理学家诺曼也指出："真奇怪，我们期望学生学习，然而却很少教给他们解决问题的思维策略。类似地，我们有时要求学生记忆大量材料，然而却很少教他们记忆术，现在是弥补这一缺陷的时候了。"授人以鱼不如授人以渔，近年来关于学习策略及其培养的研究成为教育心理学的重要内容之一。本章将着重讨论学习策略及应用，介绍如何综合运用不同的学习策略指导教学和学习。

第一节 学习策略概述

一、学习策略的含义

学习策略的研究开始于 1956 年布鲁纳等人研究人工概念的工作。几十年来，各学者给学习策略下了很多定义，诸如，"知道如何知道""知道何时、何处及如何记忆""学会学习"

"学习技能""认知策略"等。关于学习策略的定义，概括起来有下面 3 种观点。

(一) 学习策略是具体的学习活动或程序

持这种观点的研究者认为，学习策略属于信息加工部分，是学习者在编码、储存、检索、运用信息(解决问题)的认知过程中直接加工信息的方法或技能。例如，梅耶认为："学习策略是指在学习过程中，任何被用来促进学习效能的活动。"这些活动包括采用画线法、概述、复述等方法的学习。他认为人类的学习体现在量和质两方面，即学多少和学什么。学习策略就是从两个角度作用于信息加工过程的各个阶段，引起不同深度和广度的认知加工，从而导致不同数量和质量的学习结果。

(二) 学习策略是学习的调节和控制技能

持这种观点的研究者认为，学习策略属于信息加工模式的调控部分，是指主动的学习者在认知过程中，对上述信息加工过程实行调节与控制的一系列技能。例如，尼斯比特(Nisbet，1986)等认为，"学习策略是一系列选择、协调与运用技能的执行过程"。

(三) 学习策略是学习方法和学习的调控的有机统一体

许多学者认为，有效的学习策略是能够促进信息的获得、存储和使用的一系列过程或步骤。学习方法和学习的调控同属于学习策略的范畴，是相互联系的、具有不同功能的学习策略。学习方法是学习者在学习某一具体知识时采用的技能或手段，也就是学习者用于信息的接收、加工、编码、储存、提取、运用等认知过程中的具体方法或技能。学习方法与学习策略既有区别，又紧密相联。一方面，学习方法是学习策略的知识和技能基础，是学习策略的一个基本组成部分，学习策略要借助学习方法表现出来，脱离具体学习方法的学习策略是空洞的；另一方面，只有经过学习者整体策划、综合分析以后选用的学习方法才具有策略性。学习方法有较强的情境性，总是与具体的学习任务相联系，而学习策略往往与学习的一般过程相联系，但又不能脱离具体的学习任务；学习方法的使用不一定与最佳效益相联系，而学习策略则是以追求最佳效益为目的的。

学习的调控则作用于个体，用于维持、调节和控制学习者的内部状态，使学习方法能够有效地发挥加工信息的作用。例如，斯腾伯格(Sternberg，1983)在其智力模型中区分了两种不同层次的智力技能：①执行的技能，是指学习者用来对指向一定学习任务的学习方法进行规划、监控和修正的高级的技能，即学习的调控；②非执行的技能，是指用于对学习任务进行实际操作的技能，即学习方法。斯腾伯格强调，要高质量地完成作业，两种类别的技能都是必不可少的。一切试图提高智力的训练都"应当对执行的和非执行的信息加工，以及两者之间的交互作用进行明确的训练"。

综合这些不同的看法，本书认为，学习策略就是学习者为了提高学习的效果和效率，有目的、有意识地制定的有关学习过程的复杂的方案。

猜一猜，想一想

在日常的学习中，人们或多或少地会用到一些学习策略，比如记忆小窍门就是学习策略的一种。现在学习了学习策略的定义，你能给大家分享一个你经常使用的学习策略吗？

二、学习策略的特征

一般认为,学习策略具有主动性、有效性、过程性和程序性 4 个特征。

(一) 主动性

一般来说,学习者采用学习策略都是有意识的心理过程。学习时,学习者首先要分析学习任务和自己的特点,然后制订适当的学习计划。对于较陌生的学习任务,学习者总是在有意识、有目的地思考学习计划。策略只有经过反复使用,才能达到自动应用的水平。

(二) 有效性

一个人在做某件事时,使用最原始的方法最终也可能达到目的,但效果不会好,效率也不会高。比如,记忆一列英语单词表,如果一遍又一遍地朗读,只要有足够的时间,最终也能记住,但是保持时间不会太长,记忆也不会很牢靠;如果采用分散复习或尝试背诵的方法,记忆的效果和效率会得到很大的提高。

(三) 过程性

学习策略是有关学习过程的策略。它解决学习时做什么不做什么、先做什么后做什么、用什么方式做、做到什么程度等方面的问题。

(四) 程序性

每一次学习都有相应的计划,每一次学习的学习策略也不同。但是,同一种类型的学习存在基本相同的计划,这些基本相同的计划就是人们常见的一些学习策略,如 PQ4R 阅读法。

三、学习策略的分类

学习策略有多种不同的分类方式,此处主要介绍比较常见的国外学者迈克卡(W. J. McKeachie)及我国学者莫雷对学习策略的分类。

(一) 迈克卡对学习策略的分类

对学习策略结构的探讨应围绕学习策略的构成要素及它们之间的组合关系来进行。关于学习策略的结构,可依据不同的分类标准进行划分,不同的学者对学习策略的划分存在差异,但是都认为学习策略是多成分、多水平的有机系统,是学习认知方式与情感策略,元认知策略,计划、监控策略等几个基本因素的有机统一。其中,迈克卡提出的学习策略的分类影响较大,他认为学习策略包括认知策略、元认知策略和资源管理策略三部分,每个部分包括相应的子策略(见表 9-1)。

表 9-1　迈克卡对学习策略的分类

学习策略		举　　例
认知策略	复述策略	重复、抄写、做记录、画线等
	精细加工策略	想象、口述、总结、做笔记、类比、答疑等

(续表)

学习策略		举 例
认知策略	组织策略	组块、选择要点、列提纲、画地图等
元认知策略	计划策略	设置目标、浏览、设疑等
	监控策略	自我测查、集中注意、监视领会等
	调节策略	调查阅读速度、重新阅读、复查、使用应试策略等
资源管理策略	学习时间管理	建立时间表、设置目标等
	学习环境管理	寻找固定的地方、安静的地方、有组织的地方等
	努力管理	归因于努力、调整心境、自我谈话、坚持不懈、自我强化等
	寻求帮助	寻求教师帮助、寻求伙伴帮助、与伙伴/小组一起学习、获得个别指导等

(二) 莫雷对学习策略的分类

在总结前人对学习策略分类观点的基础上,莫雷等(2005)提出如下关于学习策略分类的见解(见图9-1):将学习策略分为基本学习策略、调控性学习策略和支持性学习策略三大类型。基本学习策略即认知策略,指学习者对学习材料的信息加工策略,包括陈述性知识的认知策略(如复述、精加工和组织)与程序性知识的认知策略(即思维与解决问题策略,诸如表征问题、解决问题和思路总结);调控性学习策略即元认知策略,主要是学习者对认知过程的监控、评价与调节策略,分为计划策略、监视策略和调节策略;支持性学习策略即资源管理策略,包括学习者对学习计划与时间的管理策略,对学习环境的管理策略,充分利用学习资源的策略等。

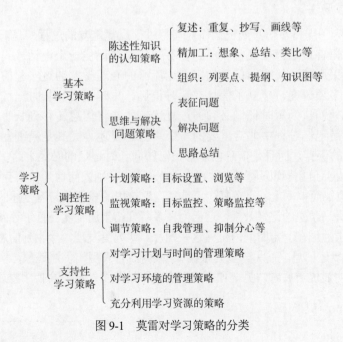

图 9-1 莫雷对学习策略的分类

认知策略、元认知策略与资源管理策略是互相联系、有机结合、共同作用的，认知策略直接促进学习过程的有效进行；而资源管理策略主要是在学习资源的合理应用方面对学习过程的顺利进行起到支持作用；元认知策略主要是学习者对认知过程进行监控、评价与调节，包括对认知策略与元认知策略的运用的监控与调节。学习者如果没有运用元认知技能来帮助自己分清在某种情况下使用哪种认知策略或改变哪种认知策略，就不能成功地运用认知策略。总体来看，认知策略和元认知策略应是学习策略的核心，也是本章的重点所在。

第二节　认知策略

认知策略是为达到某一目的而调节、监控和管理认知加工过程的心智活动，其主要形式是恰当的、合乎规则的活动程序，它的作用是促进认知活动的效率。知识分为陈述性知识和程序性知识；同样地，认知策略也可以分为陈述性知识的认知策略和程序性知识的认知策略。陈述性知识主要说明事物是什么、为什么、怎么样，是个人可以有意识地回忆出来的关于事物及其关系的知识。例如，历史事实、数学原理、观点信念都属于陈述性知识，学生学习的大部分内容属于这个范畴。程序性知识的认知策略也称为思维与解决问题策略。研究促进陈述性知识的认知策略是教育心理学的重要课题，也是本节的主要内容。陈述性知识的认知策略主要有复述策略、精加工策略与组织策略等。

一、复述策略

复述策略是最为常见和常用的一种认知策略。在这里，我们将主要介绍复述策略的含义以及提高复述效率的具体措施。

(一) 复述策略的含义

复述策略是为了保持对信息的记忆而对信息进行反复重复的过程，是对所需要记忆的材料采取的维持性语言策略。在某些简单的任务中，如要记住一个电话号码、一个陌生人的名字等，都需要采用复述策略。信息加工理论流派的心理学家通过实验的方法，对影响记忆的因素进行了多项研究，建立了信息在瞬时记忆、短时记忆和长时记忆之间转换的信息加工理论模型。他们认为短时记忆必须通过复述，才能将信息转移到长时记忆中被储存。由此可见，复述是记忆过程中非常重要的一个步骤。复述，尤其是精细复述，不仅能帮助短时记忆中信息的保存，而且是信息由短时记忆转向长时记忆的必经之路。我国著名的科学家茅以升在83岁时还能背诵圆周率小数点后100位数字，别人问他为什么有这么好的记忆力，他说："说起来也很简单，重复、重复、再重复。"这里的重复就带有复述的成分，但不等同于复述。复述能提高学生的记忆效果，这已为许多研究结果所证实。肯宁等向一年级小学生呈现8张图片，要求他们在一定时间内记住这些图片。研究者发现，接收到信息后，有些儿童在15秒内嚅动嘴唇复述信息，而另一些儿童在15秒内没有表现出复述迹象，实验结果表明前者的记忆测验成绩明显优于后者。另一项研究指出，年幼儿童一般不会使用复述策略，而10岁儿童能运用。

心理学家在一次记忆实验中让被试回忆刚刚看过的材料,发现当延缓时间仅为 3 秒时,被试的平均正确回忆率高达 80%;当延缓时间延长到 6 秒时,正确回忆率降到约 55%;而当延缓时间延长到 18 秒时,正确回忆率就只有约 10% 了。

请你想一想,这个实验是不是说明了及时复习的重要性呢?

(二) 提高复述效率的措施

常见的提高复述效率的措施包括利用记忆规律进行背诵,合理组织复习,通过大量练习形成自动化,以及提高对任务的参与程度等。

1. 利用记忆规律

工作记忆的容量有限,要想尽可能多地复述内容,需要了解并合理利用一些基本的记忆规律。

(1) 干扰。干扰会阻碍人们在脑子里复述刚才所学的信息。彼得森等经过实验发现,在学习了任务后(识记无意义的字符串),进行倒减计算的被试组的遗忘率要大大高于未进行倒减计算的控制组,倒减计算剥夺了这些被试在头脑中复述这些无意义的字母串的机会,从而无法在短时记忆中保存它们。因此,学习时要考虑短时记忆的有限容量,在进行进一步学习之前,要在头脑中进行复述,避免干扰。

(2) 抑制和促进。前后所学的信息之间的消极影响被称为抑制。后面所学的信息干扰了先前所学信息在记忆中的保存,这种现象叫作倒摄抑制。先前所学的信息干扰了后面信息的学习时,就出现前摄抑制。前后所学信息之间的影响有些是积极的,学习某件事常常有助于学习类似的事,这种现象叫作前摄促进;反之,后面所学的信息有助于先前信息的学习,如现在学习数学有助于理解过去所学的数学知识,这种现象叫作倒摄促进。

(3) 首因效应和近因效应。教育心理学中最早的发现之一就是,当我们学完一系列词汇后马上加以测验,记忆开始和结尾的几个词一般要比记忆中间的词效果要好得多。人们倾向于记住开始的事情,其原因可能是人们对首先呈现的项目倾注了更多的注意和心理努力,造成了首因效应。在长时记忆中建立新信息时,进行心理复述是很重要的。通常,比较多的心理努力花在首先呈现的项目上。另外,由于在最末了的项目和测验之间几乎不存在其他信息的干扰,造成了近因效应(见图 9-2)。

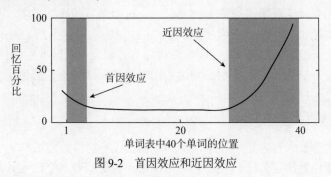

图 9-2 首因效应和近因效应

根据首因效应和近因效应可知，开始阶段和最后阶段所学的信息比其他信息更易记住。为了利用这一点，教师要精心组织课文，把最重要的新概念放在课文的开头，在最后对它们进行总结。许多教师上课开始时检查家庭作业、点名等，这并不科学，建议上课一开始就着手基本的概念。同样，学习者要把最重要的任务置于学习时间的首尾，不要把首尾时间花在整理材料、削铅笔之类的事上。

2. 合理组织复习

(1) 及时复习。对于遗忘的进程，心理学家们很早就表现出了极大的兴趣，并做了大量的研究。艾宾浩斯通过实验发现遗忘的进程是不均衡的，有先快后慢的特点，提出了遗忘曲线。学习以后在最初的很短的时间里就发生大量的遗忘。如果过了很长时间，直等到考试前才复习，就几乎等于重新学习了。苏联著名的教育家乌申斯基曾指出，我们应当"巩固建筑物"，而不要等待去"修补已经崩溃的建筑物"。所以根据这一规律。复习要及时进行，复习的黄金2分钟是指学习后10分钟就进行复习，只用2分钟复习就能取得良好效果。

(2) 集中复习和分散复习。集中复习就是集中一段时间一下子重复学习许多次，分散复习就是指每隔一段时间重复学习一次或几次。在考试的前一夜临时抱佛脚或许能帮助通过测试，但这些信息并未有机地整合到长时记忆中去，而分散复习能极大增强所有信息和技能的长期保持。这一规律已得到了许多实验的证明，学生学习之后要复习四五次才能将所学内容长期牢固地储存在头脑里。一般认为开始复习的时候，时间间隔要短，以后可以拉长时间间隔，大体时间安排为：10分钟、一天、一周、一个月、两个月、半年之后对同一个材料各复习一次。

(3) 部分学习和整体学习。对于某种知识技能进行整体学习，可以减少其他事情对学习的干扰，如教孩子学自行车，或者提高口语技能等学习比较适合这种形式。但是对于许多人来说，一下子学习很多内容是极其困难的；相反，将这些内容分成一小部分一小部分来学习则相对容易，这就是所谓的部分学习。教师教乘法口诀表时总是先教乘数2的一列，然后教乘数3的一列，这就是尊重了学生部分学习的记忆原则。值得注意的是，这种策略有助于减少倒摄抑制，因为在进入后面内容的学习之前，已学会了前面的内容。

(4) 自问自答或尝试背诵。所谓自问自答或尝试背诵的学习，就是指学生在学习一篇材料时，一边阅读，一边自己提问自己回答或自己背诵。这样做的好处就是，根据自己回答或背诵的情况，检查自己的错误和薄弱环节，从而重新分配努力。因此，这样的学习印象深刻，记忆牢固。

(5) 过度学习。如果我们学习一篇文章，每次从头到尾读一遍就回忆一次，我们要读10次才能做出完全无误的回忆。那么，这10次就是我们的掌握水平，接下来继续读这一篇文章，我们的保持就会加强，这一策略被称为过度学习。过度学习的次数越多，保持的成绩越好，而且保持的时间也越长。当然，过度学习在教学实践中的应用也不是无限的，在有些情况下，过量的过度学习会降低学习的效果。过度学习对那些必须能长期地准确回忆的信息最为有用。最典型的例子就是乘法口诀表，学生必须达到能够准确无误且不假思索地背诵。汉字书写和英语单词的拼写也同样需要过度学习。

3. 通过大量练习形成自动化

并非每一件事都要求有意识的注意，例如大脑就没有特意注意心跳和呼吸。刚开始学写字时，不得不有意识地决定怎样一笔一画写出字来，但是随着写字的经验越来越丰富，在写字的动作上所花的注意力就相当少了。随着动作越来越熟练，动作所要求的注意力就越来越少，这样一个过程被称为自动化。需要高度思维的动作，如果已被掌握得非常熟练，同样也不需要许多注意力就能进行。自动化是非常重要的，它能把一些诸如写字、计算等低水平的知识技能变成第二天性，以便腾出注意力去完成更复杂的任务。布卢姆在研究了自动化在优秀画家、数学家、运动员等精英人物的活动中的作用之后，把自动化称为"天才的手脚"。自动化主要是通过练习而达到的。

4. 提高对任务的参与程度

学习完成各种任务后，让学生亲自参与这些任务，要比让学生只是看说明书或者观摩老师完成这一任务学得多。例如，如果让学生有机会亲自画立体几何图，要比只让他们看老师画，所学得的东西多。此外，在多方面灵活运用所学的内容，也是一种有效的复习方法。这包含两种含义：一种指运用多种感官的学习，如用视觉阅读，用听觉听讲，再加口语练习与书写的动作等；另一种是指复习情境的变化，如将所学的书本知识用实验证明，书写相关报告，做出总结，在谈话中使用相关知识以及向别人讲解等。

二、精细加工策略

与复述策略通过大量的重复或练习来达到记忆的目的不同，精细加工策略是学习者通过将新旧知识进行联系来加强记忆效果的一种策略。

(一) 精细加工策略的含义

所谓精细加工策略，就是通过把所学的新信息和已有的知识联系起来，以增加新信息的意义，即应用已有的图式和已有的知识使新信息合理化。和其他信息联系的越多，能回忆出信息的原貌的途径就越多，也就是提取的线索越多。下面，我们来学习几种精细加工的策略。

(二) 常用的精细加工策略

1. 记忆术

对于一般的学习，记忆术是一种有用的精细加工技术，它能在新材料和视觉想象或语义知识之间建立联系，是指一种通过给识记材料安排一定的联系以帮助记忆，并提高记忆效果的方法。记忆术的基础是利用视觉表象，或者是寻找语义之间的联系。在记忆名词、种类、系列或项目组等信息时，记忆术非常有用。比较流行的一些记忆术有位置记忆法、首字联词法、谐音联想法、关键词法和视觉联想法。

(1) 位置记忆法。位置记忆法是一种传统的记忆术，最早被古希腊演讲家使用。它是通过与自己熟悉的某种地点顺序相联系起来，记忆一些名称或者客体。例如，为了记住一个杂货单，可以在内心将其中的某个条目沿着从家到学校的路线顺序排列，以后回忆这个清单的时候，只要在内心走过这条路线，找到与每个地点相联系的条目即可。

(2) 首字联词法。首字联词法是利用每个词的第一个字形成一个缩写。例如二十四节气歌，"春雨惊春清谷天，夏满芒夏暑相连，秋处露秋寒霜降，冬雪雪冬小大寒"，这样比较容易记住二十四个节气。与此相类似的还有句子记忆术，将每个术语的第一个字母作为一个句子中每个词的第一个字母，人们常常采用一些歌谣、口诀简语来帮助记忆。例如，《辛丑条约》内容为：①要求清政府赔款；②要求清政府保证禁止人民反抗；③允许外国在中国驻兵；④划分租界，建领事馆。可用"钱禁兵馆"的谐音"前进宾馆"来帮助记忆。

(3) 谐音联想法。学习一种新材料时运用联想，假借意义，对记忆也很有帮助。早年威廉·詹姆士(W. James)曾用比喻来说明，联想有助于学习记忆，他将联想比喻成钓鱼的钩子，把新知识比作水中的鱼，把新知识用钩子钓起来，挂在一起，就可以在学生的记忆系统中保存很长时间。例如，圆周率"3.141592653589793238462 6……"可以编成顺口溜"山巅一寺一壶酒，尔乐苦煞吾，把酒吃，酒杀尔，杀不死，乐尔乐"。将无意义的数字赋以意义，并且化作视觉表象，把有意义的信息或视觉表象当作"衣钩"来"挂住"所要记住的数字。

(4) 关键词法。关键词法就是将词语或概念与相似的声音线索词，通过视觉表象联系起来。例如，英文单词 Tiger 可以联想成"泰山上一只虎"。这种方法在学习外语词汇时非常有用。有研究表明，这种记忆术也同样适用于其他信息的学习，如阅读理解、地理信息等。

(5) 视觉联想法。许多记忆术的基础都是通过形成心理想象来帮助人们进行记忆。例如前面所说的位置记忆法实际上就是一种视觉联想法，利用了心理想象。心理想象是一种非常有效的记忆辅助手段，其他如关键词法、限定词法都利用了心理想象。联想时，想象越奇特而又合理，记忆就越牢。例如可以将"飞机—箱子"想象为"飞机穿过箱子"，将"橘子—狗"想象为"一个比狗还大的橘子砸中了一条狗"，将"计算器—书"想象成"计算器印在书的封皮上"等。

2. 灵活处理信息

运用精细加工策略时，除了采用记忆术之外，还要采用一些方法主动对信息进行加工。例如寻找信息之间的意义，主动应用。

(1) 有意识记忆。卡图纳(G. Katona，1942)曾做过这样的研究，说明了有意识记忆的重要作用。他以数字为学习材料，对有意识记忆和机械识记做了对比实验，将两组数字(581215192226、293336401347)作为实验的样本。被试分为两组，一组为有意识记忆(找出数字之间的关系)，另一组为机械记忆。这两组在学完后半小时接受同样的测验，结果是有意识记忆组的记忆率为38%，机械记忆组的记忆率为33%。但在三周后进行第二次测验，有意识记忆组的记忆率为23%，机械记忆组的记忆率为0。学习时，不要孤立地去记东西，而要找出事物之间的关系，这样即使所学信息部分遗忘了，可以利用信息之间的关系推导出来。

(2) 主动应用。人们学习的许多信息，往往只适用于限定的、人为的环境之中，如果不在实际中应用，就难以发挥功效。例如，小榕在数学课上学习了容量问题，但在生活中却不知如何用几个杯子量出一定的水来。因此，学习时不仅要记住某个信息，而且要知道如何以及何时使用所拥有的信息。学生在学习信息时，教师不仅要帮助学生理解这些信息的意义，而且要帮助学生感觉到这些信息有用，能把这些信息和其他信息联系起来，并在课堂以外的环境中应用它们。

(3) 利用背景知识。精细加工强调在新学知识和已有知识之间建立联系。对于某一事物，个体到底能学会多少，最重要的一个决定因素就是个体对这一方面的事物已经知道多少。背景知识比一般学习能力更有助于预测学生能学会多少，一个学生如果非常了解某一课题，那他就有更完美的图式融合新的知识。但是，学生往往不会使用他们先前的知识来帮助自己学习新的材料，所以，教师一定要把新的知识和学生已有的背景知识联系起来。

3. PQ4R 学习法

根据学习和记忆的原理，心理学家提出了许多用于教材学习的学习策略，其中较流行并取得公认的学习策略是 PQ4R 学习法。PQ4R 学习法的名称取自 6 个英文单词的首字母，代表学习任意一章内容应遵循的 6 个步骤。

(1) 预习(preview)。开始学习新一章的内容时，最好的做法是不要马上读，而是先花几分钟大略地看一遍，注意各节标题、术语，形成一个总体的认识。同时，也要考虑这一章讨论的是什么问题，材料是怎样组织的，以及它与前几章有什么联系等。

(2) 提问(question)。阅读每一节之前，先列出几个问题，如本节包含什么内容，以及应当抽取哪些信息。

(3) 阅读(read)。阅读课文，并试着回答自己前面提出的问题。

(4) 反思(reflect)。读课文时，试图理解课文内容，默读并想出一些例子，把课文内容和已有的知识联系起来。

(5) 背诵(recite)。学完一段后，试着回忆其中的所包含的要点，回答自己提出的问题，对不能回忆起来的内容再阅读一遍。

(6) 复习(review)。学完一章后，复习所有内容，找出各节内和各节间的联系，目的是考察作者如何组织材料。一旦掌握了篇章的组织结构，单个的知识点就容易记住了。学完所有内容以后，进行休息、放松。

研究表明，采用这种方法不仅可以更好地记忆材料，而且会节省大量时间。

三、组织策略

(一) 组织策略的含义

组织策略是整合所学新知识之间、新旧知识之间的内在联系，形成新知识结构的策略。大量心理学研究表明，保存在长时记忆中的信息是以金字塔的结构组织的，这种结构对学生的理解特别有帮助。有人认为，记忆能力的提高是运用组织策略的结果，因为学生可以用各类别的标题作为提取的线索，从而减少回忆时的负担。因此，在教学中，教师要教会学生对信息进行分类，以提高他们的记忆能力。在教授复杂概念时，教师不仅要有序地组织材料，还要使学生清楚这个"组织"的框架。如果复杂的信息是以组织的形式，尤其是以金字塔的形式呈现的，那么人们会比较容易学习和记住这些信息。

(二) 常见的组织策略

下面介绍三种常用的组织策略：列提纲、画关系图、建立理论模型。这些技能可以在教师的教学中传授给学生，以促使学生自觉地在学习中使用，从而帮助学生更有效地掌握知识和使用知识。

列提纲是以简要的语词写下主要和次要的观点，即以金字塔的形式呈现材料的要点，每一具体的细节都包含在高一级水平的类别中。在传授列提纲技能时，教师首先提供一个比较规范的提纲，然后解释这些提纲是如何统领材料的，最后给学生提供一个不完整的提纲，分步对学生进行训练：第一种训练方式是提供一个几乎完整的提纲，需要学生听课或阅读时填写一些支持性的细节；第二种训练方式是提供一个只有主题的提纲，要求学生填写所有的支持性细节；第三种训练方式是提供一个只有支持性细节，要求填写主要观点的提纲。学生进行适当的练习，就可以写出很好的提纲来。

关系图就是图解各种观点是如何相互联系的，即先指出中心思想，然后图解它们之间的关系。画关系图可以代替做笔记和列提纲。画关系图时，应先识别主要观点，然后识别次要的观点或支持主要观点的部分，接着标出这些部分，而后将次要的观点和主要的观点联系起来，最后的成果就是一张关系图。这个图的正中间是主要观点，支持性的观点在主要观点的周围。如图9-3所示，思维导图的本质是一种组织策略。

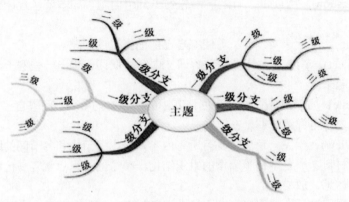

图9-3　思维导图的本质是一种组织策略

除了上述两种组织策略外，教师还可以用建立理论模型的方法来帮助学生领会复杂的课题，这种方法可用来说明某个过程中要素之间是如何相互联系的。运用这种理论模型可组织和整合信息，电子学、机械、计算机程序以及遵循某个规律的过程都可以利用理论模型加以说明。

猜一猜，想一想

> 在小学阶段，老师经常让同学们尝试总结出某一个自然段的段落大意。你认为"总结段落大意"这种方式属于精细加工策略还是属于组织策略？如果某位同学总结了所有的段落大意，形成了课文大纲，课文大纲属于哪种策略呢？
>
> 你可以进一步想一想，精细加工策略和组织策略有何区别呢？

第三节　元认知与元认知策略

元认知的概念最初由弗拉维尔(J. H. Flavell)提出，是指人们对自身的认知。在学习领域，元认知能够让人们在任务开始之前正确估计自身的能力，并据此制定合理的任务规划。在活动进行过程中，元认知可以实时监控任务的进行，并给出合理的调节策略。

一、元认知

开始阅读这个模块的时候，你可能手里拿着一支铅笔、一支钢笔或一支彩色高亮笔，准备开始对一些重要的概念或例子进行一些标记。刚才你看了"猜一猜，想一想"栏目，针对"猜一猜，想一想"中的问题你准备怎么回答？这些问题正在促使你进行元认知，即个体对自身认知活动的认知。通俗来讲，元认知即对自己的思维过程进行思考，包括学习技能、保持记忆和监控学习的能力。具体地说，元认知就是认知主体对自身心理状态、能力、任务目标、认知策略等方面的认识，同时也是认知主体对自身各种认知活动的计划、监控与调节。元认知的结构如图9-4所示。

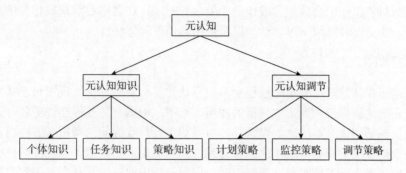

图9-4　元认知的结构图示

(一) 元认知知识

元认知知识是关于自己认知过程的知识，以及在调节认知过程从而获得最佳学习效果方面所形成的理解。元认知知识分为三类：①个体知识，也称为陈述性知识，是指个体对自己能力的理解，如"我擅长记忆材料""我不擅长理解课本内容"等。②任务知识，也称为程序性知识，指个体对任务难易程度的认识。在学校里，学生们一般基于任务的以下3个方面判断任务难度：第一是内容。例如，"这是一个有关西班牙语的不规则动词的复习"。第二是长度。例如，"这个句子很长"。第三是任务类型。例如，"论文式考试需要对信息进行回忆而不是像在多选题考试中那样需要的是再认"。③策略知识，也称为条件性知识，指个体使用学习策略进行学习的能力。

(二) 元认知调节

元认知调节是指个体有目的地控制自己的认知、信念、情绪和价值的行为。它允许个体使用自己的元认知知识，从而在学习情境中有效地发挥作用。元认知调节需要使用执行控制功能，这是一种对计划、监控和评价等心智过程的整合。

二、元认知策略

元认知策略属于过程性知识，储存在长时记忆中。假如你读一本书，遇到一段文字读不懂，你该怎么办呢？你或许会慢慢地再读一遍；或许会寻找其他线索，如图、表、索引等来帮助理解；或许还会退回这一章前面的部分，这意味着你要学会如何知道你为什么不懂，以及如何去改正你自己。此外，你还要能预测可能会发生什么，或者能说出什么是明智的，什么是不明智的。所有这些都属于元认知策略。概括起来，元认知策略大致可分3种，分别是计划策略、监控策略和调节策略。

(一) 计划策略

计划策略指根据认知活动的特定目标，在一项认知活动之前计划各种活动，预计结果，选择策略，想出各种解决问题的方法，并预估其有效性，包括设置学习目标、浏览阅读材料、产生期待回答的问题，以及分析如何完成学习任务。给学习制订计划就好比足球教练在比赛前针对对方球队的特点与出场情况提出对策。不论是为了完成作业，还是为了应付测验，学生在每一节课都应当有一个一般的"对策"。会学习的学生并不只是听课、做笔记和等待教师布置测查的材料，他们会预测完成作业需要多长时间，在做作业前获取相关信息，在考试前复习笔记，在必要时组织学习小组，以及使用其他各种方法。

(二) 监控策略

监控策略指在认知活动的实际过程中，根据认知目标及时评价、反馈自己认知活动的结果与不足，正确估计自己达到认知目标的程度、水平；根据有效性标准评价各种认知行动、策略的效果，包括阅读时对注意加以跟踪、对材料进行自我提问，考试时监控自己的速度和时间。这些策略使学生警觉自己在注意和理解方面可能出现的问题，以便及时找出来，并加以修改。例如，当你为了应对考试而学习时，向自己提出问题，并且会意识到某些章节没有掌握或者阅读和记笔记的方法不适用于这些章节，需要尝试其他的学习策略。下面详细介绍两种具体的监控策略：领会监控和注意监控。

领会监控是一种具体的监控策略，一般在阅读中使用。能够熟练使用这一策略的读者在头脑里有一个领会的目标，诸如发现某个细节、找出要点等，接着为了该目标而浏览课文。随着这一策略的执行，达到目标会体验到一种满意感。如果没有找到领会目标，或者没有读懂课文，则会产生一种挫折感。如果领会监控最终显示目标没有达到，读者就会采取补救措施，比如重新浏览材料或者更仔细地阅读课文。

注意监控是指学习者在学习过程中对自己的注意力或行为进行自我管理与自我调节，如注意自己此刻正在做什么，如何避免接触会分散注意力的事物，如何抑制分心等。学生应能够利用现有的或先前已经习得的认知策略来控制自己对阅读材料的注意，也就是说，学生应能够使用某种控制过程来引导自己的注意，并有选择地去知觉自己所读的内容。

(三) 调节策略

调节策略指根据对认知活动结果的检查，及时采取相应的补救措施；根据对认知策略的效果的检查，及时修正、调整认知策略。调节策略与监控策略有关。例如，当学习者意识到他不理解某一部分时，他们就会重新阅读理解困难的段落，在阅读难度大或不熟悉的材料时放慢速度，着重复习不懂的课程材料。又如，学习者测验时跳过某个难题，先做简单的题目等。调节策略能帮助学生矫正学习行为，弥补理解上的不足。

需要注意的是，元认知策略总是和认知策略一起发挥作用。如果一个人没有使用认知策略的技能和愿望，他就不可能成功地进行计划、监控和自我调节。元认知过程对于帮助人们估计学习的程度和决定如何学习是非常重要的；认知策略则帮助人们将新信息与已知信息整合在一起，并且存储在长时记忆中。因此，元认知和认知必须一起发挥作用。认知策略(如画线、口头复述等)是学习知识必不可少的工具，元认知策略则监控和指导认知策略的运用，也就是说，教师可以教学生使用许多不同的策略，但如果学生没有必要的元认知技能来帮助自己决定在某种情况下使用哪种策略或改变策略，那么他们就不是会学习的学习者。

元认知策略在考试过程中的运用

第四节　资源管理策略

资源管理策略属于支持性学习策略，有关研究表明，资源管理策略与学生学业成就密切相关。基本学习策略的作用的发挥也离不开资源管理策略的支持。本节简要介绍三种资源管理策略：学习计划与学习时间的自我管理、学习环境的自我管理、学习资源的充分利用。

一、学习计划与学习时间的自我管理

一般来说，一个完整的学习计划大致包括三方面的内容。

首先是学习目标。学习目标的制定应包括近期目标和长远目标。常言道："不想当元帅的士兵不是好士兵"，虽然不是每个士兵都能成为元帅，但这说明了长远目标的重要性。学习活动也同样如此。当然长远目标不能是空中楼阁，更不能是海市蜃楼，它必须有坚实的现实基础，必须有明确、具体、适当的近期目标作为支撑，只有这样才可能实现长远目标。比如说，长远目标是要把中学英语课本中所有的单词全部背诵下来，脚踏实地的做法是制订一天背诵 5 个或 10 个单词的近期目标，逐步逼近长远目标。

其次是学习内容。确定学习计划中的学习内容，就是确定要完成的任务或要掌握的知识，包括学什么和如何学两个方面。例如一些学生安排星期一、三、五早晨学习英语，星期二、四、六早晨学习语文，在学习英语的 3 个早晨还要安排学习英语的哪些方面的知识，听和说的时间如何分配等。

最后是时间安排。时间安排也是学生对自己学习活动的一种管理，又称为时间管理。尤其是课余时间的安排更为重要。因为课内时间主要由教师安排，而课余时间大多可以由学生自由支配，这时的计划性与有序性就显得比较重要了。

大学生考研前的日常时间管理

二、学习环境的自我管理

任何学习活动都发生在特定的环境中，因此，环境的好坏会直接影响学习的效果。学习环境对学习的影响与其他因素对学习的影响相比较，其重要性可能相对较小，但对学习环境的自我管理却相对容易实现。因此，在学习策略的辅导中，帮助学生掌握学习环境的自我管理技能也是不可缺少的。学习环境可分为自然环境、物质环境与心理环境三个方面。

(一) 学习的自然环境

学习的自然环境包括空气、温度、光线、噪声等。舒适的温度对人体各部位机能的正常发挥有明显的影响。研究表明，从事脑力劳动最适宜的温度是 16～21℃，温度高于 40℃或低于 5℃，都会使人产生不适、情绪烦躁、反应缓慢等症状，从而影响学习效率。因此，要在学习环境中安置通风和调温设施，保证空气的流通与温度的适宜，同时让学生养成定时到室外呼吸新鲜空气的良好习惯。学习环境中的光线应均匀分布，切忌刺眼或明暗反差强烈的光线。学习环境中的光源可分为自然光和人工照明两种。白天以自然光为主，学习时应避免因背光产生的阴影落在书本上，也不应该有阳光直射或反射出现的眩光现象。有关研究发现，书桌上的光照度应以 200～500 勒克斯为宜，不能低于 100 勒克斯，一盏 30～40 瓦的白炽灯即可满足照明要求。

（二）学习的物质环境

学习的物质环境包括学习的空间范围、用具的摆设等。如果条件允许，家庭应为孩子提供一间书房，作为相对固定的学习场所，这样在一定程度上减少家庭成员之间的相互干扰，形成相对安静的学习环境。书房最好是南北开窗，通风透气，结构简洁实用。另外，要注意调整好桌椅的陈设。研究表明，适度的肌肉紧张可以促进智力活动，直着身体坐在硬椅子上，比躺在柔软的沙发里或舒适的床上工作效率要高。因此，桌椅的设计应该合理，使学习者能产生一定的肌肉紧张感。一般来说，书桌和椅子的高度差应便于学生保持前倾和微后倾的坐姿，使坐着时前胸不受挤压，两足着地，眼与书的距离保持 30～35 厘米。书桌的摆设也有一定的讲究，一般放在窗户的右侧墙壁边，这样既可以有充足的光线，又可以避免强光的直射。同时，要注意美化学习环境，这有助于在紧张的学习之余缓和气氛，调节身心，陶冶情操，提高学习效率。窗明几净，可使人心旷神怡；加点艺术点缀，更使人赏心悦目，给整个学习环境带来生机和高雅的情趣。家长要为学生提供优美的学习环境，学生也应该学会按照自己的习惯来布置环境，使自己置身于高雅的文化氛围中，并接受这种氛围的熏陶和潜移默化的影响。

（三）学习的心理环境

有研究表明，良好的心理状态对学习具有重要的促进作用。一般来说，高兴、快乐、喜悦、热情等情绪对学习有促进作用，而焦虑、痛苦、忧伤、愤怒、冷漠等情绪对学习起阻碍作用。愉快的、平衡的情绪，使人的大脑处于最佳的活动状态，人在愉快的心情下学习，精力更集中，思维更敏捷，记忆效果大大提高。相反，如果在痛苦、烦躁、不安的心情下学习，就不能集中精神，思维会变得混乱，记忆力下降。个体的心理状态既受到外界环境，如外界的自然环境、人文环境和社会环境的影响，同时更多地受到自身主观因素的影响，如个体的认知、态度、需要、主观努力与主动的自我调节等。因此，为了更好地保持个体良好的心理状态，除了从外界加以适度地调控外，重要的是从个体内部进行调整，特别是在个体无法左右外界因素时，个体内部的自我调控就显得尤为重要。

猜一猜，想一想

当今社会，人们的生活节奏越来越快，对时间的把控也要求越来越精准。然而，绝大多数人觉得自己的时间安排不合理，手头的事情总是干不完。在这种背景下，"时间管理大师"应运而生，这些大师通常在网络上传授人们一些提高时间利用率的窍门。

你有没有想过，提高时间利用效率的关键是什么？

三、学习资源的充分利用

学习永远离不开对学习资源，如参考资料、广播电视节目、互联网信息资源等的选择与充分利用。但实际上，许多中小学生不能充分、有效地利用这些资源，或者是用之不当，或者是弃而不用。这不仅浪费了大量的学习资源，而且会因为使用不当产生一定的负面影响。因此，在进行学习辅导时，有必要指导学生充分利用已有的学习资源。

(一) 参考资料的选择与充分利用

参考资料是为了拓宽学生的知识面、扩大视野、活跃思维而编写的辅助学习材料。目前，市面上的参考资料多如牛毛，而且良莠不齐，优劣难分，因此，有必要对学生进行一定的指导。参考资料不是越多越好、越厚越好，由于学生目前的学业负担较重，因此，参考资料宜少不宜多，宜精不宜杂；要选择权威机构或权威人士编写的参考资料；参考资料的内容不应该是书本内容的简单重复，也不应是常识的简单概括，而是对书本内容的深化，能启发学生的思维，但又不能完全超越学生的接受水平。学生在利用参考资料时，不能完全依赖资料，忽视教科书，对参考资料也不一定是从头到尾整篇通读，而是有选择地进行学习。

(二) 广播电视节目的选择与充分利用

人们普遍认为，广播电视节目是消遣娱乐。因此，许多家长禁止自己的孩子看电视，这其实是不对的。许多广播电视节目对学生的知识面的扩充有很大益处，如新闻调查、科技博览、军事天地、时事纵横、文艺欣赏、曲艺杂谈等，对中小学生开阔眼界、积累知识大有裨益。当然，收看电视节目不能毫无节制，中小学生的学习内容很多，而时间又有限，因此要控制好时间。

(三) 互联网信息资源的选择与充分利用

随着科技的迅速发展，计算机得到普及，教学条件得到明显改善，互联网在人们生活和学习中的重要性越来越明显。我们可以坐在计算机前不出家门而周游世界，了解世界各地发生的各种各样的重要事件，也可以学习到各种各样的知识。但是，互联网上也充斥着五花八门的不健康的信息，由于中小学生的辨别能力和自控能力相对较差，因此，特别需要成人的正确指导。即使对于大学生，学会时间的管理仍然是非常有必要的，合理地规划时间来控制自己的上网时间，从而避免自己因沉迷网络而耽误学业。

本章知识要点

学习策略就是学习者为了提高学习的效果和效率，有目的、有意识地制定的有关学习过程的复杂方案。学习策略不等同于学习方法。

迈克卡等人认为学习策略包括认知策略、元认知策略和资源管理策略。其中，认知策略因所学知识的类型而有所不同，针对陈述性知识的认知策略包括复述策略、精细加工策略和组织策略；针对程序性知识的认知策略则有模式再认策略和动作系列学习策略等。

复述策略是为了保持对信息的记忆而对信息进行反复重复的过程，是对所需要记忆的材料的维持性语言策略。为提高复述的效果，要懂得利用记忆规律、合理组织复习、充分练习、亲自参与。

所谓精细加工策略，就是把所学的新信息和已有的知识联系起来，以此来增加新信息的意义，常见的精细加工策略包括各种记忆术、灵活处理信息、PQ4R 学习法等。

组织策略是整合所学新知识之间、新旧知识之间的内在联系，形成新知识结构的策略，常见的组织策略包括列提纲、画关系图、建立理论模型。

元认知就是认知主体对自身心理状态、能力、任务目标、认知策略等方面的认识，同时也是认知主体对自身各种认知活动的计划、监控与调节。

元认知知识是关于自己认知过程的知识，以及在调节认知过程从而获得最佳学习效果方面所形成的理解。元认知知识包括个体知识、任务知识和策略知识。

元认知调节是指个体有目的地控制自己的认知、信念、情绪和价值的行为。它允许我们使用自己的元认知知识，从而在学习情境中有效地发挥作用。元认知调节需要使用执行控制功能，这是一种对计划、监控和评价策略等心智过程的整合。

元认知策略包括计划策略、监控策略和调节策略。

资源管理策略属于支持性学习策略，常见的资源管理学习策略包括学习计划与学习时间的自我管理、学习环境的自我管理、学习资源的充分利用。

本章练习题

一、单选题

1. 以下(   )不属于常见的复述策略。
   A. 划线　　　　　　　B. 反复阅读　　　　　　C. 记忆术　　　　　　D. 做标记
2. 下列(   )不是迈克卡等人对学习策略的分类。
   A. 认知策略　　　　　B. 元认知策略　　　　　C. 资源管理策略　　　D. 执行策略
3. 下列不属于元认知策略的是(   )。
   A. 计划策略　　　　　B. 复述策略　　　　　　C. 监控策略　　　　　D. 调节策略
4. 人们对首先呈现的项目倾注了更多的注意和心理努力，所以倾向于记住开始的事情，这被称为(   )。
   A. 首因效应　　　　　B. 近因效应　　　　　　C. 前摄抑制　　　　　D. 倒摄抑制
5. 前后所学的信息之间的消极影响称为抑制。当后面所学的信息干扰了先前所学信息在记忆中的保存，这种现象叫作(   )。
   A. 首因效应　　　　　B. 近因效应　　　　　　C. 前摄抑制　　　　　D. 倒摄抑制
6. 后面所学的信息有助于先前信息的学习，如学习数学知识有助于过去所学的数学知识的记忆，这种现象叫作(   )。
   A. 倒摄促进　　　　　B. 前摄促进　　　　　　C. 前摄抑制　　　　　D. 倒摄抑制
7. 下列(   )不属于元认知知识的内容。
   A. 个体知识　　　　　B. 任务知识　　　　　　C. 策略知识　　　　　D. 评价
8. 注意监控属于元认知策略中的(   )。
   A. 计划策略　　　　　B. 监控策略　　　　　　C. 调节策略　　　　　D. 领会监控
9. 位置记忆法属于(   )策略。
   A. 复述　　　　　　　B. 精细加工　　　　　　C. 组织　　　　　　　D. 元认知
10. 列提纲属于(   )策略。
    A. 复述　　　　　　　B. 精细加工　　　　　　C. 组织　　　　　　　D. 元认知

二、判断题

1. 建立理论模型属于精细加工策略。　　　　　　　　　　　　　（　）
2. 记忆术属于组织策略。　　　　　　　　　　　　　　　　　　（　）
3. 复述策略只能发挥有限的作用，它们能影响信息加工系统对信息的注意和编码，但是不能帮助个体在这些信息和已经知道的信息之间建立联系。　　（　）
4. 精细加工策略就是把所学的新信息和已有的知识联系起来，以此来增加新信息的意义。　　　　　　　　　　　　　　　　　　　　　　　　　（　）
5. 集中复习能极大增强所有信息和技能的长期保持。　　　　　　（　）
6. 恰当地组织材料能使学习者有效地在短时记忆中管理材料，从而很快在长时记忆中找到所需要的信息。　　　　　　　　　　　　　　　　　　　　　（　）
7. 短时记忆必须通过复述，才能将信息转移到长时记忆中被储存。（　）
8. 当所学的信息干扰了后面信息的学习时，就出现了前摄抑制。　（　）
9. 在实际使用学习策略的过程中，元认知策略总是和认知策略一起发挥作用。（　）
10. 认知策略(如画线、口头复述等)是学习知识必不可少的工具，而元认知策略则可以监控和指导认知策略的运用。　　　　　　　　　　　　　　　　　　（　）

三、主观题

1. 简述迈克卡对学习策略的分类。
2. 材料题：

明明认为，学习策略就是我们在学习过程中为了提高学习效果而使用的一系列方法的总称，因而学习策略就是学习方法。

明明的观点正确吗？为什么？

第十章

品德的形成与品德不良行为矫正

1. 掌握品德的含义及品德与道德的关系。
2. 正确理解品德的心理结构。
3. 掌握品德形成的阶段及每个阶段的特点。
4. 理解皮亚杰、科尔伯格、弗洛伊德、班杜拉关于品德形成的理论。
5. 了解影响品德形成的主观和客观因素。
6. 掌握一些培养学生良好品德的方法。
7. 能够指导学生矫正常见的品德不良行为。

章节导读

从教育的培养目标来说，除了帮助学生掌握必要的科学知识和技能之外，培养学生形成良好的品德也是一个非常重要的教育目标。然而，要想让学生接受一些显而易见的"大道理"却不是一件简单的事情，因为个体的道德认知和思维发展水平是紧密相关的。所以，脱离个体认知发展规律的道德教育会让他们觉得枯燥无味，空而无物。

本章首先介绍心理学视角下的品德究竟是由哪些成分构成，然后介绍一些心理学家，如皮亚杰、科尔伯格等对于个体品德发展的观点。在对品德的本质及发展特点做了全面介绍后，本章最后还要教给大家一些对付"熊孩子"的技巧，即对于一些有品德不良行为的孩子，应该采用何种方法进行校正？带着上述问题，让我们开始本章的学习吧！

第一节　品德概述

个体的成长除了包括认知与个性的发展之外，还面临社会化的重要任务。个体社会化过程的一个重要方面就是将社会普遍认可的行为规范内化为自己的行为准则，这个过程也就是品德形成的过程。本节将介绍品德的含义、品德与道德的关系、品德的心理结构、品德的形成阶段等知识。

一、品德的含义

品德又称道德品质，是指个体依据一定的社会道德准则和规范行动时所表现出来的相对稳定的心理特征，是社会道德在个体身上的反映。例如爱祖国、爱科学、爱人民、助人为乐、艰苦朴素等这些道德行为准则在某学生身上经常地表现出来，我们就认为这个学生具备了这些品德。为了正确地掌握品德的含义，下面从以下几个方面加以分析。

第一，品德是受社会规范制约的，它具有明显的社会性、历史性和方向性。品德是人格结构中最具评价意义的心理品质，是人格的核心成分，这也决定了品德教育在素质教育中的地位。

第二，品德是通过具体的道德行为表现出来的，要了解一个人的品德如何，就要对他的行为进行长期的观察和研究。

第三，品德是一种相对稳定的心理特征。人们常说通过一个人的行为可以了解他的道德品质，但不能仅凭一时一事的偶然行为。学生偶尔发生过错行为，不能认为他就是道德败坏，也不能因为他偶然做了一件好事就断定他品德高尚，只有发生经常、稳定地表现出来的行为，才能称他具有这方面的品德。

二、道德与品德的关系

品德与道德分属个体与社会两个不同的层面，品德是道德的个体化。品德与道德两者之间既存在相同的地方，又有细微的差异。下面对两者的区别与联系进行详细介绍。

(一) 品德与道德的区别

品德与道德的区别主要表现在 3 个方面：其一，品德与道德所属范畴不同；其二，两者反映的内容也不同；其三，两者的表现方式与发挥作用的途径也不同。

(1) 品德与道德所属的范畴不同。道德是一种社会现象，是调整人们相互关系的各种行为规范和准则。人们根据道德规范来辨别是非、善恶、美丑，指导或调节行为。品德是一种个体现象，是社会道德在个体头脑中的主观映象。道德属于社会意识形态范畴，其产生、发展、变化服从于整个社会的发展规律，不以个别人的存在或个别人是否具有社会道德为转移。品德虽然也是社会现实在人脑中的反映，是在社会道德舆论的熏陶及家庭、学校道德教育的影响下形成的，但品德的形成与发展除了受社会条件制约之外，还要受个体心理发展的影响，因此品德属于个体意识形态范畴，将随着个体的产生、成长、死亡而发生、发展以至消亡。

(2) 品德与道德所反映的内容不同。道德产生的力量源泉是社会需要，因此道德反映的是整个社会生活的要求，它作为调节社会关系的行为规范的完整体系，其内容全面又完整；而品德产生的力量源泉则是个人的社会性需要，人们为了满足这种需要必须自觉地按照道德要求发展与完善自我品德，因此它是社会道德的具体体现。从反映内容上看，道德反映的内容比品德反映的内容更丰富。

(3) 品德与道德的表现方式和发挥作用的途径不同。道德一经形成，就以社会公德、传统和舆论等方式表现出来，并对社会生活中的各种关系的维持起调节和控制作用。品德的形成，则以个人信念、理想、世界观等稳定的心理倾向和习惯的行为倾向等方式表现出来，并调节个人的行为表现。

（二）品德与道德的联系

品德与道德的联系主要表现在两个方面：一方面，品德的内容来源于道德；另一方面，个体品德一旦形成，就能够反作用于社会道德。

（1）个体品德的内容来源于社会道德。个体品德的内容来源于社会道德，没有社会道德规范就难以评价个体的品德，道德为评价个体的品德好坏提供了一个善恶尺度。个体身上的某种道德品质之所以是良好的，是因为它与社会规范和公众期望相符；而那些与社会规范不相符的道德品质，无疑将被评价为恶劣。同时，一个社会的道德环境好坏也会潜移默化地影响个体品德的形成和发展。

（2）个体品德反作用于社会道德。众多的个人品德能构成和影响社会的道德面貌与风气。某些代表性人物的品德可以作为社会道德的典范，对社会风气产生深远的影响。如果离开了社会中具体人的道德品质表现，道德就只能成为无实际意义的行为规范，也就失去了其作用，更谈不上发展。

猜一猜，想一想

在古代，封建统治者为了维护自己的统治设置了各种各样的道德枷锁，来维护自己的统治，如给劳苦大众灌输"以下犯上，就是大逆不道"的观念。也就是说，道德具有阶级性。请你想一想，在当今社会，道德仍具有阶级性吗？

三、品德的心理结构

品德的心理结构是指品德心理构成的要素及其相互关系。目前，品德的心理结构相关理论主要有"三因素说"和"四因素说"。"三因素说"认为，品德心理结构是由道德认识、道德情感和道德行为构成的统一体；"四因素说"则认为，品德心理结构是由道德认识、道德情感、道德意志和道德行为四因素构成的统一体。此处着重介绍四因素说。

（一）道德认识

道德认识也称道德认知，是指对道德行为及其意义的认识，包括道德概念、原则、信念、态度和观点的形成，也包括运用知识对道德情境，对他人和自己的道德行为进行分析和评价，做出是非、善恶的判断。

（二）道德情感

道德情感是伴随道德认识而产生的内心体验，它是由人(自己、他人)的行为、举止、思想意图是否符合社会道德行为准则而产生的情感体验。从内容看，道德情感包括对自己祖国的自豪感和尊严感，对朋友的友谊感，对工作与事业的责任感和义务感等。就形式而言，道德情感大致包括：①直觉的道德情感，是由对某种情境的直接感知而引起的情感体验。它产生得非常迅速、突然，往往对于这个过程的道德准则、意义的意识是不明显的。例如，人由于突然的不安之感而制止了某些不道德的要求和行为(如偷窃、随地吐痰等)，或者由于一种突如其来的自尊感或耻辱感而激起了大胆而果断的行为。②与具体的道德形象联系的道德情感，是通过想象和联想某些道德形象而产生的情感体验。例如想起雷锋、赖宁等英雄而产生的义务感、责任感等；想起屈原、岳飞、刘胡兰而激起的爱国主义情感等。小学生这种与道德形象联系的情感体验十分丰富，所以易受文学作品、电影、电视剧中人物形象的影响。③伦理的道德情感，是以明确地意识到道德要求为中介的情感，具有很大的概括性和深刻性，是道德情感的高级形式。例如，人们心中的爱国主义情感是意识到自己和祖国唇齿相依的关系后产生的情感体验，属于伦理的道德情感。

(三) 道德意志

道德意志是指人自觉地确定目的，克服各种困难，实现道德目标的心理过程。它的主要功能是发动道德行为，制止不道德行为。实际上，道德意志是有关道德观念和价值观念的能动作用，是人利用自己的意识通过理智的权衡，来解决现实社会生活中的矛盾的过程。例如，有的孩子虽然知道偷拿别人的东西不对，但就是控制不住自己的行为，就是道德意志薄弱的表现。

(四) 道德行为

道德行为是人在一定道德意识支配下表现出来的，对他人和社会有道德意义的实际行动。它是道德认识、道德情感、道德意志的集中表现。道德行为既能反映一个人的道德面貌，同时也是一个人道德形成和发展的重要条件，所以道德行为在品德结构中具有重要地位。

品德心理结构的各个要素与相互联系、相互制约。道德认识是道德情感、道德意志和道德行为产生的前提与基础，"知之深，爱之切，行之坚"；道德情感和道德意志给道德认识和道德行为以动力，而道德行为可促进道德认识的提高，丰富和加深道德情感，锻炼道德意志。品德心理结构的整体性要求人们在品德教育过程中坚持多侧面、多角度、多开端、整体性的观点和原则，这样才能做好品德培养工作。

四、品德的形成阶段

品德的形成经历了一个由外向内的转化过程，它是把社会道德行为准则逐步内化为自己行为指南的过程。这个过程包括以下 3 个阶段。

(一) 依从

依从即表面上接受规范，按照道德规范的要求去做，但对行为规范的必要性和意义缺乏认识，甚至有抵触情绪，例如儿童为了避免惩罚或获得物质和精神的奖励才做出的某些行为就是依从。依从性的道德行为是不稳定的，缺乏自觉性，但它是品德形成的必要阶段。儿童在依从性的道德行为的基础上逐渐认识到道德行为的意义，才能产生自觉的道德行为，使道德品质的形成向更高级的形式发展。

(二) 认同

认同比依从更深入了一层。这时儿童不再是被迫地接受他人的观点、要求、规范去做出某种行为，而是遵从、模仿自己所认可、仰慕的榜样，并在思想、情感和行为上主动接受规范，从而试图与之保持一致，这就是所谓的认同。达到认同水平的品德已具有一定的自觉性、稳定性和深刻性。

(三) 信奉

信奉是品德形成和内化的最高级阶段，是指个体真正从内心深处相信并接受道德规范的要求，并把它纳入自己的价值体系，成为行为的指南。这时个体所做出的行为完全是出于自愿，按照自己的价值标准去判断是非，做出行动。信奉阶段的品德水平具有高度的自觉性、稳定性和深刻性，是品德形成最重要的标志。

猜一猜，想一想

明明的同学康康捡了一串钥匙交给班主任，受到了班主任的当面表扬。明明看到这一幕后很羡慕，他也想当一个拾金不昧的好人。为此，他把坐公交车上学改为步行上学，以便能够捡到一些可以上交的东西。

你知道明明处于品德形成的哪个阶段吗？

第二节　品德发展理论

关于品德发展的理论，比较有代表性的是皮亚杰与科尔伯格(L. Kohlberg，1927—1987)的道德认知发展理论，两者都是从认知发展的视角来考察道德的发展。此外，精神分析学派的弗洛伊德从道德情感的角度来审视个体品德的形成过程，而以班杜拉为代表的社会学习理论家则看重榜样行为的示范作用对个体品德的重要影响。

一、皮亚杰的道德发展阶段理论

皮亚杰对儿童道德发展的研究主要集中在儿童道德情感与道德判断两个方面，即儿童的责任感，对规则的态度，对正确和错误的判断，以及对公正的评价等。皮亚杰通过观察儿童的活动，用编造的对偶故事同儿童交流，考察儿童的公正、责任、欺骗、奖励等道德发展问题，得出了三大研究成果，写成《儿童的道德判断》(1932)一书。以下是对偶故事的示例。

故事 A：一个叫约翰的小男孩在房间里听到妈妈喊他吃饭，于是他走进餐厅。在餐厅门后的椅子上放了一个托盘，托盘里放着 15 个杯子，但约翰不知道门后有这些东西。在他进来时，门把托盘碰倒在地，里面的 15 个杯子全摔碎了。

故事 B：有一天，一个叫亨利的小男孩趁妈妈不在家，想偷偷地从食橱中取一些果酱吃。于是他踩着椅子去取，但是果酱实在太高了，他够不着……在他尽力去够的时候，不小心碰翻了一个杯子，杯子掉到地上摔碎了。

被试听完故事后，皮亚杰询问他们这样的问题：哪个孩子更淘气？为什么？你认为那个更淘气的男孩应该受到什么惩罚？用成人的观点来判断，亨利的行为更应该受到谴责，而对于约翰而言，成人只会认为他有些笨拙，而不会批评他的道德品质。

(一) 道德发展阶段理论的内容

皮亚杰认为，儿童的道德发展是一个由他律逐步向自律、由客观责任感逐步向主观责任感转化的过程，依据儿童公正观念的发展水平，可把这一过程划分为以下4个阶段。

第一阶段：前道德阶段(1～2岁)。这一阶段的儿童处于感觉运动时期，行为多与生理本能的满足有关，无任何规则意识，因而谈不上任何道德观念发展。

第二阶段：他律道德阶段(2～8岁)。这一阶段的儿童主要表现为以服从成人为主要特征的他律道德，故又称为服从的阶段。这一阶段又可分为两个亚阶段。

(1) 自我中心阶段(2～5岁)。这一阶段的儿童处于前运算思维阶段，其特点是单向、不可逆的自我中心主义，单向理解规则，片面强调个人存在及个人的意见和要求。这一阶段又叫单纯的个人规则道德发展阶段。

(2) 权威阶段(5～8岁)。这一阶段儿童的思维正由前运算思维向具体运算思维过渡，以表象思维为主，但仍不具备可逆性和守恒性。因此，这一阶段儿童的道德判断是以他律的、绝对的规则，以及对权威的绝对服从和崇拜为特征。

第三阶段：自律或合作道德阶段(8～十一二岁)。这一阶段儿童的思维已能够完成具有可逆性的具体运算，其道德判断有了自律的萌芽，公正感不再是以"服从"为特征，而是以"平等"的观念为主要特征。他们不再把规则看作一成不变的，意识到准则是一种保证共同利益的、契约性的、自愿接受的行为准则，并表现出合作互惠的精神。

第四阶段：公正道德阶段(十一二岁以后)。这一阶段儿童的思维广度、深度及灵活性都有了质的飞跃，其道德自律意识进一步增强，如果说上一阶段是自律的萌芽，那么此时才真正达到了自律阶段。这一阶段的儿童开始出现了利他主义。他们基于公正感做出的判断已经不再是平等基础上的法定关系，而是人与人之间的道德关系。

(二) 儿童道德认知发展特点

对于皮亚杰的道德发展阶段理论的理解，需要注意以下几点。

1. 从单纯的规则到真正意义上的准则

皮亚杰对儿童道德判断的研究是从考察儿童对规则的态度开始的。他不是研究儿童对从成人那儿接收来的道德准则的态度，而是研究儿童在玩弹子游戏时对游戏规则的态度。他和他的合作者分别同日内瓦5～13岁的孩子们玩弹子游戏，向儿童提出一些问题，如"这些规则是从哪里来的""这些规则每个人都必须遵守吗"以此来考察儿童的规则意识和对规则的执行情况。观察发现，年幼儿童虽然都说自己是按规则进行游戏的，而实际上却是各自按照自己的想象去执行规则，玩着"自己"的游戏，而不理会规则的规定。稍大一些的儿童由于产生了真正的社会交往和社会合作，逐渐意识到有义务去遵从这些规则，只有在此时，单纯的规则才变成了行动的准则，规则才成为对儿童行动具有约束力的东西。

2. 从客观责任到主观责任

皮亚杰采用对偶故事法的研究发现，年幼儿童往往根据行为造成的客观损失后果的大小来判断行为的严重程度，即注重行为的客观责任；年长儿童则能够根据行为者的意向来判断行为，即注重行为的主观责任。这两种道德判断形式有部分重叠的现象，随着年龄的增长，主观责任感逐渐取代客观责任感而取得支配的地位。这一过程正是道德法则内化的过程。

3. 从服从的公正到平等和公道的公正

皮亚杰利用教师和家长偏爱顺从自己的学生和孩子的日常事例，编撰一些故事，要求不同年龄的儿童对这种偏爱行为是否公平做出判断。结果发现，7 岁、10 岁、13 岁是儿童公正观念发展的几个主要时期。这三个阶段的儿童在进行公正判断时，分别以服从、平等、公道为标准。7 岁前的孩子认为听话的行为就是好的行为，按自己意愿行事就是坏的行为，分不清服从和公正的区别。10 岁左右的孩子认为平等(公平)的行为就是公正的。13 岁左右的孩子已能用是否公道作为道德判断的标准。这意味着他们已不是根据单纯的、僵化的规则来判断，而是考虑到他人的具体情况，出于同情和关心来做出道德判断。公道是一种高级的平等，是公正的高级形式。

4. 从抵罪性惩罚到报应性惩罚

皮亚杰以儿童日常生活中常犯的过错行为为内容，设计了一些惩罚的故事，每个故事后都提出了 2~3 种惩罚方式供儿童选择，以便了解儿童心目中什么样的惩罚最公正？什么样的惩罚最有效？结果表明，年幼儿童认为犯了过错，遭到成人惩罚是理所当然的。所犯错误的内容与惩罚的性质可以无关，惩罚就是为了抵罪，最严厉的惩罚是最有效的。年长儿童认识到，犯错无须从外部施加强制性惩罚，因为过错行为本身就为社会或群体不容，会被同伴嫌弃。犯过的错误与惩罚的性质有着密切的关系，有效的惩罚应该是报应性惩罚。例如，损坏了别人东西，应该用赔偿来惩罚。

不同年龄的孩子对"好人"的认知并不一样

二、科尔伯格的道德认知发展阶段理论

科尔伯格将皮亚杰的对偶故事法改为两难故事法，并且将道德认知发展的考察对象的范围从儿童、青少年扩展到了成年群体，从而形成了关于道德认知发展的三水平六阶段理论。

(一) 科尔伯格的改进实验

相较皮亚杰的理论，科尔伯格(见图 10-1)的理论做了以下两点改动。

(1) 扩大研究范围。从年龄上讲，从 5 岁的儿童到 50 岁的成人都成为他的研究对象。

(2) 改进研究方法。把皮亚杰的对偶故事法改进为两难故事法，即设计、编撰一些道德故事，每个故事都包含一个在道德价值上有矛盾或冲突的道德问题，然后根据被试者的回答，研究他的道德推理。下面是其中的一个道德故事。

图 10-1　科尔伯格

在欧洲，有一位重病妇女快要死了。医生说只有一种药可以救活她，这种药是住在同一镇上的一个人发明的。这种药的成本只有 200 元，但是却卖得很贵，一点药就要卖 2000 元。这个病妇的丈夫海因兹想方设法弄钱买这种药，凡熟悉的人，他都跑去向人家借钱，但最终只借到 1000 元。于是他对这位卖药的人说，他的妻子快死了，他已想尽办法，但只借到一半药费，希望把药减价卖给他，或赊欠给他，以后他再设法偿还。但这个卖药的人说："不行，我制造这种药就是为了赚钱的。"后来，海因兹晚间破门而入，偷取了这种药。

故事讲完之后，科尔伯格会提问以下两个问题：海因兹应该这么做吗？为什么？

(二) 道德认知发展阶段理论的内容

科尔伯格认为，儿童的道德发展普遍经历了 3 种水平 6 个阶段的发展顺序。

1. 前习俗水平

前习俗水平出现在学前幼儿园及小学低中年级阶段(9 岁以前)，其特征是当个体面对道德两难情境从事道德推理、判断时，尚带有自我中心的倾向；凡事必先考虑行为的后果是否能满足自己的需要，不能兼顾行为后果是否符合社会习俗或社会规范的问题。该时期又分为两个阶段。

第一阶段，避免惩罚和服从定向阶段。避免惩罚和服从定向是人类道德发展的最低水平。处于该阶段的儿童，对某种行为表现做出对或错的判断不是依据行为本身，而是依据行为带来的后果。如果儿童因为做一件事情受到惩罚，不管他的理由是什么，他就是错的。这一阶段的儿童缺乏是非善恶观念，只是因为恐惧惩罚而要避免它，因而服从规范，认为免受处罚的行为都是对的、好的，遭到批评、指责的事都是错的、坏的。

第二阶段，工具性的相对主义定向阶段，又名相对功利定向。这一阶段的儿童有一种利益交换的心态，他帮助别人的目的是得到别人的帮助，而且在利益交换时总希望得到的比付出的多。所以，该阶段儿童对行为的好坏判断是按行为的后果来确定的，对自己有利就好，对自己不利就是不好，没有主观的是非标准。

2. 习俗水平

习俗水平一般在小学中年级以上出现，一直延续到青年、成年，其特征是，面对道德两难的情境时，一般都是遵从世俗或社会规范从事道德推理、判断。这一时期的个体在家中符合父母期望，在学校遵守校规，在社会上遵纪守法。该时期又可分为两个阶段。

第三阶段，人际协调的定向阶段，又名寻求认可定向或好孩子定向。寻求认可定向是一种社会从众的心态。社会大众认可的就是对的，社会大众反对的就是错的。所以处于这一阶段的个体顺从传统要求，附和大众意见，期望得到别人的赞许，从而按照人们所说的"好孩子"的标准来约束自己的行为。

第四阶段，维护权威或秩序的定向阶段，又称遵守法规定向阶段。遵守法规定向是一种信守法规权威、重视社会秩序的心理取向。处于这一阶段的个体服从团体规范，严守公共秩序，尊重法律权威，这时已有了法制观念，但把规范视为固定不变。

3. 后习俗水平

后习俗水平时期，个体已经超越了现实道德规范的约束，达到了完全自律(自己支配)的境界。青年期人格成熟之后，才能达到这一境界。这个水平是理想的境界，成人也只有少数达到该水平。处于该水平的个体在面对相关道德的情境时，可本着自己的良心及个人的价值观从事是非善恶的判断，而未必完全受传统习俗或社会规范的限制。这一时期也可分为两个阶段。

第五阶段，社会契约定向阶段，又名社会法制定向阶段。处于该阶段的个体认为，法律法规是维护或合乎社会大众利益的，如果社会习俗或者既定法律法规不合乎社会大众的利益，就应该加以修订。因此，这一阶段的个体有强烈的责任心与义务感，尊重法制但不囿于法律条款，相信它是人订的，不适于社会时理应修正。

第六阶段，普遍道德原则的定向阶段，又名普遍伦理定向阶段。这一阶段个体依据其自身的人生观和价值观，建立了他对道德事件判断时的一致性与普遍性的信念。因此，处于这一阶段的个体有其个人的人生哲学，对是非善恶有其独立的价值标准。对事有所为有所不为，不受现实规范的限制。

科尔伯格认为，个体的道德认知是由低级阶段向高级阶段发展的。个体在某个发展阶段主要使用某个阶段的推理，而同时使用其他几个阶段的推理，但个体的年龄阶段与其道德发展阶段并不是绝对对应的。一项对美国中产阶级和工人阶级的调查表明，大多数 9 岁以下的儿童都使用第一、第二阶段的推理，有少数青少年以及青少年罪犯和成人罪犯仍使用前习俗水平的推理，大多数青少年和成人都使用第三、第四阶段的推理，只有大约 10% 的少数人在 20～25 岁之后才能达到后习俗水平。

此外，根据科尔伯格的观点，这些道德水平和道德阶段的发展顺序是固定不变的，因为其发展依赖于一定的认知能力，而认知能力是按照固定顺序发生、发展的。与皮亚杰相同，科尔伯格也认为，后面的阶段都是起源于并替代了先前的阶段，个体一旦达到了一个更高的道德推理阶段，他就不可能再回归到早期阶段。

(三) 对科尔伯格理论的质疑

科尔伯格的理论提出后，一些后续的研究支持科尔伯格的理论观点，但也有一些研究对这一理论提出了质疑和批评。批评的意见主要涉及：①道德的发展阶段并不像科尔伯格所说的那样有普遍性。②科尔伯格的理论不具有跨文化的一致性。这个理论最初只在少数白人身上得到验证，其最高阶段反映了西方社会关于公正的理想，对置身于集体主义文化中的人们是不恰当的。③科尔伯格的理论存在性别偏见。④科尔伯格的研究中使用的道德两难推理只涉及禁令取向的推理，而忽略了亲社会取向的道德两难情境的推理。⑤年幼儿童对道德情境进行推理时所采用的方式，往往比科尔伯格的阶段理论所描述的方式更成熟。⑥科尔伯格的理论不够完整，过分注重道德推理而忽视道德情感和道德行为，而道德推理与道德行为之间的联系是相当弱的，至多只有中等相关水平。⑦有人指出，由于缺乏经验资料，科尔伯格的理论对于第六阶段的理论建构是含糊可疑的，这一阶段的道德取向只是一种假想的观念，不具有文化普遍性。

猜一猜，想一想

皮亚杰的合作道德阶段以及科尔伯格的社会契约定向阶段都传达了一种思想：规则只是应大多数人的需要设立的一种契约，相应地，规则也可以应大多数人的要求而改变。简言之，规则的本质是契约，它可立、可变、可废。换句话说，没有绝对正确的规则。

这种观点和建构主义的知识观有哪些相似之处？

三、弗洛伊德关于超我与道德情感发展的观点

弗洛伊德认为，人格是一个整体，由彼此相关的本我、自我和超我构成。这三部分相互作用，支配了个体的行为，个体道德情感的原动力来自超我的支配。

本我是个性结构中最原始的部分，包括一些生物性或本能性的冲动，弗洛伊德称之为力比多。在力比多的支配之下，个体寻求即时的满足，没有任何自制力。所以，由本我支配的行为只是冲动，毫无道德可言。初生婴儿的行为即属此类。

随着年龄的增长，个体与环境中的人、事、物发生交互作用，在本我之外增加了自我成分。自我是意识的结构部分，它处在本我和外部世界之间，根据外部世界的需要而活动。自我的心理能量大部分消耗在对本我的控制和压抑上，但自我的力量还不足以控制本我。经过幼儿期，个体进入了社会化的历程，个体的需求和满足需求的方式都要受周围其他人的批评和纠正，必须符合社会规范的要求，于是又出现了超我。超我具有主宰全局、支配个体趋向社会规范的力量。

弗洛伊德认为，儿童道德的发展过程是一个逐步内化的过程。父母很早就向儿童提出了社会化的要求。儿童将父母的批评和社会的批评内化成超我。超我代表了内化的父母，它是相当严厉的，是惩罚性的。超我的发展可以帮助儿童在父母不在眼前时也能按照道德规范来行动，抵制外界的诱惑。如果个体的行为违反了超我的意向，就会感到自责和内疚。因此，在弗洛伊德看来，自居作用、自我惩罚、内疚是儿童道德发展的强大推动力。自居作用使儿童以这些大人为榜样，建立了自己所仰望的一种理想的自我。内疚是严厉的超我和附属的自我之间的张力，它作为一种惩罚的需要而表现出来。

在弗洛伊德看来，道德情感的形成导致了儿童内在的双重性，一方面是超我的力量，另一方面是本能需要。遵从超我的力量，儿童就要把遵守社会规范当作一种义务。恰当的超我将使儿童形成合理内化的道德情感，这是一种稳定的、不可改变的道德情感。

四、班杜拉的社会学习理论

社会学习理论是 20 世纪 60 年代由班杜拉等心理学家提出来的，他认为，人的道德行为是通过观察学习获得的，也可以通过学习来加以改变，决定儿童道德行为的主要因素是环境。

班杜拉等人在 1963—1968 年做了一些模仿学习实验。他们先采用类似于皮亚杰、科尔伯格采用的关于道德判断的故事，让 5～11 岁的儿童对故事中人物行为的正确与否做出判断。初试后，把儿童分成三组：第一组为强化组，只要儿童再次进行道德判断时与初测时比稍有一些进步和不同，就予以赞扬、奖励和强化；第二组为榜样强化组，儿童再次进行道德判断时，交替附有一个比儿童水平高的成人做道德判断，同时又给予赞扬与强化。第三组为榜样未强化组，儿童再次进行道德判断时，只有一个比儿童水平高的成人与儿童交替进行道德判断，但不给予赞扬与强化。经过这样的训练后，被试被带进另一个房间去评价另外 12 个故事，由另一个成人问他们："你怎么看？""谁对，谁不对？""为什么不对？"等问题，如实记录被试的回答。结果发现，这三组三次测验的结果是不同的：初测时，三组的成绩差不多；第二次测试时，第二、第三组的成绩远远超过第一组，而第三组的成绩稍高于第二组，即榜样未强化组的成绩反而略高于榜样强化组；第三次测试时，第一组成绩提高不多，甚至有所下降，第二组的成绩略高于第三组的成绩。

通过这样的实验，班杜拉等人认为，儿童的道德判断不像皮亚杰和科尔伯格所断定的存在那么大的年龄差异，更重要的是个人差异，而这个差异主要是由于不同的社会学习和不同的成人及同辈榜样的影响造成的。

第三节　良好品德的培养与不良行为矫正

品德的形成过程是一个长期渐进的过程，它会受到来自环境与自身的多种因素的影响。因此，当个体出现品德不良行为时，往往需要统合考虑多种可能的影响因素，然后采用恰当的矫正手段。

一、影响品德学习的一般条件

影响品德形成的条件可以划分为外部条件和内部条件两大类，外部条件主要包括家庭因素、社会风气、学校教育因素等，内部条件主要包括认识失调、态度定式、道德认知等。

(一) 外部条件

(1) 家庭因素。家庭是学生接受品德教育的启蒙学校，父母是子女的第一任教师，他们的一言一行潜移默化地影响着子女品德的形成。家庭不仅是孩子重要的活动场所，而且是影响孩子态度与品德发展最早、最连续、最持久的环境因素。首先，家庭结构是否完整对孩子的身心发展起着重要的作用。某些单亲家庭中的孩子由于得不到完整的爱，不仅心灵易受创伤，态度和品德发展也会受影响。其次，父母的品行也会影响孩子良好态度与品德的形成。父母的品行直接决定了家庭品德的层次，父母的品行会渗透于其日常生活中的一言一行，从而对孩子品德的形成产生潜移默化的影响。此外，家庭养育方式也是影响孩子态度和品德的重要原因之一。有心理学研究证明，信任型和民主型的家庭教养方式对儿童态度与品德的发展将起到良好的教育作用，过分严厉型和过分放任型的家庭教养方式都会对孩子的态度和品德发展产生不良的影响。

(2) 社会风气。社会风气是指社会上或某个群体内，在一定时期和一定范围内互相仿效、传播、流行的观念、爱好、习惯、传统和行为，由社会舆论、大众媒介传播的信息、各种榜样的作用等构成。社会风气是社会经济、政治、文化和道德状况的综合反映，同时也表现出一个民族的价值观念、风俗习惯与精神传统。社会风气表现在社会生活的各个方面，渗透在人们的言论和活动中，对人们的态度与品德的形成起着潜移默化的作用。

(3) 学校教育因素。学校教育的影响不同于一般的社会环境的影响，它是一种有目的、有计划、有系统地对学生品德发展施加影响的过程。学校教育也是学生品德发展的外部条件，在学生品德发展中起着主导作用。学校教育通常通过以下几个方面影响学生品德的发展：第一，校风和班风的影响。校风和班风是指在学校及班级群体中占优势的作风与言行倾向。好的校风有助于学生抵制社会上的不良风气，而且会将良好风气带到社会上，推动社会良好风气的形成。第二，教师的榜样示范作用。教师具有一定的权威性，学生常常以教师的言行作为自己行为和模仿的标准，因此，教师的为人师表和以身作则对学生的性格形成意义重大。第三，品德教育课程。适合学生身心发展的德育课程，有利于学生品德的形成与发展。此外，学生也可以通过一些实践教育活动，切实将日常学习到的品德知识直接运用到社会品德实践中，这是品德发展的直接基础。第四，学校同伴群体的影响。学生的态度与道德行为在很大程度上受到他们所归属的同伴群体的行为准则和风气影响，小团体的思想对青少年品德的形成和改变具有重要影响。

(二) 内部条件

(1) 认知失调。认知失调是社会心理学的经典概念，又称为认知不和谐。认知失调是指一个人的行为与自己先前一贯的对自我的认知(而且通常是正面的、积极的自我)产生分歧，从一个认知推断出另一个对立的认知时而产生的不舒适感、不愉快的情绪。勒温、皮亚杰、费斯汀格和海德等人的研究都表明，人们在学习和工作由于有一种维持平衡和一致性的需要，即力求维持自己的观点、信念的一致，以保持心理平衡。当认知不平衡或不协调时，内心就会有不愉快或紧张的感受，个体就试图通过改变自己的观点或信念，以达到新的平衡。所以说，认知失调是态度改变的先决条件。

(2) 态度定式。定式是指一定的心理活动所形成的心理准备状态。个体由于过去的经验，对所面临的人或事可能会具有某种肯定或否定、趋向或回避、喜好或厌恶等内心倾向性，这种事先的心理准备或态度定式常常支配着人对事物的预料与评价，进而影响是否接受有关的信息和接受的量。帮助学生形成对教师、对集体的积极的态度定式或心理准备，是使学生接受道德教育的前提。

(3) 道德认知。道德认知即对现实道德关系和道德规范的认识，包括道德印象的获得、道德概念的形成和道德思维能力的发展等。态度和品德的形成与改变取决于个体头脑中已有的道德准则、规范的理解水平和掌握程度，取决于已有的道德判断水平。因此，在实施品德教育时应结合学生的实际生活和切身体验，从学生身心发展的实际出发，进行相应的品德教育活动。

除上述因素外，个体的智力水平、受教育程度、年龄等因素都对个体品德的形成有着不同程度的影响。

猜一猜，想一想

小时候，老师经常告诉我们要拾金不昧、扶老人过马路等。然而，不知从何时开始，"碰瓷"成了一种职业，社会出现了信任危机，有些人宁愿挨骂也不愿意冒险扶摔倒的老人。

请说一说这种道德滑坡表象背后的深层次原因。

二、培养学生良好品德的方法

一般来讲，培养学生形成良好品德的方法有说服教育法、树立榜样法、群体约定法、价值辨析法、奖励与惩罚法、角色扮演法、小组道德讨论法等 7 种方法。

(一) 说服教育法

说服教育是社会主义学校对学生进行思想品德教育的基本方法。通过讲解、谈话、讨论等方式摆事实、讲道理，启发学生的自觉性，提高学生的思想觉悟和培养学生的道德品质。以下是说服教育常用的一些技巧。

1. 有效地利用正反论据

教师经常用言语来说服学生改变态度，在说服的过程中，教师要向学生提供某些证据或信息，以支持或改变学生的态度。许多经验表明，使学生明辨是非的有效方法是向他们提供正反两方面的经验和教训。当学生对某观点没有认知时，教师应只呈现正面观点，不宜提出反面观点，以免转移学生的注意，误导学生怀疑正面观点；当学生原本就有反面观点时，教师应该主动呈现正反两方面观点，以增强学生对错误观点的免疫力；当说服的任务是解决当务之急的问题时，应只提出正面观点，以免延误时间；当说服的任务是培养学生长期、稳定的态度时，应提出正反两方面的材料。

2. 发挥情感的作用，以理服人和以情动人

富有情感色彩的说服内容容易引起兴趣，然后充分利用材料进行说理论证，比较容易产生稳定的、长期的说服效果。对低年级学生来说，情感因素的作用更大。通过说服也可以引发学生产生某些负面的情绪体验，如恐惧、焦虑等，这对于改变作弊、吸烟、酗酒等简单的态度有一定的效果。

3. 考虑原有态度的特点

当原有的态度与教师想要达到的态度之间的差距较大，教师不要急于求成，不要提出过高的不切实际的要求，否则将难以改变态度，而且还容易产生对立情绪。

4. 逐步提高要求

说服是通过语言沟通的方式，规劝别人改变某种错误的态度。在此过程中，教师应该循序渐进，同时要注意一些问题：与人为善，态度真诚；尊重人格，保护自尊，以平等的身份进行交流；讲理透彻，言语生动，始终把握问题的本质；求同存异，循序渐进；创造气氛，抓住教育的有效时机。

(二) 树立榜样法

榜样学习是指学生通过观察别人的行为而习得自己行为的一种社会学习方式，是使榜样的优良品质转化为学生自身品质的过程。教师在为学生选择榜样时要注意：榜样的优点既要胜过学生的优点，但也应是学生可以达成的；榜样应该是公认的，具有权威性；榜样要有针对性；向榜样学习要激发学生的上进心和解决学生的实际问题等。

(三) 群体约定法

研究发现，经集体成员共同讨论的规则、协定，对其成员有一定的约束力，使成员承担执行的责任。一旦某成员出现越轨或违反约定的行为，则会受到其他成员的有形的压力，迫使其改变态度。教师则可以通过集体讨论做出集体约定的方法，来改变学生的态度。具体可按如下程序操作：①清晰而客观地介绍问题的性质；②唤起班集体对问题的意识，使他们明白只有改变态度才能改变意识；③清楚而客观地说明要形成的新态度；④引导集体讨论改变态度的具体方法；⑤使全体学生一致同意把计划付诸实施，每位学生都承担执行计划的任务；⑥学生在执行计划的过程中改变态度；⑦引导大家对改变后的态度进行评价，使态度进一步概括化和稳定化。

(四) 价值辨析法

研究表明，人的价值观刚开始不能被个体清醒地意识到，必须经过逐步辨析和分析，才能形成清晰的价值观念并指导自己的道德行为。在价值观辨析的过程中，教师引导学生利用理性思维和情绪体验来检查自己的行为模式，鼓励他们努力发现自身的价值，并根据自己的价值选择行事。价值辨析有很多策略，如大组或小组讨论，解决假定的与真实的两难问题，交谈等。

(五) 奖励与惩罚法

奖励和惩罚是矫正青少年过错行为和品德不良的强化手段。在使用惩罚手段时，要考虑双方关系是否正常，惩罚手段必须公正，还应考虑到惩罚的实际效果。惩罚要和说服教育相结合，指明正确的道路，惩罚应得到集体舆论的支持。强化是形成和改变人们态度的有效手段，注意到它的作用会帮助人们正确运用奖励和惩罚。

(六) 角色扮演法

心理学研究发现，一个人在扮演角色的时候，如果所扮演的角色与自己的态度是不同的，学生可能会逐渐改变自己原先的态度形成新的态度。而且，这种角色扮演越困难，学生改变自己态度的概率就越大。在现实的教育活动中，有些英语学习不认真的学生，被老师选为英语课代表以后，不仅改变了学习态度，学习成绩也有了相当程度的提高。

(七) 小组道德讨论法

小组道德讨论，主要是让道德发展水平不同的学生，在一起讨论道德两难问题。在这个过程之中，道德发展水平低的学生会受到道德发展水平高的学生的影响，但道德发展水平高的学生却不会受到道德发展水平低的学生的影响。科尔伯格认为，小组道德讨论符合苏格拉底的产婆术精神，所以小组道德讨论又被称为"新苏格拉底模式"。

三、品德不良行为的矫正

学生的品德不良行为一般是指学生在道德范畴内的某种错误或过失行为，这些行为尚未达到触碰法律的程度。对品德不良行为的矫正，往往需要教育工作者仔细分析学生不良行为产生的原因，然后采取有针对性的举措。

(一) 品德不良行为的类型与界定

一般来讲，品德不良行为可分为过失型、不良品德型、攻击型和压抑型4种。

(1) 过失型。过失型品德不良行为主要由不良或不当的需要或好奇、好动、畏惧等心理引起，或者是因为社会知识缺乏、经验不足而采取不当的行为方式，如骂人、打架、恶作剧、偶发的说谎或偷窃、损坏东西、逃课等。这类行为具有较强的偶然性、情境性和盲目性。

(2) 不良品德型。不良品德型品德不良行为由不良或不当的需要引起，但受到个体某些不良意识倾向或个性特征所支配，有意识地采取有害的行为方式，并由此产生不良行为，如欺骗、偷窃、斗殴、游手好闲、破坏公物等。这类行为具有明显的意识性、经常性和倾向性。

(3) 攻击型。攻击型品德不良行为主要是由挫折造成的愤怒、不满等情绪引起，在与人发生冲突时产生对立、发泄、反抗、迁怒、报复等行为，一般具有公开性、爆发性特点。

(4) 压抑型。压抑型品德不良行为是指由挫折造成的焦虑引起，随着时间的推移而产生的逃避、郁闷、自暴自弃等行为，一般具有隐匿性、持续性特点。

(二) 品德不良行为的矫正

矫正学生的不良品德，必须遵循其心理活动规律，在了解其心理特点的基础上，有针对性地采取不同教育措施才会奏效。

1. 创设良好的道德环境，消除疑惧心理

品德不良的学生因经常受到教师的批评、惩罚和同学的歧视，所以对教师和同学有戒心和敌意，对教师的教育要求有一种对抗性情绪。因此，为了帮助他们更好地接受教育，首先必须消除他们的对抗情绪和消极的态度定式。教师应设法改善师生关系和同学关系。教师应真心实意地尊重、关心和爱护这些学生，用爱心感化他们，让他们感受教师的诚意，把教师作为知心朋友。教师还应该教育集体正确对待和热情帮助这些学生，让他们感受到集体的温暖，看到自己在集体中占有一席之地，明确自己对集体的责任。这样，他们才会乐于接受教师和集体的教育。

2. 了解不良行为的动机

行为总是受特定动机所驱使。一种不良行为可能有几种不同的动机，例如打架行为，有的是为了报复，有的是为了称"王"称"霸"，有的是受人唆使，等等。只有了解真正的行为动机，才能采取有针对性的教育措施。

3. 提高道德认识，增强是非感

品行不良学生是非观念差，缺乏辨别是非的能力。例如，他们把违反纪律看作"英雄行为"，把帮助同学作弊视为"友谊""够朋友"。因此，要从根本上转变其不良行为，必须提高他们的道德认识，帮助他们形成正确的道德观念，增强辨别是非的能力。

4. 抓住时机，促使转化

品德不良学生的转变一般要经过醒悟、反复、巩固、稳定的过程。品德不良的学生如果出现醒悟，即他们开始意识到行为的严重性和危害性，并有改正错误的意向和愿望时，教育者应及时抓住这一教育关键时机，给予鼓励与帮助。特别是当他们开始在行动上有改正错误的表现时，教师应当及时给予肯定、表扬和鼓励，因为这时他们对教师的态度特别敏感，教师的肯定和鼓励会进一步激起他们进步的热情和信心，促使他们向好的方向转化。

5. 锻炼意志力，巩固良好行为习惯

在品德不良行为矫正初期，外界诱因会使不良行为出现反复。这时，教师采取适当措施，切断外界诱因对品德不良行为学生的影响十分必要，但培养学生抗拒诱惑的能力同样重要。因此，当这些学生有了良好表现后，应有控制地让他们与一些诱因接触，以锻炼他们的意志力，从而进一步巩固良好的行为习惯。

对品德不良行为的矫正，还应当考虑品德不良行为的性质与程度，学生的年龄、性别和个性特点，做到因事、因人而异，使各项措施更具有针对性。

良好品德的培养往往要"多管齐下"

本章知识要点

品德又称道德品质，是指个人依据一定的社会道德准则和规范行动时所表现出来的相对稳定的心理特征，是社会道德在个体身上的反映。

品德的心理结构包括道德认知、道德情感、道德意志和道德行为。

品德的形成包括依从、认同和信奉 3 个阶段。

皮亚杰认为，儿童的道德发展是一个由他律逐步向自律、由客观责任感逐步向主观责任感转化的过程，这个过程包括他律道德阶段、自律道德阶段和公正道德阶段。

科尔伯格使用两难故事法，将个体道德发展分为 3 个水平 6 个阶段。

弗洛伊德认为，超我代表了社会化的要求，道德发展的过程就是将父母或社会的要求内化成超我的过程。

社会学习理论认为人的道德行为是通过观察学习获得的，也可以通过学习来加以改变，决定儿童道德行为的主要因素是环境。

影响品德学习的外部条件包括家庭因素、社会风气、教育学校因素，内部因素包括认知失调、态度定式、道德认知等。

培养良好品德的方法包括说服教育法、良好榜样法、群体约定法、价值辨析法、奖励与惩罚法、角色扮演法、小组道德讨论法等。

品德不良行为的矫正方法包括：创设良好的道德环境，消除疑惧心理；了解不良行为的动机；提高道德认识，增强是非感；抓住时机，促使转化；锻炼意志力，巩固良好行为习惯。

本章练习题

一、单选题

1. 有的孩子认识到拿人家的东西是不对的，也为此感到羞愧，但还是抵挡不住诱惑，从而出现了偷窃行为。对这样的孩子应加强培养(　　)。

    A. 道德认识　　　　B. 道德信念　　　　C. 道德情感　　　　D. 道德意志

2. 看见他人随地吐痰感到厌恶，这是(　　)。

    A. 直觉的道德情感　　　　　　　　　　B. 想象的道德情感

    C. 伦理的道德情感　　　　　　　　　　D. 法律的道德情感

3. 培养学生抗诱惑的能力是培养学生(　　)的措施之一。

    A. 道德意志　　　　B. 道德认知　　　　C. 道德情感　　　　D. 道德行为

4. 学生能相信并接受他人的观点，从而改变自己的态度与行为，同时将这些观点纳入自己的价值体系，说明其品德发展达到(　　)。

    A. 服从阶段　　　　B. 依从阶段　　　　C. 认同阶段　　　　D. 内化阶段

5. 个体品德的核心部分是(　　)。

    A. 道德认知　　　　B. 道德情感　　　　C. 道德行为　　　　D. 道德信念

6. 态度的情感成分是指伴随态度认知成分而产生的情绪或情感体验，它是(　　)。

    A. 态度的核心成分　　　　　　　　　　B. 动力性成分

    C. 非智力成分　　　　　　　　　　　　D. 内化的成分

7. 以下不属于科尔伯格道德发展阶段的是(　　)。

    A. 前习俗水平　　　B. 习俗水平　　　　C. 等习俗水平　　　D. 后习俗水平

8. 以下不属于学生产生不良行为的客观原因的是(　　)。

    A. 家庭教育失误　　　　　　　　　　　B. 学校教育不当

C. 社会文化的不良影响　　　　　D. 学生的性格缺陷

9. 以下能反映个人品德的行为是(　　)。

A. 他每天坚持把卧室打扫得干干净净

B. 他总是烟酒不沾

C. 营业员不小心找错了钱，他主动退还

D. 他有病也不去看医生

10. 小明认为，过马路遵守红绿灯规则是人人应尽的责任与义务。根据科尔伯格的道德发展阶段论，小明所处的阶段是(　　)。

A. 好孩子定向阶段　　　　　　　B. 社会法规与秩序定向阶段

C. 社会契约定向阶段　　　　　　D. 普遍道德原则定向阶段

二、判断题

1. 品德是社会道德的局部反应，但两者都受社会发展规律制约。　　　　(　　)

2. 道德认知是个体对是非善恶美丑的认识，是品德的核心成分。　　　　(　　)

3. 在道德认同阶段，儿童对自己所认可、仰慕的榜样遵从、模仿，并在思想、情感和行为上主动接受了规范，从而试图与之保持一致。　　　　(　　)

4. 皮亚杰是最早对儿童道德判断进行研究的学者，他的著作《儿童的道德判断》是研究儿童品德发展的里程碑。　　　　(　　)

5. 与皮亚杰的研究相比，科尔伯格在研究个体道德发展时包含了更广阔的年龄区间，而不是仅仅着眼于儿童。　　　　(　　)

6. 处于避罚服从阶段的个体服从团体规范，严守公共秩序，尊重法律权威。　　(　　)

7. 根据科尔伯格的观点，个体道德水平和道德阶段的发展顺序是固定不变的，因为其发展依赖于一定的认知能力。　　　　(　　)

8. 偶发的说谎和恶作剧属于品德不良行为。　　　　(　　)

9. 弗洛伊德认为，自我是人格结构中最原始的部分，它们追求即时的满足，没有任何约束力。　　　　(　　)

10. "子不教，父之过"，这句谚语在一定程度上体现了社会学习理论对品德形成的主张。　　　　(　　)

三、主观题

1. 简述皮亚杰对儿童道德认知发展阶段的划分。

2. 材料题：

王老师是小学五年级的班主任，最近他们班里的同学王明和任华因为一件事情起了争执。原来，王明在新闻上看到一位初中的大哥哥因为勇救落水儿童受到了表扬，并且在当地成了一名小英雄。王明觉得，自己应该向英雄学习，也应该利用自己的游泳特长去救人。然而，任华却觉得见义勇为是大孩子才能做的事情，他们还是太小了，不适合见义勇为。为此，他们俩争执了起来，都觉得自己有道理，谁也不服谁，故而去找王老师评理。

请根据本章学过的知识，分析王老师应该如何给两位同学"评理"呢？

第十一章

课堂管理

▌学习目标

1. 掌握课堂管理的概念、内容和目标。
2. 了解老师日常课堂管理的内容和影响因素。
3. 能够理解并举例说明群体对个体的影响。
4. 能够区分正式群体和非正式群体，并知道如何协调两者关系。
5. 掌握课堂气氛的类型和特点。
6. 掌握课堂纪律的含义与类型。
7. 知道教师应该如何维持课堂纪律。
8. 掌握一些常见的处理课堂问题的策略和技巧。

▌章节导读

有同学逃课，找班主任；有同学请假，找班主任；班级成绩下滑，还是找班主任……班主任似乎是一个无所不能的存在。如果有一天你成了一名班主任老师，你需要对班级进行哪些方面的管理呢？有没有技巧或者注意事项呢？

本章将从教育心理学的视角来学习班级管理的含义、目标、内容，并对让很多老师都头疼的班级里的"小群体"(非正式群体)进行心理学的剖析，帮助大家正确认识和对待这些非正式群体。为了能营造一个良好的课堂氛围，本章列出了一些常见的维持课堂纪律的原则和策略。对于一些常见的课堂问题，本章也给出了相应的处理建议。相信通过本章的学习，你会对如何成为一名合格的班主任有更为清晰的认识。

第一节　课堂管理概述

课堂管理是教师为了高效利用课堂时间、营造富有建设性的学习环境，以及减少问题行为等，而采取的一系列措施。课堂管理在不同学段的侧重点不同，其管理效果受教师、班级、学生等多种因素的影响。本节将对课堂管理的概念、阶段性、目标、内容，以及课堂管理的影响因素进行详细叙述。

一、课堂管理的相关概念

课堂是教师进行教学活动的场所，课堂管理是在教学活动过程中，教师为了高效利用课堂时间、营造富有建设性的学习环境而采取的一系列措施。

(一) 课堂

课堂是一种特别的环境，多勒(Doyle，1986)描述了课堂的六大特征。

(1) 多维性。课堂中，不同的人有不同的目标、爱好和能力，大家要共享资源，完成不同的任务，等等。教师的一个行动可能会产生多重效果。例如，教师鼓励能力低的学生回答问题，却放慢了讨论的进程，一旦学生回答不出来，还会引出一些管理问题。

(2) 同时性。同时性与多维性有关，主要是指课堂上很多事情都同时发生。例如，一个教师正在解释一个概念，他还必须注意学生是否听懂了他的解释，决定是忽视还是制止两个正在说悄悄话的男孩，确定是否有足够的时间进行下一个主题，并且还要决定由谁来回答刚才提出的问题。

(3) 快速性。课堂生活节奏快，一件事情完成之后马上就要进行下一件事情，教师一天之内和学生有着成百上千个即刻的交流，需要快速解决这些接连不断发生的事情。

(4) 不可预测性。在课堂这种环境下，事件变得不可预测。即使周密、细致地做好了一个计划，一切准备就绪，课堂活动仍有可能被打断。例如，由于停电而灯灭了，学生突然病了，或者窗外有隆隆的汽车声等，都可能打断课堂计划。

(5) 公开性。全班同学都关注并且评判教师如何处理课堂上发生的一些事件。正是因为课堂是公开的，教师需要格外注意自己的言行举止。

(6) 历史性。教师或学生做出什么样的行为，部分取决于以前发生的事。例如，一位教师今天对某位迟到的学生大发雷霆，可能是因为这位学生已经连续迟到多次，并且对老师的告诫置若罔闻。

(二) 课堂管理

目前，已经有多名中外学者对课堂管理的概念做出过界定。埃默(E. T. Emmer)认为："课堂管理是指一系列旨在促使学生合作和参与课堂活动的教师行为与活动，其范围包括物理环境的创设、课堂秩序的建立和维持、学生问题行为的处理、学生责任感的培养和学习的指导。"学者古德(C. V. Good)等人认为："课堂管理是为了实现教育目标而处理或指导课堂活动所特别涉及的问题，如纪律、民主方式、教学资料、环境布置及学生社会关系。"莱蒙齐(K. Lemlech)认为："课堂管理是一种课堂活动，这种活动能够开拓学生潜在能力和促进学生学习进步，并能使这种活动发挥最大效能。"本书综合前人对课堂管理多角度的定义，将课堂管理界定为教师为了有效利用时间、营造愉快且富有建设性的学习环境，以及减少问题行为等，而采取的组织教学活动、设计学习环境、处理课堂行为等一系列措施。

二、课堂管理的阶段性

不同年龄阶段的学生需要不同的课堂管理方式，国外学者布罗菲(Brophy)和伊伏特逊(Eevertson)将课堂的管理划分为 4 个阶段。

(一) 幼儿园和小学低年级阶段

这个阶段的儿童正在学习如何上学，他们将要被社会化成一个新的角色。所以，教师在这一阶段要直接教授课堂规则和程序，只有儿童掌握了基本的规则和程序之后，才可能进行学习活动。

(二) 小学中年级阶段

这个阶段的儿童一般都已熟悉了学生这一角色，已经掌握了很多课堂规则。但是，某些特别活动中的具体的、新的规则和程序还需要学习。有时，活动规则发生了变化，学生就会抵抗："去年那个老师不是这么做的。"因此，在这一阶段，教师要花较多的时间监控和维持管理系统，而不是直接教授规则和程序。

(三) 小学高年级和初中阶段

在这一阶段，友谊以及在伙伴团体中的地位对学生来说更重要，他们不再取悦老师而是取悦伙伴，有些学生甚至开始检验和否定权威。这一阶段管理的关键是如何建设性地处理这些学生发生的变化，如何激励那些不再关心教师观点的学生以及对社会活动更感兴趣的学生。

(四) 高中阶段

到了高中阶段，许多学生又重新开始关注学业。教师在这一阶段的主要任务是管理课程、使学业材料适合学生的兴趣和能力、帮助学生较多地管理自己的学习。每学期开始的几节课都要教学生一些特定的程序，如使用材料和设备、做记录、做作业等程序。

三、课堂管理的目标

不同年龄阶段的个体，课堂管理的侧重点不同，但概括来讲，课堂管理的目标可以总结为以下 3 点。

(一) 为学生争取更多的时间用于学习

课堂管理的一个重要目标是为学生争取更多的时间用于学习，使有限的时间发挥最大的效用，以增强管理的作用，提高课堂活动的效率。一般来说，在不考虑学生个体差异的情况下，学生用于学习的时间越多，学习成绩越好。尽管课程表分配给课堂学习的时间对于所有学生来说都是均衡的，但学生的有效学习时间相差甚远。研究表明，教师的教学时间一共包括 4 个层次：第一层次，分配时间，是指教师为某一特定的学科课程设计的时间，由课程表决定；第二层次，教学时间，是在完成常规管理以及管理任务之后所剩的用于教学的时间；第三层次，投入时间，即学生专注于学业的时间；第四层次，学业学习时间，指学生确实学有所得的时间。研究者指出，不同的教师在时间运用上的差异会造成学生学习机会的不均等。在课堂上，由于各年龄阶段学生注意力持续的时间不同，有效的学习持续时间也各不相同，因而在时间安排上应有所体现。可见，为学生争取更多的学习时间的具体含义就是使学生投入有价值的学习活动，从而提高所用时间的质量。因此，课堂管理良好意味着有效学习时间更多，而有效学习时间则意味着产生了更多的学习行为。

（二）争取让更多的学生投入学习

一个有尽可能多的学生参与的学习环境，可增强学习气氛。让更多的学生投入学习的一个最重要途径是鼓励学生参与学习活动。另外，教师教授有趣、参与性强、与学生兴趣有关的课程并善于营造鼓励学生提问的气氛，用欣赏和赞美的方式来对待学生的观点，让每个学生充分体验成就感，时时监控学生的课堂参与情况等，也会吸引更多的学生参与教学活动。

（三）帮助学生自我管理

国外的研究者戈登认为，良好的课堂管理最终要培养学生内心的自我控制感。也就是说，课堂管理的最终目标是教师要让学生知道如何管理自己，并向学生展示怎样内化那些有益于学习的规则与程序。通过自我监控，学生会在不侵犯他人权利和需要的时候表现出勇于承担责任的能力。在某种程度上，帮助学生成熟就是把发展重点放在学生的学习责任感上，而不是发展学生温顺、服从的一面。只有当教师学会在课堂上与学生共同分享自我控制的乐趣，尊重学生，并且把学生看作自我指导的学习者的时候，才能够成功地培养出更加负责、自治和独立的学生。为了实现学生的自我管理，可以让学生尽可能多地参与课堂规则的制定，并且让学生考虑为什么要制定这些规则以及他们违背规则的原因。规则制定之后，还要让学生考虑如何计划、监控和调节自己接下来的行为。

四、课堂管理的内容

一般来说，课堂管理主要包括课堂常规管理、课堂环境管理、课堂秩序管理和课堂活动管理。

（一）课堂常规管理

课堂是由师生及环境组成的，其事务也会涉及与师生、环境相关的各个方面。课堂常规管理通常包括设定课堂管理目标、制订管理计划、组织与协调课堂活动、管理档案资料等方面。明确课堂目标可以促进课堂成员间的协调，引导课堂发展的方向，还可作为考评的依据。为保证目标的实现，师生应共同参与拟订一个周密、适宜、可行的课堂管理计划。这样不仅可以获得学生的认同与支持，还能激发学生的积极性与责任感。由于影响课堂的因素的多样性，在实施计划时需要进行一定的组织与协调工作。一方面，需要对各种活动以及活动所需的设备、场地、人员合理安排；另一方面，也需要对参与活动的人员与团体之间的关系进行协调。这样，当发生突发事件时，课堂管理者才能灵活应对。与课堂活动有关的档案资料也是课堂管理不可缺少的一项内容，如学生基本信息、课堂记录、课堂规范等都是重要的资料，教师要真正管理好课堂，就必须熟悉并善于利用这些资料。

（二）课堂环境管理

课堂是一个复杂的环境，课堂环境管理包括物理环境管理和心理环境管理。

（1）物理环境管理。研究发现，个体的工作绩效会受到物理环境的微妙影响。例如，教室墙壁和天花板的颜色将潜在地影响学生的学业成绩。虽然到目前为止还缺乏统一的研究结论来揭示工作环境影响工作效率的内在机制，但是在颜色柔和、温度适中、光线充足、设施布置合理、班级规模适中的教室环境中开展教学活动，师生必然心情舒畅，精神饱满，学习效率提高；反之，学习效率则降低。在课堂物理环境中，教室座位编排方式内在地决定了师生之间的沟通方式和范围，间接地影响着学生的学业成绩。大量研究表明，坐在行动区内的学生的课堂行为更加积极，更有利于师生间正常交往的展开。行动区是指教室中教师与学生互动程度最高的区域。总之，课堂物理环境管理要求教师对教室内所有空间因素进行科学规划与整合。为此，教师需要遵守以下几点：合理布局教室，减少教室内的拥挤；保证教师能清楚地看到每个学生；确保学生能观察到全班进行的活动；学习环境要与学生学习活动相匹配。

（2）心理环境管理。课堂不仅是一个由简单设备拼凑而成的物理空间，它还包含一个由人际因素构成的心理环境。课堂心理环境的建构与维持对课堂管理来说也极为重要。课堂心理环境是师生或学生彼此之间交互作用而形成的一种特殊的社会环境。研究表明，当个体处在一个刺激丰富、身心各方面都得以调动的情境中时，工作效率才会提高。因此，心理环境管理应该着重为学生创设丰富多彩的课堂活动和教学情境来丰富学生的情感体验，并通过尊重与信任学生、关注学生的情绪变化，以及师生和谐互动来营造积极的心理氛围。

（三）课堂秩序管理

缺乏秩序的课堂就谈不上高效的教学。课堂秩序管理主要侧重于课堂冲突、课堂问题行为及课堂规范等方面。所有学生，包括优秀生和后进生，都或多或少地存在问题行为。据研究，典型的课堂中，有 80% 的学生能够表现出适当的行为，很少违反规则；15% 的学生只是偶尔违反规则；5% 的学生会经常违反规则，他们大部分时间都处于无法控制的状态。在课堂上，教师与学生通过社会性互动构建独特的社会关系。师生冲突和问题行为就是由于师生双方互动过程中在需要、行为和观念等方面的不一致而引发的。这些冲突和问题行为能否得到缓和或解决，除了受教师是否对课堂中的冲突和问题行为有正确的认识影响，还要受师生间的交往与沟通、师生双方需要的满足、教师管理行为与方式恰当与否的影响。为了更有效地建立课堂秩序，教师须运用一套系统的课堂规范和课堂管理策略来引导和约束学生的课堂行为。

课堂秩序管理是课堂管理的一项重要内容

（四）课堂活动管理

课堂活动管理主要包括课堂活动的设计、活动内容的选择、活动方法的运用、活动资源的统合等方面。研究发现，课堂活动的多样化是课堂活动管理取得成功的重要因素。对中小学生的一项问卷调查结果也显示，学生认为他们喜欢课堂活动的重要原因是课堂活动的多样化，这种多样化体现在活动内容、活动形式、活动方法、活动标准、活动主体、活动评价等方面。课堂活动的推进也属于课堂活动管理范畴。面对来自不同环境、处于发展过程中的学生，课堂活动开展过程中必然会不断出现各种干扰事件。有些教师采用惩罚方式来推进活动，有些教师采用鼓励方式来推进活动。近年来，如何有效地运用鼓励的方式来激励学生、推进课堂活动，日益成为人们关注的课题。同时，如何合理运用奖惩也成为课堂管理的重要内容。

猜一猜，想一想

以下说法中，哪些是正确的？

- 孩子不论大小，只要坐到了教室里，都应该让他们尽可能多地学习书本知识。
- 为了防止分散学生注意力，教师的环境布置不宜太花哨。
- 教室里装空调会让学习环境过于舒适，不利于锻炼学生意志。
- 无规矩不成方圆，优秀的课堂教学离不开严格的课堂纪律。

五、影响课堂管理的因素

影响课堂管理的因素主要有教师的领导风格、班级的规模、班级的氛围、对教师的期望。

(一) 教师的领导风格

教师的领导风格对课堂管理有直接的影响。普雷斯顿认为,参与式领导和监督式领导对课堂管理有不同的影响。参与式领导注意营造自由氛围,鼓励自由发表意见,不把自己的意见强加于人。而监督式领导则待人冷淡,只注重集体讨论的进程,经常监督人的行为有无越轨。

(二) 班级的规模

班级的规模是影响课堂管理的一个重要因素。首先,班级的规模会影响成员间的情感联系。班级规模越大,情感纽带的力量就越弱。其次,班内的学生越多,学生间的个体差异就越大,课堂管理所遇到的阻力也可能越大。再次,班级的规模也会影响交往模式。班级规模越大,成员间相互交往的频率就越低,对课堂管理技能的要求也就越高。最后,班级规模越大,内部越容易形成各种非正式小群体,而这些小群体又会影响课堂教学目标的实现。总之,班级规模会影响学生参与课堂活动的机会和程度,也会影响课堂管理和学习纪律。

(三) 班级的氛围

不同的班级往往有不同的群体规范和不同的凝聚力。良好的班级可以形成一种融洽、和睦、积极向上的群体心理气氛,这有利于课堂管理。

(四) 对教师的期望

人们对教师在学校情境中执行任务往往有一种比较固定的看法。即使某一位教师的外貌谈吐并不符合这种固定的看法,人们还是会按照这种固定的看法去看待和解释教师们的行为,这就是定型的期望。定型的期望包括人们对教师理应表现的行为及其所具有的动机和意向的期望。一般来说,它的形成是教师长期交往方式和一般行为的结果。班内的学生对教师的课堂行为同样会形成定型的期望,这种期望会影响课堂管理。

第二节 课堂群体管理

课堂里的每个学生不是孤立的个体,他们通过互相交往形成各种群体。作为教师,既要重视对学校存在的正式群体的管理,也要重视对非正式群体的引导和管理。

一、群体概述

当一定数量的个体依据共同的目标和行为规范而集合在一起时,便形成了群体。群体一旦形成,便会对群体成员产生约束与规范作用。

(一) 群体和群体的基本特征

所谓群体,是指在组织机构中,由若干个人组成的为实现目标而相互依存、相互影响、相互作用,并规定其行为规范的人群结合体。学校、年级和班级都是群体。

群体的基本特征有 4 个:①群体由两个以上的个体组成;②群体具有共同意识到的群体目标;③群体具有共同认同的群体规范;④群体成员相互交往,协同活动。群体内有占优势的多数成员所认同的价值观和规范，由此形成强大的群体舆论压力，群体成员在思想上和行为上要遵守这些规范。

猜一猜，想一想

下面哪一条描述属于"群体"？

● 明明和其他班同学组成的校篮球队。
● 年轻人因为喜欢某位明星而组成的"粉丝团"。
● 为了买到好吃的包子，大家在包子铺门前排起的长长的队伍。
● 同学之间的"老乡联谊会"。

(二) 群体对个体的影响

群体是由个体组成的，但群体中的个体不是孤立存在的。群体会对其中的个体产生影响，而个体在群体情境下会出现心理和行为上的变化，主要表现在以下几个方面。

1. 社会助长与社会惰化

社会助长是指个体与别人在一起活动或有别人在场时，个体的行为效率提高的现象。例如，个体在独自骑单车的情况下时速约 15 千米，如果与别人骑单车竞赛，时速会更快。然而，有些时候，他人在场不但不能促进个体行为效率的提高，反而会影响个体的正常工作，使工作效率下降。比如，考试时，有些考生会因为老师站在旁边，一个字都写不出来。这种当他人在场或与他人一起从事某项工作时而使个体行为效率下降的现象称作社会干扰，也叫社会抑制。

为什么同是有人在场或参与，个体的活动却会产生两种不同的后果呢？原因主要有两点：第一，活动的性质与难易程度。当人们从事复杂的脑力劳动时，群体情境往往对个人有干扰作用；相反，在从事简单活动时，群体情境常常起到促进作用，但这里的复杂与简单只是相对的，一个人如果对某一项简单的活动并未熟练地掌握，有人在场就会起到干扰作用。第二，个体是否有适当的被他人评价的意识。只有在个体产生了被他人评价的意识和愿望的情况下，群体因素才会对个体产生影响，否则是不会有促进作用的。但如果这种被评价的意识过分强烈，以致妨碍他把注意力集中在活动上，注意力在活动内容与他人之间来回波动，这样势必会导致活动效率的下降。例如一个新教师上第一堂课时，由于过分担心学生对他的课不满意，就会产生情绪紧张、手足无措、活动失误增多等现象。

社会惰化主要指当群体一起完成一件工作时，群体中的成员每人所付出的努力会比个体在单独情况下完成任务时偏少的现象。这种现象一般发生在多个个体为了一个共同的目标而合作，自己的工作成绩又不能单独计算的情况下。

2. 去个性化

去个性化(个体意识消退)是由费斯廷格等人提出来的。他们认为，在群体中，人们有时会感到自己被湮没在群体之中，于是个人意识和理解评价感丧失，个体的自我认同被群体的行动与目标认同所取代，个体难以意识到自己的价值与行为，自制力变得极低，结果导致人们发生重复的、冲动的、情绪化的，有时甚至是破坏性的行为，这种现象叫作去个性化。去个性化具有三个特征：①成员的匿名性；②责任分散；③相互感染。在课堂教学中，教师应尽力设法消除学生可能产生的群体成员的匿名性、责任性分散、消极的相互感染等心理，避免因学生个人意识消退而出现破坏课堂教学秩序的现象。

3. 群体冒险倾向

群体冒险倾向是指当个体表现出符合群体的规范行为时，群体就会给予赞许或鼓励，以支持其行为，从而进一步强化其行为。学校中往往会出现这种现象，个人不敢单独表现的行为，在群体中就敢于表现，一个人不敢单独做的事，在群体中就敢做了。

群体冒险倾向产生的原因主要有：①责任分散。决定是大家一起做的，那么责任也会由全体成员一起承担，因而每个成员身上的责任就会减少，所以大家都不那么担心后果，于是恐惧感大大降低了。②被他人评价的意识。在群体中，尤其在小学生的群体中，人们往往以有冒险性为荣。而在群体讨论中，个人在提出建议时会考虑到他人对自己的评价，所以成员意见会更倾向于冒险倾向。

4. 从众与服从

从众是个体在群体的压力下，放弃自己的意见而采取与大多数人一致的行为的社会现象。20世纪50年代，阿希(S. E. Asch)做了一个经典的从众行为实验。实验材料是12套成对的卡片(见图11-1)，阿希告诉123名来自三个大学的大学生被试，将要进行视知觉判断实验，要求指出线段B、C、D中哪条与A等长。尽管A与C等长，而与B和D不相等是十分明显的，尽管在个人单独判断时，百分之百的被试都能做出正确无误的回答，然而，在按组进行实验的情况下就不同了。实验是每组7人，其中6人是主试的助手，只有一人是真正的被试。每当主试出示一对卡片要求回答"哪条线段与A等长"时，都是扮作被试的6个助手先回答，最后才轮到真正的被试回答。在全部18次实验里，前6次助手们的回答都是正确的，同组被试的见解完全一致，即

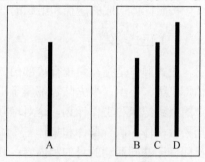

图11-1　从众实验卡片示例

"A=C"。但是从第7对卡片起，6名助手异口同声、斩钉截铁地说："A=B。"轮到第7个人，即真正的被试时，他惊讶不已，迷惑不解，陷入了矛盾境地。在这种情况下，经过犹豫，遵从多数人意见，做出同他们一样错误回答的被试数量占全部被试的32%。

一个人并不是在什么情况下都会从众，在同一情境下，也不是任何人都会从众的。从众是受到群体、情境和个人三方面因素制约的。

群体方面的因素主要有：①群体规模。群体规模越大，人数越多，压力就越大。②群体凝聚力。群体凝聚力越高，压力越大。③群体意见一致性。当群体中其他人保持一致意见时，从众明显，但一旦群体中出现不一致意见，哪怕很少时，从众现象也会急剧下降。④团体的权威性。团体越是富有权威性，导致的从众行为量就越大。在涉及计算机领域问题面前，6位计算机专家的意见比6位外行人的意见更加令人信服，也更容易导致从众。

情境方面的因素主要有：①刺激的模糊性和复杂性。客体越是复杂，越是模糊，就越能增加个体从众的可能性。②反应的匿名性。如果回答采用匿名的形式，在阿希的实验中从众行为只有25%，而在公开的形式下从众行为占30%，因为匿名使人们不必害怕群体惩罚，从而降低了规范的压力。

此外，个人方面的因素，如年龄、智力、受教育程度、在团体中的地位等，也都会影响从众的发生。

与从众现象相类似的一种现象是服从。服从是指在权威命令、社会舆论或群体气氛的压力下，放弃自己的意见而采取与大多数人一致的行为。服从可能是出于自愿，也可能是被迫的。被迫的服从也叫顺从，即表面接受他人的意见或观点，在外显行为方面与他人相一致，而在认识与情感上与他人并不一致。

猜一猜，想一想

明明回家的时候看见一辆面包车撞到一位小姑娘，然后逃跑了，当时正值下班高峰，路上有很多人，还有一些人在录像。明明本想打电话报警，但他想这么多人围观，肯定会有人打电话，不需要自己打。第二天，明明看新闻得知，昨天的交通事故足足半小时以后才有人打电话报警，主持人批评路人冷漠，明明觉得有些冤。

从社会心理学角度看，这种现象叫什么？

二、正式群体与非正式群体

按照群体形成的途径和组织的严密程度，群体可以分为正式群体和非正式群体。

(一) 正式群体

正式群体是指在学校行政部门、班主任或社会团体的领导下，按一定章程组成的学生群体。班级、小组、少先队等都属于正式群体。正式群体的目标与任务明确，成员稳定，有一定的组织纪律和工作计划，这对增强集体凝聚力起着非常重要的作用。正式群体的发展要经历松散群体、联合群体和集体三个阶段。松散群体是指学生在空间和时间上结成群体，但成员间尚无共同活动的目的和内容；联合群体的成员已有共同的活动目的，但活动还只具有个人意义；集体是群体发展的最高阶段，是为实现有公益价值的社会目标而严密组织起来的有纪律、有心理凝聚力的群体。成员的共同活动不仅对每个成员有个人意义，而且还有重要的社会意义。教师在管理正式群体时要选好班级正式群体中的领导，注意对学生的引导和支持，并且适当授权，鼓励学生的自主管理。

(二) 非正式群体

在同伴交往过程中，一些学生自由结合、自发形成的小群体，称为非正式群体。它是同伴关系的一种重要形式。非正式群体具有以下特点：①成员之间相互满足心理需要；②成员之间具有强烈的情感联系和较强的凝聚力，但有可能存在排他性；③受共同的行为规范和行动目标的支配，行为上具有一致性；④成员的角色和数量不固定。非正式群体对学生个体和正式群体既有积极影响，也有消极影响。非正式群体对个体的影响是积极的还是消极的，主要取决于非正式群体的性质以及与正式群体的目标一致的程度。教师在管理非正式群体时，要摸清非正式群体的性质，然后对积极的非正式群体给予鼓励和帮助，对消极的非正式群体给予适当的引导和干预。

（三）课堂内的非正式群体与正式群体的关系

课堂内非正式群体与正式群体的关系可分为以下 3 类。

（1）关系一致。关系一致即学生非正式群体与正式群体之间在价值上保持较高一致性，他们认同正式群体的目标，遵守正式群体的规范，服从班级管理中"权力机构"的领导。这一类群体，一般在班级中容易得到班主任和其他任课教师的认可、指导和鼓励，这类群体以学习型为主，他们目的明确，学习动机比较强，遵守纪律，善于思考，学习踏实，是班级中的中坚力量。

（2）关系偏移。在这种情况下，非正式群体中的部分同学认同班级正式群体的目标，部分同学遵守正式群体的规范。除此以外，这类群体还有自身的目标与不成文规范，且他们的目标与规范不完全同正式群体相一致，但也无实际性冲突，两种群体的目标与规范并行不悖。

（3）关系冲突。在关系冲突的情况下，非正式群体不认同班级目标，群体自身有着对抗班级正式规范的特殊趋向，与班级正式群体之间产生着冲突，形成一种紧张关系，消极对待班级的规范，因而常为正式群体所不能容纳，在班级中处于边缘地位。这类群体在班级中一般数量很少，其产生可能有着特殊的原因。

课堂管理必须注意协调课堂内的正式群体与非正式群体的关系。首先，要不断巩固和发展正式群体，使班内学生认可共同的目标，有共同的利益关系，产生共同遵守的群体规范，并以此协调大家的行动，使班级成为坚强的集体。其次，要正确对待非正式群体。对于积极型的非正式群体，应该支持和保护；对于中间型的非正式群体，要持慎重态度，积极引导，加强班级目标导向；对于消极型的非正式群体，要教育、争取、引导和改造；而对破坏型的非正式群体，要依据相关规章制度给予必要制裁。

三、课堂气氛

课堂气氛是教师与学生集体相互作用所形成的一种心理环境，可以分为积极的课堂气氛、消极的课堂气氛、对抗的课堂气氛三种类型。为了营造积极的课堂气氛，教师应在充分了解和尊重学生的基础上，积极发挥自身的主导作用，努力营造和谐的师生关系氛围。

（一）课堂气氛的含义

不管是在正式群体还是在非正式群体，都有群体凝聚力、群体规范、群体气氛及群体成员的人际关系，所有这些影响群体与个人行为发展变化的力量的总和就是群体动力。也就是说，课堂气氛实际上属于群体动力的范畴。一般认为，课堂气氛是教师与学生集体相互作用所形成的一种心理环境，它影响着课堂上师生的思想和行为、教学效果和学生个性的发展。

（二）课堂气氛的类型

在通常情况下，课堂气氛可以分成积极的、消极的和对抗的三种类型。

（1）积极的课堂气氛。积极的课堂气氛的特征：课堂纪律良好，师生关系融洽；学生精神饱满，注意力集中，专心听讲，积极思维，反应敏捷，发言踊跃；教师善于点拨和积极引导；课堂气氛热烈、活跃与祥和。

（2）消极的课堂气氛。消极的课堂气氛的特征：课堂纪律问题较多，师生关系疏远；学生无精打采，注意力分散，反应迟钝；多数学生处于被动应付教师的状态；不少学生做小动作，情绪压抑等。

(3) 对抗的课堂气氛。对抗的课堂气氛的特征：课堂纪律问题严重，师生关系紧张；学生随心所欲，各行其是；注意力指向无关对象；教师无法正常上课，时常被学生打断或不得不停下来维持课堂纪律，基本上处于一种失控的课堂状态。

课堂气氛一经形成，就具有相对的稳定性。当班集体中绝大多数学生和教师都建立了良好的人际关系时，大家能在交往中共享愉悦，集体生活充满着兴奋、友好、轻松、愉快、亲切、思维积极、师生互动顺畅的气氛，这也标志着积极的课堂气氛的形成。积极的课堂气氛的形成有利于教育过程的顺利进行，能够促进学生健康成长，形成完美的性格，可以调动学生和教师的积极性，提高学习效率。

(三) 影响课堂气氛的主要因素

影响课堂气氛的因素既有教师方面的因素，也有学生方面的因素，还有课堂内物质环境因素。

1. 教师方面的因素

(1) 教师的课堂组织管理方式。班级成员是因特定的学习目标而集合在一起的，一个班集体就是一个小型的社会，也是一个工作团体，在这个工作团体中，教师起到组织和管理的作用，他通过各种不同的交往方式来影响学生的行为，使之获得适应社会所需要的知识、技能、态度和价值观念等。不同方式的组织和管理所营造的课堂气氛不一样。一般情况下，可以将教师的课堂组织管理方式分为专制型、放任型、民主型三种。

在专制型的教师管理下，教师决定一切学习计划并控制学生的行为。在教师的监督下，学生表面上学习，而实际的效果并不一定理想，教师督促学生努力学习，当面或许有效，一旦教师离开，学生的学习效率就会下降。在这种课堂组织管理方式下，教师对学生进行控制、命令和监督，课堂气氛过分严肃，学生谨小慎微，因而着重个人学习，使课堂心理气氛沉闷。

在放任型的教师管理下，教学缺乏计划和要求，课堂教学缺乏指导，任凭学生自由交往，教师不指导学生，遇到困难即行停止，教师对学生的学习不做要求，学生自行任意学习，不知具体方向，学习效率低。教学秩序表面上生动活泼，实际缺乏纪律，常出现吵闹混乱的局面。在这种课堂组织管理方式下，学生喜怒无常，时而兴高采烈，时而忧郁丧气，无正常课堂舆论。

在民主型的教师管理下，师生共同设定学习目标，拟订学习计划，师生间、学生间经常讨论，进行探索，提出评价，寻求结果，教学成效卓著。学生自觉努力学习，不论教师是否在场，都能严格要求自己，师生间、同学间协调行动，合作有秩序而生动活泼。在这种课堂组织管理方式下，师生友好，心情愉快，学习有兴趣，对成功有信心，勇于探索，有创造气氛。

(2) 教师的威信。教师的威信是有效影响学生的重要条件。教师的威信是以教师爱护学生为基础的，它影响学生的情感体验，是制约课堂气氛的重要因素。教师有威信，有利于良好课堂气氛的形成。对于有威信的教师的课，学生会认真学习，听从教师的教导，对没有威信的教师的态度则相反。

(3) 教师的期望。教师的期望通过 4 种途径影响课堂气氛：第一是接受。教师根据接受学生意见的程度，为高期望的学生创造亲切的课堂情绪气氛，为低期望的学生制造紧张的课堂情绪气氛。第二是反馈。教师通过目光注视、肢体接触、赞扬和批评等向不同期望的学生提供不同的反馈。第三是输入。教师向不同期望的学生提供难度不同、数量不等的学习材料，对问题做出程度不同的说明、解释、提醒或暗示。第四是输出。教师是否允许学生提问和回答问题、听取学生回答问题的耐心程度、是否鼓励学生大胆发表自己的不同见解等，都会对课堂气氛产生不同的影响。

（4）教师的积极情绪状态。教师的积极情绪状态往往会投射到学生身上，使教师和学生的意图、观点和情绪连接起来，从而在师生间产生共鸣性的情感反应，有利于营造良好的课堂气氛。焦虑是教师对当前或预计到对自尊心有潜在威胁的任何情境所具有的一种类似于担忧的反应倾向。耶克斯—多德森定律表明，教师焦虑适中，有利于教师能力和水平的充分发挥，才会激起教师的教育创造能力和教育机智，以努力改变课堂现状，避免呆板或恐慌反应，从而推动教师不断努力以谋求最佳课堂气氛的出现。

2. 学生方面的因素

在课堂气氛的影响因素中，除了要发挥教师的主导作用，还要发挥学生的主体性，即调动学生的参与意识。在课堂教学中，一方面，教师应全身心投入，充分发挥班级授课制的优点；另一方面，应重视学习过程的主体——学生，调动和激励学生以主人翁的姿态参与教学过程。学生的参与程度能够影响教师的教学积极性，如果学生的学习态度积极，会增强教师的自信心，激励教师不断调整自己的行为方式，以更积极的态度开展课堂教学，由此形成一种良性循环，教学相长，相得益彰。如果课堂上学生无精打采，对教师的劳动不屑一顾，就会严重影响老师的情绪，影响良好气氛的形成。在教学实践过程中，通过提倡学生在学习上的合作与适度竞争，并在此过程中处理好学生之间的关系，是提升学生主体意识与教学参与度的主要途径。

3. 课堂内物质环境因素

课堂内物质环境又称作教学的时空环境，主要指教学时间和空间因素构成的特定的教学环境，包括教学时间的安排、班级规模、教室内的设备和教具、乐音或噪声、光线充足与否、空气清新或浑浊、高温或低温、座位编排方式等。这些因素虽然不是决定课堂气氛的主要原因，但是它们的优劣会对课堂气氛的形成起着促进或阻碍作用。

（四）营造积极课堂气氛的方法

为了营造积极的课堂气氛，教师应该发挥自身的主导作用，充分尊重学生，努力构建和谐的师生关系。

1. 发挥教师的主导作用

教师在营造良好的课堂氛围的过程中起着主导作用。如果教师能精心组织课堂教学，巧妙把握语言艺术，善于用良好的情绪、情感感染学生，并善于处理课堂问题，就容易营造良好的课堂氛围。这就要求教师做到以下几点：第一，具备一定的课堂管理能力；第二，具备较高的业务素养；第三，讲求教学艺术；第四，重视情感在教学中的应用，以积极的情感感染学生；第五，以鼓励、表扬为主，兼顾其他，有的放矢；第六，注重师生心态调整；第七，具备自我控制与对偶然事件的控制能力；第八，采用科学的班级管理方法；第九，有体察学生情感反应的能力；第十，应对每个学生形成恰如其分的高期望；第十一，保持中等水平的焦虑，树立良好的自我意识。

2. 尊重学生的主体地位

营造良好的课堂氛围，关键在于教师能否切实调动学生学习的主观能动性，使学生真正成为教学的主体、学习的主人。因此，教师必须调动学生参与的积极性和主动性，让学生保持最佳的学习心态。

3. 构建和谐的师生关系

课堂中的师生关系直接影响课堂气氛。建立和谐的课堂人际关系，是营造积极课堂气氛的基础。可以采取以下措施来使师生关系更加和谐：第一，师生关系应民主平等；第二，树立一定的教师威信；第三，教师要关心、爱护学生。

猜一猜，想一想

王老师刚刚参加工作，她发现班里的同学上课时总是无精打采，提问问题时也无人回答，甚至讲笑话都会冷场。讲解知识难点时，她询问学生是否听懂，也没有人回答她。她多次想发脾气，但碍于自己是新来的老师，不想与学生产生矛盾；可要是听之任之，她又于心不忍，一方面担心学生成绩出现大规模下滑，另一方面觉得这样的课堂氛围着实令人憋屈。

如果你是王老师，你有什么好的办法处理上述问题吗？

第三节　课堂纪律管理

课堂纪律是一个学校学风的组成部分，也是班级班风的核心组成部分，而教师是课堂纪律的管理者。教师课堂纪律管理是课堂管理的又一项重要内容，课堂不能没有纪律，课堂管理的过程同时也是学生学习纪律的过程。在实际的课堂教学中，难免会出现各种课堂问题行为，这些与教学无关的行为毫无疑问会干扰教学活动的正常进行。因此，课堂纪律管理对教学的顺利进行必不可少，它可以保证教学秩序的有序进行，促进教学目标的实现，提高课堂教学效率，以及培养学生良好的行为习惯和个性品质。

一、课堂纪律的含义与类型

(一) 课堂纪律的含义

一般来说，纪律有三种基本含义：第一，纪律是指惩罚；第二，纪律是指通过施加外在约束达到纠正行为目的的手段；第三，纪律是指对自身行为起作用的内在约束力。这三层含义概括出了纪律的基本内涵，同时也反映出良好纪律的形成过程是一个由外在的强迫纪律逐步过渡到内在自律的过程。与纪律的含义相似，课堂纪律也引起了研究者的广泛关注。中国大百科全书(2009)将课堂纪律定义为"发生在课堂教学过程中的一种行为"。所谓课堂教学过程是指学生在教师有目的、有计划的指导下，积极、主动地掌握系统的文化科学基础知识和基本技能，发展能力，增强体质，并形成一定的思想品德的过程。简言之，本书认为课堂纪律是指为保障或促进学生的学习而对学生的课堂行为施加的外部控制与规则。

(二) 课堂纪律的类型

根据课堂纪律的形成途径的不同，研究者一般把课堂纪律分为教师促成的纪律、集体促成的纪律、自我促成的纪律和任务促成的纪律。

(1) 教师促成的纪律。所谓教师促成的纪律，主要是指在教师的帮助和指导下形成的班级行为规范。这类纪律在不同年龄阶段所发挥的作用是不同的。刚入学的儿童需要较多的监督和指导，因为他们不知道如何在一个大的团体中学习和游戏，没有教师的适当帮助，很难形成适合组织集体活动的行为准则。年龄越小，学生对教师的依赖越强，教师促成的纪律所发挥的作用也越大。随着年龄的增长和自我意识的增强，学生一方面会反对教师的过多限制，另一方面又需要教师对他们的行为提供一定指导和帮助。因此，这类纪律虽然在不同年龄阶段发挥作用的程度不同，但它始终是课堂纪律中的一个重要类型。

(2) 集体促成的纪律。所谓集体促成的纪律，主要指在集体舆论和集体压力的作用下形成的群体行为规范。从儿童入学开始，同辈人的集体在使儿童社会化方面就开始发挥越来越重要的作用。随着学生年龄的增长，同伴群体对学生个体的影响会越来越大。当一个儿童从对成年人的依赖中逐渐解放出来时，他同时开始对他的同学和同辈人察言观色，以便决定应该如何行事、如何思考和如何信仰。青少年学生常以"别人也都这么干"为理由而从事某件事情，在一定时期，他们的信仰、见解、爱好、憎恶甚至偏见也都视集体而定。由于同辈集体的行为准则为青少年学生提供了价值判断和日常行为的新的参照点，结束了青少年学生在思想、情感和行为方面的不确定性、无决断力、内疚感和焦虑，所以他们往往过高地估计同伴集体行为准则的价值，并积极地认同和服从它。集体促成的纪律也有两类：一类是正规群体促成的纪律，如班集体的纪律、少先队的纪律等；另一类是非正规群体促成的纪律，如学生间的友伴群体的纪律等。教师应着重对非正规群体加以引导，帮助他们形成健康的价值观和行为准则，并使之融合到正规群体中来，使每个学生都认同班集体的行为规范。

(3) 自我促成的纪律。所谓自我促成的纪律，简单说就是自律，它是在个体自觉努力下由外部纪律内化而成的个体内部约束力。自我促成的纪律是课堂纪律管理的最终目的，当一个学生能够自律并客观评价自己和集体的行为标准时，便意味着能够为新的、更好的集体标准的发展做出贡献，同时也标志着学生的成熟水平大大提高了一步。

(4) 任务促成的纪律。所谓任务促成的纪律，主要是指某一具体任务对学生行为提出的具体要求。这类纪律在学生的学习过程中占有重要地位。在日常学习过程中，每项学习任务都有它特定的要求，或者说特定的纪律，例如课堂讨论、野外观察、制作标本等任务都有各自的纪律要求。任务促成的纪律是以学生对任务的充分理解为前提的，学生对任务的意义理解越深刻，就越能自觉遵守任务的纪律要求，即使遇到困难挫折也不会轻易退却。所以，学生完成任务的过程，就是接受纪律约束的过程。教师如果能很好地用学习任务来引导学生，加深学生对任务的理解，不仅可以有效减少课堂纪律问题，还可以大大提高学习效率。

2013年4月1日，愚人节当天，复旦大学2010级硕士林森浩将先前从实验室偷偷带出的高浓度N-二甲基亚硝胺投入饮水机中，并让室友黄洋喝下。饮水后，黄洋顿感身体不适住院，半个月以后黄洋不治身亡。

某校化学院积极反思林森浩事件中的管理漏洞，要求同学们做完化学实验后严禁将任何化学试剂带出实验室，同学们对学校的要求表示理解。你认为该规定属于何种类型的纪律？

二、课堂纪律管理的原则

根据对课堂纪律的分类及其成因分析，课堂纪律管理应遵循预防性、合作性、及时性、最少干预性、适度性和渐进性等原则。

(一) 预防性原则

教师的监控和关注能够有效地预防课堂违纪行为的发生。通过对学生的时时关注，教师能够敏锐地觉察到课堂或班级中发生的一些细微的、可能影响正常教学的变化，教师对这些问题进行及时跟踪、处理，能够产生防患于未然、事半功倍的效果。

(二) 合作性原则

魏亚琴认为，应该建立合作性的纪律管理，通过师生对话进行民主决策，进而通过学生、教师和家长的共同监督来实施行为规范。教师个人的孤军作战毕竟影响力有限，所以应该吸引和调动相关教师、学生、学生工部和家长的参与，形成协同效应。

(三) 及时性原则

在教学过程中，一旦发现违纪行为，教师必须果断地做出正确的分析与处理，并根据情况采取提示、暗示、制止甚至处罚等措施，不可姑息纵容。研究发现，教师采用不干涉、不指出的方式，一般不能改变学生的不良行为。

(四) 最少干预性原则

教学过程中，尽量不要中断教学的正常进行，更不能频繁地中断教学来处理不遵守纪律的行为。马慧认为，无关紧要的违纪行为可以适度容忍，必须干预纠正的行为，则用最简短的干预纠正学生的行为，尽量避免打断上课过程。

(五) 适度性原则

批评的方式和严厉程度要适度，一般应把握"严格但不严厉"的原则，不要让学生当众出丑，尤其是高年级的学生，更不要体罚学生。对于一些自尊心较强的学生来说，如果老师的惩罚过于严格，伤及其自尊心的话，他们可能会采取一些危害自身或他人生命的极端行为。

(六) 渐进性原则

课堂纪律习惯的养成要通过逐渐的、柔和的、小步勤挪式的教育、管理和感化，不能期望立竿见影、一蹴而就；要强化连续性，自始至终，统一要求。

三、维持课堂纪律的策略

为了建立和维持良好的课堂纪律，教师可以从以下 4 个方面着手。

(一) 建立积极、有效的课堂规则

课堂规则是课堂成员应遵守的课堂基本行为规范和要求。积极、有效的课堂规则并不是由老师一人"独断专行"地确定，而是由教师和学生充分讨论，共同制定，并付诸实施。在具体细则上，课堂规则应该做到"少而精"，并具有可操作性。在表述的语气上，避免过多使用"禁止""不许"等消极词汇，尽量做到以正面引导为主。

(二) 合理组织课堂教学

合理组织课堂教学，教师应做到以下几点：第一，增加学生参与课堂教学的机会，让学生在课堂上有一种主人翁的感觉；第二，保持紧凑的教学节奏，合理布置学业任务，减少学生对课堂和教学活动的厌倦感；第三，处理好教学活动之间的过渡，尽量少"折腾"学生。

(三) 做好课堂监控

课堂监控不仅能够使教师及时预防或发现课堂教学中出现的一些纪律问题，还能够增加对学生的共情，了解不同学生的需求和特点，以便采取更加个性化的方式处理课堂中的违纪行为。

(四) 培养学生的自律品质

促进学生形成和发展自律品质，是维持课堂纪律的最佳策略之一。培养学生的自律品质，教师应做到以下几点：①对学生提出明确的要求，加强课堂纪律的目的性教育；②引导学生对学习纪律持有正确的、积极的态度，产生积极的纪律情感体验，进行自我监控；③集体舆论和集体规范是促使学生自律品质形成和发展的有效手段，教师应对其加以有效利用。

四、课堂问题行为的处理

课堂问题行为一般是指在课堂情境中发生的违反课堂纪律或规则，妨碍教学或学习活动正常进行的行为，其发生具有普遍性。课堂问题行为产生的原因既有学生方面的因素，也有教师方面的因素，还有宏观的家庭、社会环境因素。因此，课堂问题行为的矫正应该在深入分析产生原因的基础上，采取恰当的矫正方法。

(一) 课堂问题行为的含义

课堂问题行为是指在课堂情境中发生的、违反课堂规则、妨碍及干扰课堂学习活动正常进行或影响教学效率和学习效率的行为。

我国心理学家根据调查研究认为，从学生行为表现的主要倾向来看，可以把问题行为分为两大类：一类是外向性的攻击型问题行为，包括活动过度、行为粗暴、上课不专心、与同学不能和睦相处，严重的还有逃学、欺骗和偷窃行为；另一类是内向性的退缩型问题

行为，包括过度的沉默寡言、胆怯退缩、孤僻离群或者神经过敏、烦躁不安、过度焦虑。

(二) 课堂问题行为产生的原因

课堂中发生的问题行为，看似是学生的问题，但实际上与教师及家庭因素也有关，不加分析地将课堂里发生的问题行为一概归咎于学生是不客观的，也是不公平的。

1. 学生方面的因素

(1) 挫折或失败引起的消极情绪。对于教师提出的学习、行为的各种要求，学生会有不同的反应。有的学生顺利地达到了教师的要求，频频成功；而有的学生则连遭挫折，面临失败威胁。挫折、失败会使学生产生紧张情绪，而紧张累积到一定程度就需要发泄。

(2) 寻求注意与地位。一些学习成绩差的学生发现自己无法在学习上获得老师和同学的肯定，故常以问题行为寻求老师和同学的注意，争得自己在班集体中的位置。

(3) 过度反应倾向。研究表明，课堂问题行为与学生的过度活动有关。产生问题行为的学生常有情绪冲突，他们容易对刺激产生一种过于敏感的过度反应倾向，对于与课业无关的刺激立即以过度活动的方式做出反应。也有一部分学生的过度活动是由于脑功能轻微失调造成的。他们的活动过度使自己无法把注意力集中在课业上，从而产生敌对性和破坏性的行为，扰乱课堂活动。

2. 教师方面的因素

(1) 纪律观上的认识误区。有教师认为，纪律是学生在课堂里产生不符合要求的行为时所给予的惩罚，纪律是通过强迫顺从或服从命令来监督学生行为的。所以，他们对学生采取专断的严惩，以维护纪律，而这样的权威主义纪律观会使学生产生对立怨恨情绪，有可能诱发出攻击性或退缩性的问题行为。

(2) 课堂教学设计欠妥。在课堂教学设计中，缺乏新意，教学内容太难或太易，对学生期待过高或过低，有过多机械模仿，教学语言平淡，且进行无意义重复，易使学生感到厌烦，因而寻求刺激，以示不满。

(3) 师生间缺乏沟通。有些教师，特别是新教师，由于缺乏课堂管理的成功经验，对学生的纪律问题常常忧心忡忡，经常担心学生违反规律，干扰课堂教学的顺利进行。这样，教师就把学生看成教学过程的主要威胁，对学生采取生硬的措施来控制学生，结果适得其反，高压课堂中反而更容易出现课堂纪律问题。

3. 家庭方面的因素

(1) 家庭氛围。1994 年，以美国教育部为首开展的一系列研究已表明，家庭对学校教育的参与是推动儿童学业成功的关键要素之一，家长对孩子教育的积极参与有助于孩子的学业成绩、行为规范、对学校的热爱呈现良好的态势，特别是父亲对孩子教育的参与，有时其独特的影响力甚至超过母亲。一般来说，在家庭气氛和谐、父母与孩子沟通顺畅的家庭中长大的孩子出现问题行为的可能性较小。

(2) 父母性格。有关研究表明，孩子的问题行为有时与其父母性格有关。例如，在母亲过度焦虑、过度担心、盛气凌人且以自我为中心，而父亲则温和、仁慈、受妻子支配的家庭里，孩子比较容易患上学校恐惧症，其表现就是只要一到学校附近，就会哭叫、恶心、发脾气、乱跑。

猜一猜，想一想

王老师是一位经验丰富的老教师，他发现，有相当一部分"问题学生"的问题表现在课堂，可问题的根源却在家庭。相对来说，那些来自留守家庭、离异家庭、暴力家庭和低收入家庭的孩子有更大概率成为"问题学生"。

你觉得王老师的观点有道理吗？

(三) 课堂问题行为的矫正

处理课堂问题行为时，教师可以综合考虑课堂问题行为发生的多种相关因素，然后采取恰当的处理方式。

(1) 预防。对课堂问题行为最经济、最有效的处理方式是预防。在教学中，教师可以通过呈现生动、有趣的课程，确定清晰的课堂规则和程序，使学生进行有意义的活动等来预防问题行为的发生。此外，变化课程内容、运用不同的材料和方法进行教学，教师显示出幽默和热情，以及让学生进行合作学习等，也都能够减少学生因疲劳而引发问题行为的可能性。

(2) 非言语暗示。由于一般问题行为大都是一些暂时性的干扰，教师在处理这些行为时，通常只需要运用简单的非言语线索进行暗示，就可以得到既制止问题行为又不影响课堂教学进程的双重效果。例如，如果两个学生正在交头接耳，那么教师就可以用眼睛看着这两个学生或其中的一个，或走到他们身边轻轻敲一下课桌，或突然停下咳嗽一两声，这样通常都能引起他们的注意，从而终止其问题行为。

(3) 表扬。对许多学生来说，表扬是一种强有力的激励。减少一般课堂问题行为的一个有效方法就是表扬学生做出的与想要消除的问题行为相反的正确行为。也就是说，通过表扬正确行为来减少问题行为。假如某个学生上课经常不举手就发言，那么，当他举手发言时，教师就应当立即对他进行表扬。此外，表扬其他学生的良好行为，也可以促使出现问题行为的学生表现出类似的良好行为，从而达到消除问题行为的目的。

(4) 言语提醒。当非言语线索不能制止学生的问题行为时，教师采用适当的言语提醒也有助于让学生回到学习活动中来。在使用言语提醒时，教师要注意不要去追究学生的问题行为，而是要告诉学生他应该怎么做。如果某学生故意不按教师的要求去做，或是与教师辩解、找各种借口，这时，教师可以采用反复提醒的策略，即无视学生的辩解或借口，反复向他陈述要求他去做的事情，直到他服从为止。

(5) 有意忽视。个别学生有时为了引起教师和其他同学的注意，会做出一些问题行为。这时，如果教师直接干预，正好迎合了学生的目的，从而对其问题行为起到强化作用。在这种情况下，教师采取有意忽视的态度，视而不见，是比较合适的处理方式。

(6) 转移注意。对于一些自尊心比较强的学生所表现出来的问题行为，如果教师当众直接制止可能会产生适得其反的效果。这时，教师可以采用比喻、声东击西等方法加以暗示，并转移其注意力，从而终止其问题行为。

(7) 暂时隔离。对于个别学生来说，教师也可以采用暂时隔离的办法，即让出现问题行为的学生暂时离开座位，到教室的某一角落，远离其他同学；或是到教室外面的过道上；或是到校长办公室，甚至另一位教师的班级里。由于这种方法很可能引起学生对教师的不满甚至对抗，教师在使用时应当特别慎重，不宜滥用。

总之，无论采取什么方法处理学生的问题行为，教师首先一定要认清真正的问题所在，找出行为发生的原因，然后针对症结进行有效处理。

教师对不同的课堂问题应采取不同的策略

本章知识要点

课堂管理是教师为了有效利用时间、创造愉快且富有建设性的学习环境以及减少问题行为等，而采取的组织教学活动、设计学习环境、处理课堂行为等一系列措施。

课堂管理的目标可以概括为 3 点：为学生争取更多的时间用于学习，争取让更多的学生投入学习，帮助学生自我管理。

课堂管理的内容包括课堂常规管理、课堂环境管理、课堂秩序管理和课堂活动管理。

影响课堂管理的因素有教师的领导风格、班级的规模、班级的氛围、对教师的期望等。

群体是指在组织机构中，由若干个人组成的为实现目标而相互依存、相互影响、相互作用，并规定其行为规范的人群结合体。

群体对个体的影响主要有社会助长与社会惰化、去个性化、群体冒险倾向、从众与服从。

正式群体是指在学校行政部门、班主任或社会团体的领导下，按一定章程组成的学生群体，班级、小组、少先队等都属于正式群体。

非正式群体是指在同伴交往过程中，一些学生自由结合、自发形成的小群体。

课堂气氛是教师与学生集体相互作用所形成的一种心理环境，它影响着课堂上师生的思想和行为、教学效果和学生个性的发展。课堂气氛可分为积极的课堂气氛、消极的课堂气氛和对抗的课堂气氛 3 种类型。

营造积极的课堂气氛可以从发挥教师的主导作用、尊重学生的主体地位和构建和谐的师生关系 3 个方面进行。

课堂纪律是指为保障或促进学生的学习而对学生的课堂行为施加的外部控制与规则。

课堂纪律可分为教师促成的纪律、集体促成的纪律、自我促成的纪律和任务促成的纪律。

课堂纪律管理的原则包括预防性原则、合作性原则、及时性原则、最少干预性原则、适度性原则、渐进性原则。

维持课堂纪律的策略可归纳为 4 点：建立积极、有效的课堂规则；合理组织课堂教学；做好课堂监控；培养学生的自律品质。

课堂问题行为是指在课堂情境中发生的、违反课堂规则、妨碍及干扰课堂学习活动正常进行或影响教学效率和学习效率的行为。

课堂问题行为的矫正措施包括预防、非言语暗示、表扬、言语提醒、有意忽视、转移注意、暂时隔离等。

本章练习题

一、单选题

1. 下列不能促进良好课堂气氛营造的是(　　)。
   A. 建立和谐的课堂人际关系　　　　B. 运用灵活多样的教学方式
   C. 采用专制的领导方式　　　　　　D. 给予学生合理的期望

2. 一个月前，李老师的家庭发生了重大变故。结束事假后，李老师回到学校继续开展教学工作，可是同学们普遍感受到李老师不在状态，导致课堂气氛比较压抑，学生课堂学习的效果较差。这一现象体现了(　　)对课堂气氛的影响。
   A. 教师的领导方式　　　　　　　　B. 教师的期望
   C. 教师的情绪状态　　　　　　　　D. 教师的认知风格

3. 下列选项中，影响课堂管理的因素是(　　)。
   A. 教师的领导风格　　　　　　　　B. 教师的编排
   C. 课外活动　　　　　　　　　　　D. 课表的编排

4. (　　)的非正式学生群体，对学生正式群体、组织的发展有促进作用，对于这种非正式群体应加以保护和利用，对其核心人物可以适当授权，让其组织团体开展一些有意义的公开活动，也可以让其成为班委或校正式组织的成员。
   A. 积极型　　　　B. 中间型　　　　C. 消极型　　　　D. 破坏型

5. 引发课堂问题行为的因素中，属于教师方面的因素有(　　)。
   A. 厌烦　　　　B. 适应不良　　　　C. 过度　　　　D. 要求不当

6. 共青团、少先队组织属于(　　)。
   A. 正式群体　　　B. 一般群体　　　C. 非正式群体　　　D. 松散群体

7. 教师在处理课堂中的问题行为时，常通过目光接触、手势、身体靠近等消除学生的不良行为,该老师使用的决策属于(　　)。

  A. 应用后果   B. 言语提示   C. 反复提示   D. 非言语线索

8. 营造良好课堂气氛的条件是(　　)。

  A. 建立和谐的课堂人际关系   B. 教师多讲课,学生少发言

  C. 对学生严加看管   D. 减少学生人数

9. 教师对学生课堂行为所施加的准则与控制称为(　　)。

  A. 课堂管理   B. 课堂纪律   C. 课堂规范   D. 课堂控制

10. 以下因素中,不属于从众的影响因素的是(　　)。

  A. 群体规模   B. 群体认同

  C. 群体成员数量多少   D. 性别

二、判断题

1. 对于小学低年级的学生来说,让他们习得必要的课堂秩序与规则是课堂管理的一项重要内容。(　　)

2. 一般来讲,课堂的规模越大,课堂管理的难度也就越大。(　　)

3. "法不责众"体现的是群体中成员的去个性化现象。(　　)

4. 一些学生自由结合、自发形成的小群体称为非正式群体,非正式群体较为松散,他们可能并没有共同的群体目标。(　　)

5. 在消极的课堂气氛中,师生关系紧张,学生随心所欲,各行其是,注意力指向无关对象,教师也无法正常上课。(　　)

6. 在营造积极课堂气氛的过程中,教师起主导作用。(　　)

7. 幼儿园和小学低年级儿童的课堂纪律类型多为教师促成的纪律。(　　)

8. 课堂问题行为是指在课堂情境中发生的、违反课堂规则、妨碍及干扰课堂学习活动正常进行或影响教学效率和学习效率的行为,它的发生具有普遍性。(　　)

9. 课堂问题行为的处理应遵循最少干预原则,尽量减少对正常课堂教学的干扰。(　　)

10. 所谓服从,就是个人的观念和行为与群体不一致,从而在群体引导或压力下朝着与大多数人方向相一致的方向变化的现象。(　　)

三、主观题

1. 简述课堂纪律的主要类型。

2. 材料题:

  小强是王老师班里的一名学生。最近,王老师发现小强上课愈发地不在状态,总是故意制造一些奇怪的声音,如摇晃桌椅或者把文具扔到地下。刚开始王老师提醒他几句,他也知道有所收敛,但最近王老师越提醒他,他反而越来劲,捣乱捣得更凶了。王老师想和小强的家长沟通一下他的学习情况,无奈他的父母都在外地打工,家里只有奶奶一人照顾小强。

  如果你是王老师,对于小强的行为,你会采取哪些措施呢?

第十二章

教学设计与评价

学习目标

1. 掌握教学设计的含义、依据、步骤。
2. 掌握教育目标的含义与特征。
3. 能够理解并举例说明布卢姆对教学目标的三种分类。
4. 了解教学策略的含义与特征。
5. 能够理解在何种情况下运用以下3种不同类型的教学策略：以教师为中心的教学策略、以学生为中心的教学策略和个别化教学策略。
6. 了解教学媒体选择和呈现时的注意事项。
7. 能够区分教学测量与教学评价的关系。
8. 掌握教学评价的类型与含义。
9. 了解量化教学评价和质性教学评价的方法与特点。

章节导读

在个体成长过程中频繁接触的人群中，"老师"这个群体肯定会占有一席之地。对于老师来说，他们主要的任务是给学生们上一堂学生们能够听懂，并且乐意听的课。那么，这一堂课，从开始准备到最后呈现在课堂上，中间经历了哪些环节呢？

本章将系统介绍老师从"开始准备"一堂课到"完美呈现"一堂课的全过程，这个过程就是教学设计。上课之前，老师要先明确想让学生们学到什么内容(教学目标)，有哪些内容是适合学生们学习的(教学内容)，老师用何种方法呈现这些内容(教学策略和教学媒体)。最后，学生们是否掌握了老师所教的知识呢？老师将采用各种方法检查学生们的掌握情况，这就是教学评价。

第一节　教学设计概述

　　教学设计是教学活动正式开始之前的一种准备性活动,是教师正式上课过程的一次预演,而教案则是教学设计的具体表现形式。教师在对教学过程进行设计时,既要考虑相关的理论与方法,也要考虑具体教学中老师和学生的特点与需要。教学设计是每位老师的"必修课",可以提升教师的教学水平,优化课堂教学效果。

一、教学设计的含义

　　教学设计是教学活动实施之前的一种准备性活动。在实践领域,许多教师把教学设计看成备课,也就是制订教学环节、安排教学内容、选择教学方式的过程。在理论上,研究者基于不同视角和研究取向,对教学设计提出了不同的界定。教学设计专家格斯塔弗森(K. L. Gustafson)指出,"教学设计"这一术语被用于描述包括分析教学内容、确定教学方法、指导实验和修改,以及进行教学评价的整个过程。布里格斯(L. J. Briggs)认为,"教学设计是分析学习需要和目标以形成满足学习需要的传送系统的全过程"。瑞奇(R. Richey)进一步认为,教学设计是"为了便于学习各种大小不同的学科单元,而对学习情境的发展、评价和保持进行详细规划的科学"。综合上述学者的观点,本书认为,教学设计是教师在教学之前根据社会要求和学生特点,对教学的目标、内容、方法、媒体、程序、环境及评价等要素进行系统谋划,形成教学思路和方案的导教、促学过程。

二、教学设计的特征

　　教学设计具有 7 个主要特征,即指导性、统合性、可操作性、预演性、突出性、易控性和创造性。

(一) 指导性

　　教学设计是教师为组织和指导教学活动精心设计的施教蓝图,是教师有关下一步教学活动的一切设想,例如将要达到的目标、所要完成的任务、将要采取的各种教学措施等均应反映在教学设计中。

(二) 统合性

　　教学是由多种教学要素组成的一个复杂系统,教学设计则是对这诸多要素的系统安排与组合。以系统、科学的方法指导教学设计,这是科学的教学设计与实际经验的教学设计的重大区别。教学设计的统合性就是采用系统、科学的方法,对由诸多要素构成的教学活动进行综合的、整体的规划与安排。

(三) 可操作性

　　教学设计既有一定的理论色彩,但又明确指向教学实践。在教学设计方案中,各类教学目标被分解成具体的、可操作的目标,教学设计者对教学内容的选择、教学方法的运用、教学时间的分配、教学环境的调适、教学评价手段的实施都做了具体、明确的规定和安排,成为教师组织教学的可行依据。

(四) 预演性

教师进行教学设计的过程，实质上就是实际教学活动的每个环节、每个步骤在教学中预演的过程。这一过程带有较强的预演性和生动的情境性。教学活动的预演能使教师如临真实的教学情境，对教学过程的每一个细节周密考虑、仔细策划，为教学活动的顺利进行提供可靠保证。

(五) 突出性

教师在设计教学方案时，可以有目的、有重点地突出某一种或某几种教学要素，以达到特定的教学目标。例如，教师可以在教学方案中突出某一教学方法的运用、某一部分教学内容的讲述、某一种新教学环境的设计，从而使教学活动重点突出、特色鲜明、富有层次感。

(六) 易控性

教学设计的易控性表现在两个方面：一是由于教学设计是对教学活动的预先规划和准备，教师有充足的时间对整个教学过程进行周密计划、反复检查；二是教学设计要确定明确的教学目标，教学目标对教学活动的诸要素具有较强的控制作用，既控制着教学活动的方向，也控制着教学活动的进程、内容、程序和活动中主客体间的动态关系。

(七) 创造性

教学设计的过程，实际上是教师根据不同的教学目标和不同学生的特点，创造性地思考、设计教学实施方案的过程。由于教学设计同教师个人的教学经验、风格、智慧紧密结合在一起，每个教师设计的教学方案都会不同程度地带有个人风格与色彩，因而为教师个人创造才能的发挥提供了广阔天地。

三、教学设计的依据

教师在进行教学设计时要考虑多方面的因素，包括现代教学理论，系统、科学的原理与方法，教学的实际需要，学生的需要和特点，以及教师的教学经验等。

(一) 现代教学理论

理论的指导是教学设计由感性经验上升到理性认识的一个基本前提。现代教学理论是指导现代教学实践的基本依据。通过教学理论的指导，不仅可以避免教师教学设计的盲目性，而且可以促使教师的教学设计由感性经验层次上升到理性认识层次，从而最大限度地保证教学设计的合理性与有效性。

(二) 系统、科学的原理与方法

采用系统方法分析课堂教学系统中各因素的地位和作用，使各因素得到紧密的最佳组合，从而优化课堂教学效果，是教学设计的一个基本特征，同时也是教学设计成功与否的关键所在。

（三）教学的实际需要

教学设计的全部意义在于满足教学活动的实际需要。无论多么精巧的教学设计，如果脱离教学实践，不能满足实际教学需求，都难以实现自身的价值与意义。一项成功的教学设计，应该能够为实际的教学提供最优的行动方案。

（四）学生的需要和特点

教学设计的基本特征之一就是它既关心"教"，又关心"学"。教是为了学，学是教的依据和出发点，教师的教必须通过学生积极、主动地学习才能起到有效作用。

（五）教师的教学经验

在教学设计中，教师既不能完全依据经验行事，也不能排斥教学经验的作用。只有将教学的理论和方法与好的教学经验结合起来，才能使教学设计既有共性，又有个性，并最终实现两者的有机统一。

四、教学设计的步骤

教学设计作为对整个教学活动的系统规划、预演，其步骤包括教学目标制定、教学对象分析、教学内容选择、教学策略与教学媒体选择、教学效果评价等。

小美老师的教学设计全过程

（一）教学目标制定

在该阶段，教师要分析教学任务，尽可能用可观察和可测量的行为变化来作为教学结果的指标。

（二）教学对象分析

教学对象分析就是分析学生，包括他们原有的知识水平、技能和学习动机、状态等。对学生的分析会影响后续教学策略的选择与制定。

（三）教学内容选择

教学内容选择是根据学生的特点来确定要将哪些内容传授给学生，或者打算让学生掌握哪些知识技能和行为习惯。

（四）教学策略与教学媒体选择

在该阶段，教师要考虑呈现教材的方式和方法，提供学习指导，即进行教学策略与教学媒体的选择。

（五）教学效果评价

在该阶段，教师应对学生的学习效果和教师的教学效果进行科学的测量与评价，并根据反馈效果对后续教学进行调整和修正。

上述基本程序集中体现了教学设计的 4 个基本要素。

(1) 教学目标。教学所要达到的预期目标是什么？

(2) 教学内容。为达到预期目标，应选择怎样的知识和经验？

(3) 教学策略、教学媒体。如何组织有效的教学？

(4) 教学评价。如何获取必要的反馈信息？

这 4 个要素从根本上规定了教学设计的基本框架，无论在何种范围内进行教学设计，教学设计者都应当综合考虑这 4 个基本要素，否则，所形成的教学设计方案将是不全面、不完整的。

猜一猜，想一想

李老师是一年级的语文老师，她下周要教给小朋友们的课文是《小蝌蚪找妈妈》，你能够从教学目标、教学对象、教学策略等方面说一说李老师在教学设计时应该注意的问题吗？

五、教学设计的意义

追求教学的最优化历来是教学理论研究者和教师追求的理想境界。教学设计的意义主要体现在它对实现教学最优化过程的促进上。

（一）教学设计可以最大限度地优化课堂教学

阿特金森曾于 20 世纪 70 年代初就教学的最优化过程提出了 4 项基本要求：适当的教学模式、明确的教学目标、详尽的教学活动、相应的经费和效益。这些要求正是教学设计所要解决的问题。当教师认真地思考学生应该掌握哪些内容，应该产生哪些行为或态度，以及这些学习需要借助哪些教学手段时，教师就会充分发挥其创造性和想象力，提高教学自信心、安全感和将教学计划付诸实施的热情。同时，教师借助教学设计和教学反馈，可以准确地掌握学生学习的初始状态和学习结果，据此有效地监控教学过程，适时地进行教学反思，不断地增长教学智慧。

(二) 教学设计是促进学生学习和发展的直接手段

系统的教学设计必须立足于对学生的全面分析。经过精心策划的教学设计更有可能切合学生的发展需求，吸引和维持学生的注意力，引导和促进学生的学习，提高他们对教学目标和学习内容的满意度。具有诊断功能的教学设计还能针对学生的个别差异，帮助个别学生解决学习问题，使他们在学习过程中与其他同学一样达到教师预设的教学目标。从这个意义上讲，教学设计是落实素质教育、提高教育的针对性和实效性、促进每个学生学习和发展的有效途径。

(三) 教学设计是教学评价和教学交流的载体

教学设计不仅是教师教学的蓝图、学生学习的向导，而且是学校管理者评价教师教学成效和教师之间交流、切磋教学技艺的参考。学校领导、教务部门和年级组通常要定期检查、考核教师的教学设计产物——教案，以发现教师教学中的优点和不足。新手型教师通过学习专家型教师的教案，揣摩专家型教师的教学设计理念，可以加快成长进程。

第二节　组织教学过程

教师进行教学设计时，对教学过程的设计主要涉及明确教学目标、选择教学内容、制定教学策略、选择教学媒体3个环节。本节将对上述4个环节的教学设计进行详细论述。

一、明确教学目标

明确教学目标是教学设计的首要环节。在实际教学过程中，教师往往需要从知识与技能、过程与方法、情感态度与价值观3个维度来设计教学目标。

(一) 教学目标的含义与作用

传统教学理论认为教学目标有广义和狭义之分。广义的教学目标指教育宗旨和教育目的。教育宗旨是学校教育完成特定社会要求的指导原则，是对特定学校的办学方向和育人基本要求的笼统规定，较为宽泛，如"为国家培养德、智、体等方面全面发展的高素质人才"；教育目的指国家、地区和社会对学生在校学习生涯中应达到的教育水平的总括性要求，如"提高学生的阅读技能"。狭义的教学目标是指在教学活动中教师所期待得到的学生的学习结果。本书中的教学目标是指狭义的教学目标。

教学活动以教学目标为导向，且始终围绕实现教学目标而进行。教学目标是整个教学设计中最重要的部分，是对教学活动提出的具体要求，不仅规范着教师的教学活动，而且也规范着学生的学习活动。教学目标的作用主要体现在3个方面：第一，教学目标是选择教学方法的依据；第二，教学目标是进行教学评价的依据；第三，教学目标具有指引学生学习的作用。

(二) 教学目标的分类

在众多教学目标分析的理论中，布卢姆关于教学目标分类的理论和加涅对学习结果分类的理论最具有代表性。

1. 布卢姆对教学目标的分类

布卢姆曾把教学活动所要实现的整体目标划分为认知、情感和动作技能三大领域，并从实现各领域的最终目标出发，确定了一个细化的目标序列。

1) 认知领域的目标

认知领域的目标包含由低级到高级、由简单到复杂的 6 级水平，它们分别是知识、领会、应用、分析、综合、评价。

(1) *知识*。知识是指对所学材料的记忆，包括对具体事实、方法、过程、概念和原理的回忆，其所要求的心理过程是记忆。例如，学生上课时能够背诵出上一节课学过的课文《燕歌行》。知识是最低水平的认知学习结果。

(2) *领会*。领会是指把握所学材料的意义。学生可以借助 3 种形式来表明对材料的领会：一是转换，即用自己的话或用不同于原先表达方式的方法表达自己的思想；二是解释，即对一项信息加以说明或概述；三是推断，即对事物之间的逻辑关系进行推理。例如，学生在学过课文《荷塘月色》后，能够用自己的话对课文内容做出概括。领会超越了单纯的记忆，代表最低水平的理解。

(3) *应用*。应用是指将所学材料应用于新的情境之中，包括概念、规则、方法、规律和理论的应用。例如，学生学习加减乘除运算法则后，能够独立到商店买东西。应用代表较高水平的理解。

(4) *分析*。分析是指将整体材料分解成其构成成分并理解组织结构，包括对要素的分析、关系的分析和组织原理的分析。例如，学生可以将一篇课文的写作结构按照其内在逻辑关系分解开。分析代表了比应用更高的水平，因为它既要理解材料的内容，又要理解其结构。

(5) *综合*。综合是指将所学的零碎知识整合为知识系统。综合包括 3 个水平：用语言表达自己意见时表现的综合、处理事务时表现的综合、推演抽象关系时表现的综合。综合目标所强调的创造能力，需要产生新的模式或结构。例如，学生能够用老师给定的材料写出一篇符合要求的议论文。

(6) *评价*。评价是指对所学材料进行价值判断的能力，包括按材料的内在标准和外在标准进行判断。例如，学生能够对课文中主人公的价值观进行道德评价。评价目标是最高水平的认知学习结果。

2) 情感领域的目标

布卢姆将情感领域的教学目标根据价值内化的程度分为 5 个等级。

(1) *接受*。接受是指学生愿意注意特殊的现象或刺激，包括 3 个水平：与知觉有关刺激的存在；有主动接受的意愿；有选择的注意。接受是低级情感的价值内化体现。例如，学生对教师所讲事例有轻微的反应。

(2) *反应*。反应是指学生主动参与学习活动并从中得到满足，处于这一水平的学生，以某种方式对注意的现象做出反应以及反应的满足。这类目标强调对特殊活动的选择与满足，类似通常所说的兴趣。例如，在教师提问时，学生能够主动回答问题。

(3) *形成价值观念*。形成价值观念是指学生将特殊对象、现象或行为与一定的价值标准相联系，对所学内容在信念和态度上表示正面肯定。它包括三种水平：接受某种价值标准；偏爱某种价值标准；为某种价值标准做奉献。这一水平的学习结果是将对所学内容的价值肯定变成一种稳定的追求，相当于通常所说的态度和欣赏。例如，学生在阅读课上主动选择某种类型的文学作品进行阅读。

(4) 组织价值观念系统。组织价值观念系统是指将许多不同的价值标准组合在一起，消除它们之间的矛盾和冲突，并开始建立内在一致的价值体系。它分为两个水平：价值概念化，即对所学内容的价值在含义上予以抽象化，形成个人对同类内容的一致看法；组成价值系统，即将所学的价值观汇集整合，加以系统化。例如，学生形成助人为乐的价值观，并主动帮助别人。

(5) 价值体系个性化。价值体系个性化是指个体通过学习，经由前四个阶段的内化之后，所学得的知识观念已成为自己统一的价值观，并融入性格结构之中。它可分为两个水平：概念化心向，即对同类情境表现出一般的心向；性格化，即心理与行为内外一致，持久不变。例如，学生可能牺牲自己的利益或者生命去帮助别人。

3) 动作技能领域的目标

动作技能领域的教学目标是指预期教学后在学生动作技能方面所应达到的目标，它包括 6 个水平。

(1) 知觉。知觉是指学生通过感官对动作、物体、性质或关系等的意识能力，以及进行心理、躯体和情绪等的预备调节能力。例如，体育课上学生准备记住教练的演示步骤。

(2) 模仿。模仿是指学生按提示要求行动或重复被显示的动作的能力，但学生的模仿性行为经常是缺乏控制的。例如，在观看演示之后，学生能够重复出部分动作。

(3) 操作。操作是指学生按提示要求行动的能力，此阶段学生能独立进行操作。例如，学生进行一段时间练习以后，熟练程度达到一定水平。

(4) 准确。准确是指学生的练习能力或全面完成复杂作业的能力。例如，学生能够完成一个较高难度的动作。

(5) 连贯。连贯是指学生按规定顺序和协调要求调整行为、动作等的能力。例如，学生优雅而流畅地进行动作展示。

(6) 习惯化。习惯化是指学生自发或自觉地行动的能力。例如，学生对某种技能的动作熟记于心，能够随时进行动作展示。

猜一猜，想一想

明明上课的时候，听老师讲述了雷锋舍己为人、助人为乐的故事，特别感动，他决定自己也要做一个有益于别人的人。

根据布卢姆的教学目标分类，明明进行的是哪个领域的学习？达到了何种层次？

2. 加涅对学习结果的分类

加涅将学生的学习结果或教学目标分为 5 类：言语信息、智慧技能、认知策略、动作技能和态度。关于此部分内容，本书已在"第三章 学习理论"中有详细介绍，此处不再赘述。

二、选择教学内容

教学内容是教学目标的具体化，是实现教学目标的基本保证。教学内容设计是教学设计的重要一环。一般来说，教学内容的设计总是依据一定的理论观点，对教学内容从宏观和微观两个层面进行设计。教学内容设计的理论是教学内容设计的前提。教学内容的宏观设计是确定教材内容的取舍和排列顺序的过程。教学内容的微观设计是在教学对象和教材固定的情况下，科学、谨慎地分析教材，重组并改选教学内容。

三、制定教学策略

确定教学目标与教学内容以后，教师需要确定以何种方式来上课，包括教学方法的选择、多媒体的选择、师生的交互方式设计等，这一过程就是制定教学策略的过程。

(一) 教学策略的含义

教学策略指教师采取的为达到教学目标的一切活动计划，包括教学事项的顺序安排、教学方法的选择、教学媒体的选择、教学环境的设置及师生的交互方式设计等。在教学中，由于教学目标、课题特点及所持学习理论取向不同，教师将会以不同方式来组织教学，并采取相应的教学方法、媒体来实现这一活动。

(二) 教学策略的特征

教学策略具有指向性、可操作性、整体综合性、调控性、灵活性、层次性的特征。

(1) 指向性。教学策略的产生是为了解决现实的教学问题，掌握特定的教学内容，达到预定的教学目标，获得预期的教学效果。任何教学策略都指向特定的问题情境、特定的教学内容、特定的教学目标，规定着师生的教学行为。

(2) 可操作性。任何教学策略都是针对教学目标的每个具体要求而制定的，具有与之相对应的方法、技术和实施程序，它要转化为教师与学生的具体行动。这就要求教学策略必须具有可操作性。

(3) 整体综合性。教学策略包括教学活动的元认知过程、教学活动的调控过程和教学方法的执行过程。这三个过程并不是彼此分割的，而是相互关联的一个整体，彼此之间相互作用，每一个过程依据其他两个过程而做出相应的规定和变化。

(4) 调控性。由于教学活动中元认知过程的参与，教学策略具有调控的特性。元认知实质上是人对自身认知活动的自觉意识和自觉调节。它表现为主体能够根据活动的要求，选择适当的解决问题的方法，监控认知活动的进程，不断取得和分析反馈信息，及时调控自己的认知过程，维持和修正解决问题的方法与手段。

(5) 灵活性。教学策略不是"万金油"式的"教学处方"，不存在一个能包揽一切的大而全的教学策略。同一策略可以解决不同的问题，不同的策略也可以解决相同的问题，这就说明了教学策略具有灵活性。

(6) 层次性。教学具有不同的层次，不同的教学层次有不同的达到教学目的的手段和方法，即有不同的教学策略。不同层次的教学策略具有不同的适用条件和范围，具有不同的功能，不能相互代替。

(三) 教学策略的类型

目前，世界范围内的教学策略大致可分为以教师为中心的教学策略、以学生为中心的教学策略和个别化教学策略三大类。下面这三种类型的教学策略进行详细叙述。

1. 以教师为中心的教学策略

以教师为中心的教学策略强调教师在教学过程中的主导作用，主要有直接教学和接受学习两种模式。

(1) 直接教学(指导教学)。直接教学是以学习成绩为中心，在教师指导下使用结构化的有序材料的课堂教学策略。在直接教学中，教师向学生清楚地说明教学目标，在充足而连续的教学时间里给学生呈现教学内容，监控学生的表现，及时向学生提供学习方面的反馈。由于在这种教学策略中，由教师设置教学目标，选择教学材料，控制教学进度，设计师生之间的交互方式，所以这是一种以教师为中心的教学策略。直接教学尤其适用于教授那些学生必须掌握的、有良好结构的信息或技能。当教学的主要目标是深层次的概念转变、探究、发现，或者是开放的教学目标时，直接教学就不太适用了。

(2) 接受学习。接受学习是奥苏贝尔所倡导的，是在他提出的认知结构同化理论的基础上提出来的，也是人们通常所提到的讲授式教学策略。与直接教学不同的是，直接教学可能更适合教授程序性的知识与技能，如算术、体育等；而对于陈述性知识，如历史、文学等，接受学习则更加合适。接受学习的教学过程主要有三个环节：①呈现先行组织者；②提供学习任务和学习材料；③增强认知结构。接受学习在讲授知识间的抽象关系时更有效，也为学生提供好方法帮助他们保持重要的信息。

2. 以学生为中心的教学策略

以学生为中心的教学策略重视学生的主动参与和探索在教学中的重要作用，主要有发现学习、情境教学、合作学习三种模式。

(1) 发现学习。发现学习是指给学生提供有关的学习材料，让学生通过探索、操作和思考，自行发现知识、理解概念和原理的教学方法。发现学习的首创者布鲁纳认为，教学不仅应当尽可能使学生牢固地掌握科学知识，还应当尽可能使学生成为自主、自动的思想家。这样，学生在结束正规的学校教育后，才能独立地学习、发展。

一般来说，发现学习的教学要经过 4 个阶段：①创设问题情境，使学生在这种情境中发现其中的矛盾，提出问题；②促使学生利用教师所提供的某些材料，针对所提出的问题，提出要解答的假设；③从理论上或实践上检验自己的假设；④根据由实验获得的材料或结果，在仔细评价的基础上引出结论。

(2) 情境教学。情境教学指在应用知识的具体情境中进行知识的教学的一种教学策略。在情境教学中，教学的环境是与现实情境相类似的问题情境；教学的目标是解决现实生活中遇到的问题；学习的材料是真实性的任务，这些任务未被做人为的简化处理，隐含于现实问题情境之中，并且，由于现实问题往往同时涉及多方面的原理和概念，因此这些任务能体现学科交叉性；教学的过程要与实际的解决问题的过程相似，教师不是直接将事先准备好的概念和原理告诉学生，而是提出现实问题，然后引导学生进行与现实中专家解决问题的过程相类似的探索过程。

(3) 合作学习。合作学习指学生们以主动合作学习的方式代替教师主导教学的一种教学策略，它由能力各异的多名学生组成小组，一起互相帮助共同完成一定的学习任务。合作学习的目的不仅是培养学生主动求知的能力，而且是发展学生合作过程中的人际交往能力。合作学习分组的原则：①组内异质，组间同质；②小组成员以 4～6 人为宜。

合作学习在设计与实施上必须具备以下 5 个特征：①分工合作，指以责任分担的方式达成合作追求的共同目的；②密切配合，指将工作中应在不同时间完成的各种项目分配给每个人，以便发挥分工合作的效能；③各自尽力，指要想成功，团体成员必须各尽其力，完成自己分担的工作，并且要帮助别人；④社会互动，指合作学习的成效取决于团体成员之间的互动作用，即大家在态度上相互尊重，在认知上集思广益，在情感上彼此支持；⑤团体过程，指由团体活动达成预定目标的历程。

3. 个别化教学策略

个别化教学指让学生以自己的水平和速度进行学习的一种教学模式。下面简单介绍几种经典的个别化教学模式。

(1) 程序教学。程序教学是一种能让学生以自己的水平和速度自学，以特定顺序安排材料的个别化教学方法。其创始者通常被认为是教学机器的发明人普莱西，但对程序教学贡献最大的却是斯金纳。程序教学以精心设计的顺序呈现主题，要求学习者通过填空、选择答案或解决问题对问题或表述做出反应，在每一个反应之后及时反馈，使学生以自己的速度进行学习。学生对问题的回答相当于"反应"，反馈信息相当于"强化"。程序学习的关键是编制出好的程序。为此，斯金纳提出了编制程序的 5 条基本原则：小步子、积极反应、及时强化(反馈)、自定步调、低错误率。

(2) 掌握学习。掌握学习是由美国心理学家布卢姆提出来的，它是一种适应学习者个别差异的教学方法。该方法将学习内容分成小的单元，学生每次学习一个小的单元并参加单元考试，直到学生以 80%～100% 的掌握水平通过考试，才能进入下一个单元的学习。它是一种非常乐观的教学方法，假设只要给学生以足够的学习时间和相应的教学，大多数学生都能够学会学校里的科目。运用掌握学习方法进行教学时，也要考虑其适用范围：①掌握学习更适合基础知识和基本技能的教学；②掌握学习更适合学习能力较低的学生以及有各种特殊需要的学生。

(3) 计算机辅助教学。计算机辅助教学，简称 CAI，是指使计算机作为一个辅导者呈现信息，给学生提供练习机会，评价学生的成绩，以及提供额外的教学。随着多媒体技术、通信网络技术的发展，人们把以计算机为核心的所有个别化教学技术都称为计算机辅助教学。与传统的教学相比，计算机辅助教学具有以下优越性：①交互性，即人机对话；②即时反馈；③生动、形象地呈现信息；④自定步调等。计算机还能用于管理，如确定错误率，了解学生的进步情况，通过诊断布置学习任务等。

猜一猜，想一想

王老师是一名数学老师，他所教的高一(1)班班容量是 45 人，他明天要给班里的同学们讲解"平面向量"，该知识点逻辑性强，对学生来说有一定难度。

请你想一想，王老师适合采用上面提到的哪一种教学策略？

四、选择教学媒体

教学媒体是教学过程中教师传递信息的载体。由于现代技术的发展，教学媒体在教学中的作用日益突出。然而，需要注意的是，教学媒体并不是越"先进"越好，教师需要根据教学的实际需要和学生特点选择恰当的教学媒体。

(一) 教学媒体的概念

教学媒体是指在教学过程中传递信息的物质工具。按感官来分，教学媒体主要分为听觉媒体、视觉媒体、视听型媒体和交互型媒体；按媒体的表达手段来分，教学媒体可分为口语媒体、印刷媒体和电子媒体。

(二) 教学媒体的选择依据

教学媒体的选择需要考虑教学目标、教学内容、教学对象、教学条件等多种因素。

(1) 依据教学目标选择教学媒体。每个知识点都有具体的教学目标，为达到不同的教学目标常需要使用不同的媒体去传递教学信息。

(2) 依据教学内容选择教学媒体。各门学科的性质不同，适用的教学媒体会有所区别；同一学科各章节内容不同，对教学媒体也有不同的要求。

(3) 依据教学对象选择教学媒体。不同年龄阶段的学生对事物的接受能力不一样，选择教学媒体时必须顾及他们的年龄特征。

(4) 依据教学条件选择教学媒体。教学中能否选用某种教学媒体，还要看当时当地的具体条件，其中包括资源状况、经济能力、师生技能、使用环境、管理水平等。

此外，还要考虑媒体的特性，以及使用成本、可获得性、便利性、学生的偏爱等因素。总之，教学媒体的选择是一个需要考虑多种因素的综合决策过程。

(三) 教学多媒体信息的呈现

当信息的呈现包括两种或两种以上方式时，该信息就是多媒体信息。学生在处理多媒体信息时的记忆容量有限，所以教师在呈现多媒体信息时要遵循以下原则：①文字以言语叙述的方式呈现；②课程以学生可控的片段呈现，在信息组块之间留出时间；③预先训练学生对内容的命名和特征；④清除有趣但无关的材料；⑤提供线索引导学生处理材料，以减少对无关材料的关注；⑥当文字以言语叙述的方式呈现后，避免以完全一致的书面文字重复呈现；⑦播放动画的同时应呈现相应的叙述，以便学生在记忆中保持表象。

第三节　教学测量与评价

教学测量与评价是教学过程的最后环节，是对教学效果的测量与评估。教学目的不同，教学评价进行的时机与形式也往往不同。本节将详细介绍教学评价的含义、作用、类型，教学评价的方法与技术，以及教学评价结果的处理与分析。

一、教学评价概述

教学评价是对教学过程的测量与评估，对教师了解学生的知识掌握情况、改进教学方式和方法、进行教学总结具有重要意义。

(一) 教学评价的含义

教学评价是指根据教学目标，对学习者在教学活动中所发生的变化进行观察与测量，收集有关资料并做出价值判断的过程。对于教学评价，应该注意以下几点。

首先，教学评价的依据是教学目标。教学目标是教学活动中所期待的学生的学习结果，它规定了学习者应达到的终点行为。教学之后，学习者在认知、情感和动作技能等方面是否产生了如教学目标所期望的变化？这是要通过教学评价来回答的。因此，教学评价依据的标准是教学目标，离开了明确、具体的教学目标就无法进行教学评价。如果教学评价的标准和教学目标不一致，那么，教学目标将失去它自身的作用，由另外的评价标准取而代之。

其次，教学评价常常通过观察与测量来收集资料，但测量不等于评价。教学测量是考核教学成效的一种方法，是借助一定的心理量表及其操作，对学生的学习成绩进行测定，并以一定的数值来表示的考核办法，而教学评价是对测量结果做价值判断的过程。简单来说，教学测量是教学评价的前提和重要手段，但教学测量并不等同于教学评价。

最后，虽然教学测量是教学评价的重要手段，但并不是唯一的手段。教师还可以通过一些非测量的方法，如观察、谈话、收集学生的学习作品等，做出更全面的教学评价。

(二) 教学评价的作用

教学评价在学习和教学过程中发挥着重要作用。教学评价的一般作用可以概括为以下 3 方面：第一，教学评价的结果为教师检验与改进教学提供依据；第二，教学评价的结果为学生在学习上的进步提供反馈；第三，教学评价的结果为家长了解子女在校学习情况提供参考。

二、教学评价的类型

根据不同的划分标准，教学评价有以下几种划分方式。

(一) 准备性评价、形成性评价和总结性评价

根据实施教学评价的时机和目的的不同，可以将教学评价分为准备性评价、形成性评价和总结性评价。

准备性评价是指在教学之前，为了解学生对学习新知识应具备的基本条件的掌握情况而进行的评价。准备性评价通常通过摸底测验的方式来进行。通过准备性评价，教师可以了解学生是否具备学习某种新科目所需要的基本知识或技能，也可以了解在新科目的教学目标中，有哪些知识与技能是学生已经掌握的。由于准备性评价具有诊断功能，因此又称为诊断性评价。

形成性评价是指在教学过程中为了解学生的学习情况，及时发现教和学中的问题而进行的评价。形成性评价常采用非正式考试或单元测验的形式来进行。测验题目的编制必须考虑单元教学中的所有重要目标。通过形成性评价，教师可以随时了解学生在学习上的进展情况，

获得教学过程中的连续反馈，为教师随时调整教学计划、改进教学方法提供参考。

总结性评价是指在教学结束后为全面了解教学目标的实现情况所进行的评价。总结性评价常用期末考试的方式进行。通过总结性评价，教师可以检验本学期教学目标的实现程度，从而判断教学效果的好坏，是否需要对教学做进一步的改进，以及为制定新的教学目标提供参考。通过总结性评价，教师可以对学生一个学期的学业成就做一个综合的评定，并将评定的结果反馈给学生家长。

(二) 常模参照评价和标准参照评价

根据参照标准的不同，可以将教学评价分为常模参照评价和标准参照评价。

常模参照评价是以学生团体测验的平均成绩即常模为参照点，比较、分析某一学生的学业成绩在团体中的相对位置。常模参照评价对学生学习成就的解释采用了相对的观点，着重于学生之间的比较，主要用于选拔(如升学考试)或编组、编班。

标准参照评价是以教学目标所确定的作业标准为依据，根据学生在试卷上答对题目的多少来评定学生的学业成就。标准参照评价对学生学习成就的解释采用的是绝对标准，即学生是否达到了教学目标所规定的学习标准，以及达标的程度如何，而不是比较学生个人之间的差异。具体实施时，以考试分数为标准，100 分代表学生的学习已完全符合教学目标的要求；而60 分代表着及格，是对学习的最低要求。在学校教学评价中，一般都采用标准参照评价。

(三) 基于标准化学业测验的评价和基于教师自编测验的评价

根据评价时使用的测验的来源不同，可以将评价分为基于标准化学业测验的评价和基于教师自编测验的评价。

标准化学业测验是指由学科专家和测验编制专家按照一定标准和程序编制的测验。该测验的目的是评价经某种教学或训练后学生的实际表现，具有客观性和可比性的突出优点，被视为评价学生学业成绩的重要工具之一。这种测验在国外得到普遍使用。比如，美国教育测验中心举办的托福考试，考核非英语国家学生的英语水平，决定是否同意留学和授予奖学金。

教师自编测验是指导教师根据教学需要自行设计与编制的、作为考查学生学习进步情况的测验。教师自编测验是学校教学评价中应用最多，也是教师最愿意采用的测验。因为教师自编测验操作容易，教师可根据学科特点和教学检查的需要随时编制，并在本年级或本班小范围内施测，颇为灵活、方便。虽然教师自编测验不需要经过标准化，但其编制也需要遵循一定的方法和原则。

猜一猜，想一想

教师教学过程中，为了考查学生对已经学过知识的掌握情况，经常会进行一些测验，如常见的周考和月考。

请你想一想，月考是属于准备性评价、形成性评价，还是总结性评价？

三、教学评价的方法与技术

进行教学评价时，既可以采用量化的评价方法，如传统的纸笔考试，也可以采用质性的评价方法，如观察法和档案袋评价法。

(一) 量化教学评价的方法与技术

学校教学评价中使用最多的是教师自编测验。传统的课堂测验通常采用纸笔考试的形式来测量学生对课程内容的掌握情况。典型的纸笔测验题包括选择题、匹配题、是非题、填空题、论文题和问题解决题等。其中，选择题评分客观、可靠，但编写困难，难以排除学生猜测的成分，且不易测量学生的综合能力。论文题能评价学生对所学知识的组织、分析、综合等较高级的认知能力，但评分困难，且主观性强，涵盖的教学内容较少。自编测验时，教师要注意测验的信效度及区分度。

(二) 质性教学评价的方法与技术

除了传统的量化教学评价，质性教学评价也日益受到重视。质性教学评价同样要遵循科学的方法和步骤。下面就质性教学评价的有关方法和技术做具体分析。

1. 观察评价法

观察评价法是指教师在教学过程中对学生的学习表现和学习行为进行自然观察，并对所观察到的现象做客观和详细的记录，然后根据这些观察和记录对教学效果做出评价的教学评价方法。观察评价常采用行为检查单、轶事记录和量表评价等方式进行。

(1) 行为检查单。教师可以使用检查单来记录其在教学中的观察结果。检查单一般包括一系列教师认为重要的目标行为，通常采用有或无的方式记录，行为检查单使用简便、易行。

(2) 轶事记录。轶事记录即描述所观察的事件。它可以提供比较详细的信息，这些记录一般按照发生时间排列。教师可以根据事先明确的观察目标，就某一方面的行为进行记录；也可以没有明确目的，事后再专门分析或考查某一件事。轶事记录比较费时，而且也很难排除主观意见。

(3) 量表评价。量表评价法是根据设计的等级评价量表来对被评价者进行评价的方法。这是目前应用最广泛的绩效评估法。该方法的优点是无论被评价者的人数是多还是少，这种方法都适用，而且这种方法可以得出全面的定性定量考核结果。

2. 档案袋评价法

档案袋评价法，又称文件夹评价法、学生成长记录袋评价法、档案评价法等，是为了取代传统的标准化考试，为体现学生实际发展水平而产生的评价方法。档案袋评价法是指教师依据教学目标与计划，在一段持续的时间内，请学生主动收集、组织与反思学习成果并形成档案，以评定其努力、进步、成长情形的一种评价方法。

档案袋主要分为两类：一种是展示型档案袋，其主要收集能够反映个人成就的材料，如自己的最佳作品、代表性作品、获奖证书、奖章等；另一种是过程型档案袋，主要收集反映不同时间段的个人表现的材料，其中不仅有自己最满意的作品，也有最初的、不太成熟的作品，如一篇文章的初稿、修改稿和定稿都可以放在档案袋中。

档案袋评价法的优点是强调以个体为主的评价标准，突出正面的鼓励性评价。但是它也有局限性，主要表现在以下两个方面：①增加了教师的工作量，增大了评价难度；②由于缺乏有效的评定标准，难以评定分数。目前，这种方法只适用于过程性评价，不能发挥筛选功能。

四、教学评价结果的处理与分析

对评价结果的分析与解读应该紧紧围绕教学评价的目的进行，不同目的的教学评价往往意味着对结果解读的侧重点存在着差异。此外，需要注意的是，评价时要做到多种评价方式相结合，以尽可能保证结果解读的准确性与全面性。

(一) 测验结果的分析

测验结果的分析主要包括对测验本身的分析和对教学活动的分析两个方面。

对测验本身的分析主要应分析其难度和区分度。对于多选题，还要分析备选答案的合适度。对整个测验而言，应分析其信度和效度，并确定其分数的分布。

进行教学活动分析时，首先，要对测验中的错误进行登记和分析，以说明教学中存在的问题；其次，应针对教学中存在的问题提出改进措施，以促进学习。

(二) 对教学结果的评价

评价可分为绝对评价、相对评价和个体内差异评价。绝对评价是指在被评价对象集合之外，预先确定一个客观标准，将评价对象与该客观标准进行比较，判断其达到标准程度的评价。绝对评价主要用于合格性和达标性活动。相对评价是指在被评价对象的集合中选取一个或若干个对象作为标准，然后将其余评价对象与该标准进行比较，或者用某种方法把所有评价对象排成先后顺序的评价。通过比较，可以确定被评价对象在集合中的相对位置，以分优劣。个体内差异评价是指把被评价对象集合总体中的每个个体的过去和现在相比较，或者将一个个体的若干侧面相互比较。

对教学结果进行评价时应该注意以下几点。

第一，评价标准要客观、公正。在评价过程中，常常出现评价的主观性问题，应确定评价标准，力求取得较好的信度，对教学活动发挥积极作用。

第二，评价标准要规定答案要点及可接受的变式。

第三，评价标准要依据题目的难易及要点的主次分配分数。

第四，评价时，要注意分析评价和综合评价相结合。分析评价是按要点给分，综合评价即从整体上考察，分别为不同等级确定样本。

第五，评价标准应注重内容，不宜注重形式。

不同时间点进行的测验往往目的不同

本章知识要点

教学设计是教师在教学之前根据社会要求和学生特点，对教学的目标、内容、方法、媒体、程序、环境及评价等要素进行系统谋划，形成教学思路和方案的导教、促学过程。

教学设计具有指导性、统合性、可操作性、预演性、突出性、易控性、操作性等特征。

教学设计的依据有现代教学理论，系统、科学的原理与方法，教学的实际需要，学生的需要和特点，教师的教学经验。

教学设计的步骤包括教学目标制定、教学对象分析、教学内容选择、教学策略与教学媒体选择，以及教学效果评价。

教学目标是指在教学活动中，教师期待得到的学生的学习结果，它的作用体现在3个方面：第一，教学目标是选择教学方法的依据；第二，教学目标是进行教学评价的依据；第三，教学目标具有指引学生学习的作用。

布卢姆把教学目标分为认知领域的目标、情感领域的目标、动作技能领域的目标3个方面。

加涅将学生的学习结果或教学目标分为5类：言语信息、智慧技能、认知策略、动作技能和态度。

教学策略指教师采取的为达到教学目标的一切活动计划，包括教学事项的顺序安排、教学方法的选择、教学媒体的选择、教学环境的设置及师生的交互方式设计等。

教学策略大致可分为以教师为中心的教学策略、以学生为中心的教学策略、个别化教学策略 3 种。

以教师为中心的教学策略包括直接教学和接受学习两种；以学生为中心的教学策略包括发现学习、合作学习、情境教学三种；个别化教学策略有程序教学、掌握学习、计算机辅助教学。

教学评价是指根据教学目标，对学习者在教学活动中所发生的变化进行观察与测量，收集有关资料并做出价值判断的过程。

根据实施教学评价的时机和目的不同，可以将教学评价分为准备性评价、形成性评价和总结性评价；根据参照标准的不同，可以将教学评价分为常模参照评价和标准参照评价；根据评价时使用的测验的来源不同，可以将评价分为基于标准化学业测验的评价和基于教师自编测验的评价。

教学评价方法从宏观方面可划分为量化评价方法和质性评价方法两种。其中，教师经常使用的各种测验属于量化评价方法，而观察法和档案袋评价法属于质性评价方法。

本章练习题

一、单选题

1. 在教学设计的基本程序中，"如何获取必要的反馈信息"强调的是教学设计中的(　　)部分。

    A. 教学目标　　　　B. 教学内容　　　　C. 教学策略　　　　D. 教学评价

2. (　　)是教学内容的载体，是教学内容的表现形式，是师生之间传递信息的工具。

    A. 教学模式　　　　B. 教学媒体　　　　C. 教学环境　　　　D. 教学过程

3. 教学设计的环节主要包括设置教学目标、组织教学过程、选择教学策略及(　　)。

    A. 教学任务　　　　B. 教学方法　　　　C. 教学评价　　　　D. 教学风格

4. 合作学习也是一种教学策略，它的特征是以学生的主动合作学习代替(　　)。

    A. 教师的主导教学　　　　　　　　B. 独立完成作业

    C. 家庭作业　　　　　　　　　　　D. 个别课堂练习

5. 合作学习最为有效的小组人数是(　　)。

    A. 2～3 人　　　　B. 4～6 人　　　　C. 8～9 人　　　　D. 7～10 人

6. 有些课题主要包含高度结构性的知识和技能(如数学、物理、化学、语法等)，如果教学目标是要求学生尽快掌握这些知识和技能，则宜采用(　　)。

    A. 以教师为中心的教学策略　　　　　B. 师生互动策略

    C. 以学生为中心的教学策略　　　　　D. 合作学习策略

7. 下列关于教学设计的论述错误的是(　　)。

    A. 教学设计具有灵活性的特点

    B. 教学设计的方案一般不能修改

    C. 教学设计过程的模式包括学习目标、内容、学生特征、教学策略、教学评价

    D. 教学设计需要用系统的方法进行设计

8. 按照布卢姆的认知目标分类，学生学习过程中最低水平的认知结果是( )。

    A. 知识   B. 领会   C. 应用   D. 分析

9. 按照评价目的的不同，可以将教学评价分为准备性评价、形成性评价和总结性评价，每学期期末的考试一般属于( )。

    A. 准备性评价   B. 形成性评价

    C. 总结性评价   D. 以上都不对

10. 以下指标中，不属于测验编制常用指标的是( )。

    A. 信度   B. 效度   C. 区分度   D. 知识点密度

二、判断题

1. 由于教学设计同教师个人的教学经验、风格、智慧紧密结合在一起，所以教学设计都不可避免地带有个人色彩。( )

2. 教学设计时既要依据科学的原理和规律，又要考虑学生的特点和经验，所以它基本不受教师个人经验的影响。( )

3. 在教学设计中，教学目标设计是最重要的一环。( )

4. 在布卢姆的教学目标分类中，价值体系的个性化是情感领域目标的最高层次。( )

5. 教学策略指教师采取的为达到教学目标的一切活动计划，包括教学事项的顺序安排、教学方法的选择、教学媒体的选择、教学环境的设置，以及师生的交互方式设计等。( )

6. 在接受学习模式下，教师将要学习的知识点系统化、体系化地教授给学生，学生习得知识的效率一般比较高。( )

7. 合作学习模式下，分组的原则之一是组内同质，组间异质。( )

8. 进行多媒体教学时，教师播放动画的同时应呈现相应的叙述，以便学生在记忆中保持表象。( )

9. 一年一度的全国硕士研究生入学考试属于常模参照测验。( )

10. 教学评价除了考试等常见的量化评价方式以外，还包括观察法、档案袋评价法等质性评价方式。( )

三、主观题

1. 简述教学设计的步骤。

2. 材料题：

王老师是学校里新来的一名老师，在最近的一次教师培训中，他听专家讲了教学测量和教学评价的区别。然而，王老师觉得，教学测量和教学评价在实践中并没有区别：老师对教学成效的评价主要来自学生的考试，而考试又是目前最主流的教学测量方式。对此，工作多年的李老师并不认同，他认为教学评价并非仅评价学生对知识的掌握情况，而是涉及多方面的评价，而且学生对知识的掌握情况也并不能仅仅用学生的考试分数进行衡量。

请你运用本章所学知识，说一说教学测量和教学评价两者的关系。

第十三章

教师心理

▌学习目标

1. 认识教师职业的复杂性与特殊性，进而理解教师心理的复杂性与特殊性，增强自身心理修养，提高职业心理素质。
2. 掌握教师扮演的几种角色，理解教师威信的含义和影响因素，思考如何树立和维护教师威信。
3. 理解并掌握成为一名教师所需要的认知特征、人格特征和行为特征。
4. 了解专家教师和新手教师的主要区别。
5. 掌握教师专业发展的阶段及成长途径。
6. 了解教师职业倦怠的界定、类型、成因及应对。

▌章节导读

从幼儿园到大学，直至自己走上教师岗位，你接触过的、熟悉的教师大概有几十个、上百个甚至更多，但你真的了解教师吗，真的理解教师心理吗？这恐怕要画上一个大大的问号。为什么社会上有很多人不认同教师是专业技术人员？为什么师范生培养、教师工作评价、教师职称评聘一直找不到特有的标准和方法？教师之间在业务能力和工作业绩上的差距为什么那么明显，而且能力和业绩并非随着教龄的增长自然而然地呈现正向增长的趋势？为什么有些教师的脸上总是流露出烦躁和疲倦的表情，对工作也是敷衍应付……在本章，这些问题可以得到一个初步的答案。当然，这个答案不是唯一正确的标准答案，只是启发我们循着这一思路做出进一步的思考。

第一节　教师角色心理

教师是一个非常特殊的职业，教师职业的特殊性与教师劳动的特点息息相关。在现代社会，教师不再仅仅扮演"传道、授业、解惑"的角色，而是要扮演多重角色。作为一名教师，应该用自己的专业特长和人格魅力在学生心中树立起个人威信，成为一名让学生信赖的"领路人"。

一、教师劳动的特点

概括来讲，教师的劳动具有以下 5 个特点。

(一) 复杂性与创造性

(1) 教师劳动的复杂性。教师劳动是复杂的脑力劳动，这种复杂性主要表现在以下 3 个方面：第一，教育目的的全面性。我国的教育目的包括德育、智育、体育、美育、劳动教育、心理教育等内容。作为全面发展的教育的具体实施者，教师既要教书，又要育人，不仅要传授文化科学知识，发展学生的智力，还要培养学生的思想品德，促进学生的身心健康发展。因此，教育目的的全面性决定了教师劳动的复杂性。第二，劳动对象的差异性。教师的劳动对象是学生，作为个体而存在的学生不仅有着先天素质的差异，还有后天环境造成的个性差异。一名教师面对众多的学生，教育对象因此变得更加复杂，也导致了教师劳动的复杂性。第三，教学任务的综合性。教师要同时完成培养学生多方面发展的任务，每门学科的教师都有责任和义务关注与指导学生身心的和谐发展，教师要善于协调来自家庭、社会等方面的影响，以帮助学生更好地发展。这个完成教学任务的过程体现了教师劳动的复杂性。

(2) 教师劳动的创造性。教师劳动的创造性主要表现在教师创造性地运用教育教学规律，具体包括以下几个方面：第一，教师需要因材施教。教育的对象千差万别，教师必须灵活地针对每个学生的特点，对他们提出不同的要求，采取不同的教育教学方法，做到"一把钥匙开一把锁"，使每个学生都能够扬长补短，得到充分的发展。第二，教师需要不断地对教学内容、方法、手段进行更新。教学不是一成不变的，也不是一劳永逸的，教学内容要随着时代的发展、科技的进步不断更新。教师要结合实际情况的变化，根据自己对教育方针、培养目标及教材的理解，及时改进和完善教学内容，使其变成学生可以接受的知识体系，选择最有效的教学方法与手段来实现教育目的。第三，教师需要教育机智。教育机智是教师在教育教学过程中的一种特殊定向能力，是指教师根据学生新出现的，特别是出乎意料的情况，迅速而正确地做出判断，随机应变地采取及时、恰当而有效的教育措施解决问题的能力。教育机智是教师良好的综合素质和修养的外在表现，是教师娴熟地综合运用教育手段的能力。

(二) 主体性与示范性

(1) 教师劳动的主体性。教师劳动的主体性是指教师自身可以成为活生生的教育因素和具有影响力的榜样。教师劳动的主体性主要表现在两个方面：一方面，教育教学过程就是教师直接用自身的知识、智慧、品德影响学生的过程。另一方面，教师劳动工具的主体化也是教师劳动主体性的表现。教师所使用的教材、教具必须被教师自己所掌握，成为教师自己的东西，才能向学生传授。

(2) 教师劳动的示范性。教师劳动的示范性是指教师的言行举止，包括人品、才能、治学态度等，都会成为学生学习的对象。教师劳动的示范性特点是由学生的可塑性、向师性等心理特点决定的。同时，教师劳动的主体性也要求教师劳动应具有示范性特点。德国教育家第斯多惠(A. Diesterweg)说："教师本人是学校里最重要的师表，是最直观的、最有教益的模范，是学生最活生生的榜样。"因此，教师必须充分认识到示范性的价值，严于律己、以身作则、为人师表。

(三) 连续性与广延性

(1) 教师劳动的连续性。教师劳动的连续性是关于劳动时间的，是指教师没有固定的工作时间长度，也没有严格的交接班时间界限，原因在于教师劳动对象的相对稳定性。教师要不断了解学生的过去与现状，预测学生的发展与未来，检验教育教学效果，获得教育教学反馈信息，准备新一轮的教育教学活动。

(2) 教师劳动的广延性。教师劳动的广延性是关于劳动空间的，是指教师没有严格界定的劳动场所，它与影响学生发展因素的多样性紧密相关。学生成长不仅受学校的影响，还受社会和家庭的影响。教师不能只在课内、校内发挥自己的影响力，还要协调学校、社会、家庭的教育影响，以便收到更好的教育效果。

(四) 长期性与间接性

(1) 教师劳动的长期性。教师劳动的长期性是指人才培养的周期比较长，教育影响具有滞后性。首先，教师的劳动成果是人才，而人才培养的周期比较长、见效比较慢。教师要付出长期、大量的劳动之后才能见到成效，"十年树木，百年树人"就是最好的诠释。其次，教师对学生施加的影响往往要经过很长时间才能见到效果，教育的成效只能在学生未来发展的成就上得到体现。最后，教师对学生的影响不会随着学生学业结束而消失，而是会在学生长期的实践中更趋于完善和成熟。教师为学生在德、智、体、美、劳、心诸方面打下的基础常常会影响学生的一生，成为他们一生的宝贵财富。

(2) 教师劳动的间接性。教师劳动的间接性是指教师的劳动不直接创造物质财富，教师劳动的价值是以学生为中介实现的。教师的劳动并没有直接服务于社会或直接创造物质财富和精神财富，教师劳动的结晶是学生的品德、学识和才能。只有等学生走上社会，并且开始创造财富之后，教师的劳动价值才能得到体现。

(五) 个体性与群体性

(1) 教师劳动的个体性。教师劳动的个体性是关于劳动方式的，是指教育教学活动主要是通过一个个教师的个体劳动来完成的。每个教师在一定的时间和空间上，在一定的目标上都具有很强的个体性特点。从劳动手段角度来说，教师的劳动主要是以个体劳动的形式进行的。

(2) 教师劳动的群体性。教师劳动的群体性是关于劳动成果的，是指教师的劳动成果是集体劳动和多方面影响的结果。由于学校教育是分阶段进行的，同一阶段的教育又是由多名教师分工协作完成，教师的个体劳动最终都要融于教师的集体劳动之中，教育工作需要教师的群体劳动。

猜一猜，想一想

2020 年 7 月，陕西省某小学毕业典礼上，因学生只给班主任当众献花，忽略了其他任课教师，引发不是班主任的数学老师王某的过激行为。王某为此受到严肃处理，但也有人认为，学生的做法亦有不当之处。

请你想一想：学生的做法有不当之处吗？这与教师劳动的特点有什么关系？

二、教师扮演的角色

在现代社会，一名合格的教师需要扮演多重角色，包括指导者和促进者、行为规范的示范者、组织者和管理者、心理健康辅导者、教育研究者和终身学习者。

(一) 指导者和促进者

教师承担着传授知识、指导学生学习和发展学生智力的任务，因此，教师应当扮演指导者和促进者的角色。

(二) 行为规范的示范者

教师是教育人的人，因此教师理当成为学生的榜样，在道德观念和行为方式上扮演行为规范的示范者的角色。

(三) 组织者和管理者

教师的工作对象是以个体身份存在又生活在群体中的学生，个体与群体都有需要完成的目标，完成目标的途径和方法又是多种多样的，这就需要教师扮演组织者和管理者的角色。

(四) 心理健康辅导者

我国全面发展的教育包括德育、智育、体育、美育、劳动教育、心理健康教育，心理健康教育的基本原则包括教师的全员参与，这就需要教师扮演心理健康辅导者的角色。

(五) 教育研究者

目前，教育一线教师被看成教育实践工作者，教育科研院所、高等学校教育专业人员被看成教育理论工作者，两者存在关系疏离甚至对立、理论与实践脱节、"两张皮"的问题。这些都要求教师扮演教育研究者的角色，促进教育理论与教育实践的紧密结合。

(六) 终身学习者

在科学技术飞速发展的社会，人们必须不断学习、终身学习才能适应社会的变革。终身学习、终身教育、学习型社会等理念的提出，对人类的教育思想、教育观念形成了巨大的冲击，固守本领域、本学科知识的传统教师已经不能满足社会的需要。所以，教师需要扮演终身学习者的角色。

心理学与生活

一名教师通常需要扮演多种角色

三、教师威信的建立

作为一名教师，应能够得到学生的信赖，并具有号召力，这就是教师威信。教师威信可以分为教师角色威信和教师个人威信两种类型。为了成为让学生真正喜欢和信赖的好老师，教师应该具备优秀的思想品质、过硬的专业知识与能力，并时刻注意自己的言行举止。

(一) 教师威信的含义与类型

1. 教师威信的含义

教师威信是指教师所具有的一种使学生感到有尊严而且信服的精神感召力量，其实质反映了一种师生之间的关系。教师威信通过教师的个性、学识及教育艺术在学生心中引起信服而又尊敬的态度。

2. 教师威信的类型

教师威信可分为两种：教师角色威信和教师个人威信。教师角色威信是指由于教师这一职业的特点，使人们尤其是学生自然而然地认为教师是有知识、有良好品德的人，是可以信服、应该尊重的人，这是一种自然威信。这种自然威信是由教师角色的职业特点、教师心理的基本特征，以及自古以来优秀教师的榜样所决定的。教师个人威信是指教师因个人的个性心理品质和学识而博得学生的信赖、尊敬，是教师作为独立的个体而获得的威信。在教师群体中，有的教师威信高，有的教师威信低，有的教师没威信甚至声名狼藉，体现了教师个人威信的差异。

教师角色威信和教师个人威信对于教师威信的影响作用是不同的。教师角色威信主要在师生交往初期起作用，不稳定。教师个人威信则是在师生交往后由于长期互动而慢慢建立起来，作用稳定。教师在教育教学过程中应注意树立教师个人威信。

猜一猜，想一想

我们已经学习了教师威信包括教师角色威信和教师个人威信两种类型。美美老师对同学们一诺千金，答应他们的事情会尽力办到，因而大家都很信任美美老师。

你知道美美老师的这种威信是哪种类型吗？

（二）教师威信的作用

教师威信是教师成功扮演角色的一个重要条件，其作用主要体现在如下 3 个方面。

第一，教师的威信是学生接受教诲的基础和前提。深得学生敬重和爱戴的教师，学生将确信其教导的正确性和真实性，提高学生学习知识和执行指示的主动性与积极性。

第二，有威信的教师被学生看作仿效的典型和行为的楷模，把教师的劝导和指示铭记在心。因而，教师的要求较为容易被转化为学生的需要，由外在动机转化为内在动机，增强学习的积极性。

第三，有威信的教师能唤起学生积极的情感体验。对于有威信的教师的表扬和赞许，能引起学生极大的愉快和自豪，激发进一步努力的愿望；对于有威信的教师的批评，也能引起学生的悔悟、自责和内疚，使他们深刻地感到有纠正自己缺点的必要。优秀教师善于利用自己的威信引导学生向期望的方向发展，促进学生生动、活泼、主动地学习。

（三）如何树立和维护教师的威信

从学生喜欢的教师的标准来看，教师必须从以下几方面加强修养，才能真正树立教师的威信。

1. 良好的思想品质是教师获得威信的基本条件

教师的思想品质反映在热爱教育、热爱学生上：尊重、理解、同情学生，要求学生做到的，自己首先做到；要求学生不做的，自己坚决不做。表里如一，言行一致，堪为人师。

2. 良好的认知能力和个性特征是教师获得威信的心理品质

有威信的教师勤奋好学、博学多才，有较高的教学艺术，有很强的答疑解难和指导课外活动的能力，热情开朗、诚实正直、坚毅果断、耐心细致。

3. 教师要注意自己的言谈举止、生活习惯、仪表形象等

严于律己、处处为人师表；有正常、积极的生活习惯，讲究卫生，无不良嗜好；注意仪表形象，整洁大方等。这些都是形成教师威信的重要条件。并非要求教师做谨小慎微的君子，而是强调内在美与外在美的协调统一。

4. 教师要珍惜自然威信的作用

所谓自然威信，是指师生交往的初期，由学生对教师自发的信任和尊敬而产生的威信。

这种威信与教师的教育者身份所赋予的权威、权力和影响力密切相关,较大程度上受社会背景的影响。教师要在自然威信的基础上,通过自己的品格、学识和智慧去赢得学生发自内心的尊敬和爱戴,形成自觉的、稳定的威信。

5. 教师要注重维护已形成的威信

教师的威信并非一成不变,所以要注意维护已经形成的威信。维护教师威信的主要条件是,使自己的思想品质、心理品质及业务能力始终处于积极的发展状态,不断注入新的活力。活到老,学到老,锐意改革,勇于创新,才能站在新时代的前列。如果已满足于自己的职称,认为生活条件较好、上课已能轻松应对,不再严格要求自己,业务上不思进取,教学质量徘徊不前甚至相对下降,就难以维持原有的威信。另外,教师应时时处处意识到自己的教师身份,在各种场合不忘记自己是一名教师,不出现有失教师身份的言行。

第二节　教师的职业心理特征

教师是一种职业,教育环境和教学活动影响并塑造着教师的职业心理。积极的职业心理、良好的职业心理特征是优秀教师所具有的共同特点。

一、教师的认知特征

教师是在知识含量高的教育领域从事职业活动的人,职业的成功有赖于教师良好的知识结构和教学能力。

(一) 教师的知识结构

教学是一种认知活动,要求教师必须具备良好的知识结构。国外学者舒尔曼(L. S. Shuliman)认为,教师的知识结构包括:①学科内容知识;②一般教学法知识;③课程知识;④学科教学法知识;⑤有关学生的知识;⑥有关教育情境的知识;⑦其他课程知识。我国学者申继亮等认为,教师的知识结构包括:①本体性知识(特定的学科知识);②实践性知识(有目的的行为所需要的课程情境知识和与之相关的知识);③条件性知识(教育学和心理学知识)。

(二) 教师的教学能力

一般认为,教师的教学能力应包括组织和运用教材的能力、言语表达能力、组织教学的能力、对学生学习困难的诊治能力、教学媒体的使用能力、教育机智等。我国学者申继亮把教师的教学能力分成以下几个方面。

1. 教学认知能力

教学认知能力是指教师对所教学科的定理、法则和概念等的概括化程度,以及对所教学生的心理特点和自己所使用的教学策略的理解程度,它包括 4 个方面:①概念,指揭示出概念的本质特征。②类同,指概括两者的共同特征。③运算,指关系转化和推理。④理解,指对学生的动机水平、年龄特点、个体差异,以及教学策略的理解。

2. 教学操作能力

教学操作能力是指教师在教学中使用策略的水平,其水平取决于他们引导学生掌握知识、积极思考、运用多种策略解决问题的能力,是教师课堂教学能力的集中体现。教学操作能力主要体现在以下几个方面:①制定教学目标的能力;②编制教学计划的能力;③教学方法的选择及运用能力;④教学材料和教学技术的选择设计能力;⑤课堂管理能力;⑥对学习和教学进行测试和评价的能力。

教师综合运用各种策略解决各种问题和冲突的能力常常表现为教育机智,这是教师面临复杂的教育情境时所表现出来的机敏、迅速而准确地做出判断和反应的能力。对课堂突发问题的处理集中体现了教师的教育机智。教学操作能力源于教师敏锐的观察、灵活的思维和果敢的意志,也源于其教育经验和知识的积累,以及对学生的了解和关爱。

3. 教学监控能力

教学监控能力是指教师为了保证教学达到预期的目的,而在教学的全过程中将教学活动本身作为意识对象,不断对其进行积极、主动的计划、检查、评价、反馈、控制和调节的能力。这种能力主要体现在 3 个方面:一是教师对自己的教学活动的事先计划和安排;二是对自己的实际教学活动进行有意识的监察、评价和反馈;三是对自己的教学活动进行调节、校正和有意识的自我控制。

在教学能力结构中,教学认知能力是基础,教学操作能力是教学能力的集中体现,而教学监控能力是关键。

猜一猜,想一想

孙老师作为一名硕士研究生,他能够透彻理解自己所教科目的内容。但是,他做事情的计划性比较差,上课的时候前后逻辑性也不太好,学生经常听的云山雾罩。学生认为孙老师"懂很多,但讲不出来"。

你认为孙老师应该着重训练哪种教学能力?

二、教师的人格特征

教师具备了一定的知识和能力,其人格特征就成为影响教学的重要因素,教师优良的人格特征对学生健康人格的塑造有重要影响。

(一) 职业信念

教师的职业信念是指教师对成为一个成熟的教育教学专业工作者的向往和追求,它为教师提供了奋斗的目标,是推动教师成长的巨大动力。有关职业信念的心理研究主要集中于以下两方面。

1. 教学效能感

教学效能感一般指教师对自己影响学生行为和学习结果的能力的一种主观判断。这种判断会影响教师对学生的期待、对学生的指导,从而影响教师的工作效率。阿什顿(Asliton)在班杜拉的理论基础上，把教师的教学效能感分为两个部分：一般教学效能感和个人教学效能感。前者指教师对教与学的关系，以及教育在学生身心发展中的作用等问题的一般看法和判断；后者指教师认为自己能够有效地影响学生，相信自己具有教好学生的能力。

教学效能感的作用集中表现在以下几个方面：①影响教师在工作中的努力程度；②影响教师在工作中的经验总结和进一步的学习；③影响教师在工作中的情绪。

2. 教学归因

教学归因是指教师对学生学习结果的解释和推测，这种解释和推测所获得的观念必然会影响其自身的教学行为。例如，倾向于将原因归于外部因素的教师，往往会更多地将学生的学习结果归结于学生的能力、教学条件、学生的家庭等因素。因而，面对挫折时，他们比较倾向于采取职业逃避策略，做出怨天尤人或者听之任之的消极反应。那些倾向于将原因归于自身因素的教师，更愿意对学生的学业成败承担责任。因而，他们能比较主动地调节自己的教学行为，积极地影响学生的学习活动。

(二) 职业性格

国外研究者盖兹达(G. M. Gazda)等认为优秀教师性格品质的基本内核是"促进"。所谓促进，指一个人对别人的行为有所帮助，包括提高他人的学习能力，增强他人的自尊心和自信心，缓和他人的焦虑感，提高他人的果断性，以及形成并巩固他人待人处世的积极态度，等等。教师的促进包括以下 3 个方面。

1. 理解学生

有效的教学依赖于教师对学生的理解，教师要真正理解学生就应心胸豁达，具有敏感性、移情作用和客观性的品质。

(1) 心胸豁达。心胸豁达能使教师摆脱先入之见，因此，能够容纳与自己不同的看法、见解、思想、情感，以及价值观念，能够对身体、智力、感知、运动、社交及情绪上存在差异的学生表示关切，并同他们和睦相处。他会通过倾听、接受、传递和调整来了解学生在学习中的感受和困难，使自己的教学满足学生的实际需要。

(2) 敏感性。敏感性是指一个人对其人际关系即社交关系中出现的变化及时做出情绪反应的能力。具有敏感性的教师在学生产生某种需要、情感、冲突及困难时，能够做出迅速、深入、自然的反应。

(3) 移情作用。敏感性的特殊表现通常被称为移情作用或移情理解，它是一种能够深入他人内心，并"同情"他人的情绪反应。移情作用反映了教师对工作的投入，是有效的沟通，它将两个人(教师与学生)的目的、看法和情感联结起来，使学生感受到教师的认可和支持。

(4) 客观性。人要保持客观，意指能够退后一步，并以一种中性、无强加的参照系来看待所发生的事件。客观性是心胸豁达、敏感性和移情作用的保证。教师只有较好地控制对发生之事的情绪参与，避免主观随意性的诱惑，才有可能通过交往更好地理解学生。

2. 与学生相处

由于教学是一个人际交往的过程，教师在这个过程中要传递情感、知觉、技能、观念，以及处理各种问题，所以，有效的教学取决于有效的交往。教师能否与学生进行有效的交往，取决于下面几点。

(1) 真诚。真诚指开诚布公，行事不伪饰，不以个人的权威或职业地位进行掩护。有的教师时常以个人的职业地位或权威掩饰自己的弱点，这样做无疑会脱离学生。

(2) 非权势。非权势的教师不持居高临下、盛气凌人的态度，而是允许学生犯错误、认识错误，允许学生跌倒了再爬起来，让学生通过自身的努力去获得发展。

(3) 积极相待。积极相待基于这样一种设想，如果帮助者对要帮助的人持积极认可的态度，那么发展和变化最有可能发生。教师对学生的积极态度主要表现为认可和亲切。

(4) 善于交往的技能。在日常生活中，某些人善于在合适的场合向合适的人讲最合适的事。这种人不仅在准确地交流思想，而且在传达个人的观点。接收者不但获悉所告知的内容，还会感觉愉快，觉得这个内容正合自己的心意，是自己需要的。教师只有善于与学生交往，同时使学生感受到教师的热情、爱心和期望，学生才会把老师看成自己生命中重要的人。

3. 了解自己

了解自己主要指教师能感受到与他人相处时产生的情感或心境。教师对自己执教时产生的心理状态的了解和控制，是教师保持健康心理和有效施教的一个重要前提。在了解自己方面，教师应关注以下两种情感或心境。

(1) 安全感和自信。害怕是教师在执教过程中产生的极其自然的情绪：害怕个人准备不足，害怕遇到意外的对抗而不知所措，害怕在学生面前丢面子，害怕在众多学生面前举止不得体。如果教师直率、真诚地将自己的忧虑告诉学生，往往能取得学生的谅解和合作，提高安全感和自信，从而与学生建立和谐的关系。

(2) 教师的需要。爱的需要、自尊的需要是人的两个基本的心理需要。教师要得到学生的爱，首先必须重视学生的爱，乐于接受学生的爱；必须认为学生是值得尊重的人，学生的感情是重要的、宝贵的。教师如果能始终关心学生，有效地教学，学生便会做出积极的反应，教师就能从中感受到自身的价值，获得职业的自尊和自豪感。

三、教师的行为特征

关于教师的行为特征，主要分析教师的教学行为和期望行为两个方面。

(一) 教师的教学行为

林崇德认为，教师的教学行为可以从以下 6 个方面来衡量：一是教学行为的明确性，即教师的教学行为是否明确；二是多样性，即教师的教学方法是否灵活、多样，调动学生学习积极性的手段是否有效；三是任务取向，即教师在课堂上的所有活动是否是围绕教学任务而进行的；四是富有启发性，即教师的课堂教学对学生能否启而得法；五是参与性，即在课堂教学中，班上的学生是否都积极地参与到教学活动中去；六是及时评估教学效果，即教师能否及时掌握学生的学习状况和课堂中出现的问题，并据此调整自己的教学节奏和教学行为。如果一个教师能做到以上 6 个方面，那么他的教学行为应是非常恰当的，教学效果必然会很好。

(二) 教师的期望行为

教师通过行为表达出来的对学生的期望，是影响学生发展的一种教学行为，这种影响称为教师期望效应，也称为罗森塔尔效应或皮格马利翁效应。罗森塔尔在研究的基础上明确指出了传达教师期望的 4 个相关因素：气氛、反馈、输入和输出。气氛是指教师给学生创造特别温暖的社会情感关系，主要表现为一些非语言的交流；反馈是指教师提供给学生更多的情感信息和认知信息；输入是指教师提供给学生更多的材料；输出是指教师通过言语或非言语的行为给学生更多机会做出反应和提出问题。如果教师能做到以上 4 点，就会对学生的发展起促进作用。

猜一猜，想一想

某学校的校长为了提高本校的升学率，决定把一部分优秀学生通过考试选拔出来，然后组成"尖子班"，重点培养。

学完了罗森塔尔效应，你能说一说教学中区分"尖子生"和"普通生"的潜在危害吗？

第三节　教师的专业发展

教师的专业发展就是从一名新手教师成为一名专家型教师的成长过程。在这个过程中，教师需要经历不同的阶段，每个阶段的关注点都有所不同。本节将介绍教师专业发展的阶段理论、专家型教师与新手教师的差异、教师的成长途径，以及教师职业成长中可能遇到的问题。

一、教师专业发展的阶段理论

教师专业发展是指教师在整个专业生涯中，通过终身专业训练，习得教育专业知识技能，实施专业自主，表现专业道德，并逐步提高自身从教素质，成为一个良好的教育专业工作者的专业成长过程。目前关于教师的专业发展阶段理论主要有富勒(F. Fuller)的关注点理论和费斯勒(R. Fessler)的职业生涯周期阶段理论。

(一) 富勒的关注点理论

富勒等人根据教师所关注的焦点问题不同，把教师的成长分为 3 个阶段。

(1) 关注生存阶段。新手教师非常关注自己的生存适应性问题，关注对课堂的控制是否被学生喜欢，关注领导和同事对自己的评价。例如，"学生喜欢我吗""同事们怎么看我""领导是否觉得我干得不错"。由于这种生存忧虑，有些教师会把大量的时间花在如何与学生搞好个人关系上，想方设法控制学生，而不是更多地考虑如何让他们获得学习上的进步。

(2) 关注情境阶段。此阶段教师关注的是教学和在这种情境中如何完成任务。当教师感到自己完全能够生存时，他们越来越关注学生的成绩，从而把精力放在如何教好每一堂课上。例如，"内容是否充分得当""如何呈现教学信息""如何掌握教学时间"。

(3) 关注学生阶段。教师关注的是根据学生的差异而采取适当的教学，促进学生的发展。教师认识到学生的先前知识和学习能力是不同的，同样一种材料、同样一种教学方法，不一定适合所有学生，于是教师针对不同的学生确定不同的学习目标，选择不同的学习内容，采用不同的教学方法。事实上，有些教师从来没有进入这一阶段。

（二）费斯勒的职业生涯周期阶段理论

费斯勒等在个案研究、深入访谈和追踪研究的基础上，构建了一个教师职业生涯周期模型。该模型将教师的职业生涯分为 8 个阶段。

(1) 职前教育期。这是教师专业角色的准备阶段，一般指在高等学校里进行的初始培训阶段。

(2) 职初期。这是指任教的前几年，是教师在学校系统中的社会化时期。

(3) 能力建构期。这是教师努力提高教学技能和能力的时期。

(4) 热情与成长期。此时教师的工作能力已经达到较高水平，但专业能力有待继续进步。

(5) 职业挫折期。此阶段通常处于职业生涯中期，其特征是教师面临挫折，开始出现职业倦怠。

(6) 职业稳定期。这是教师达到职业生涯的高原期。

(7) 职业消退期。这是教师开始准备离开教育岗位的低潮期。

(8) 职业离岗期。这是指教师离开教学工作后的一段时间。

费斯勒认为，在整个职业生涯中，教师的生涯不是纯粹生命周期的翻版，而是在个人环境和组织环境双重的影响下充满变化的历程。因此，教师的专业发展并非完全按照模型的 8 个阶段的先后顺序依次进行的。在职业生涯的任何时期，教师的专业发展都可能经历高潮或低谷，并在各阶段来回转换。

猜一猜，想一想

富勒根据教师关注点的不同，把教师的职业发展分为关注生存、关注情境、关注学生 3 个阶段。

在关注学生阶段，教师关注学生的个体差异，进行因材施教。请你想一想，此阶段的教师关注课堂情境较少的原因是什么呢？

二、专家型教师与新手教师

（一）专家型教师与新手教师的差异

研究发现，专家型教师和新手教师在课时计划、课堂教学过程和课后评价 3 个方面存在差异。

1. 课时计划的差异

对教师课时计划的分析表明，与新手教师相比，专家型教师的课时计划简洁、灵活，以学生为中心，并具有预见性。

第一，专家型教师的课时计划突出了课程的主要步骤和教学内容，新手教师却把大量时间用在课时计划的一些细节上。

第二，专家型教师的课时计划修改与演练所需的大部分时间都是在正式计划的时间之外，新手教师大多在临上课之前针对课时计划做演练。

第三，专家型教师认为，教学的细节方面是由课堂教学活动中学生的行为所决定的。而新手教师的课时计划往往依赖于课程的目标，不能把课堂教学计划与课堂情境中的学生行为联系起来。

第四，专家型教师在制订课时计划时，能根据学生的先前知识来安排教学进度，课时计划有很大的灵活性。而新手教师仅仅按照课时计划去安排教学进度。

第五，在备课时，专家型教师表现出一定的预见性。新手教师则不能预测计划执行时的情况。

2. 课堂教学过程的差异

(1) 课堂规则的制定与执行。专家型教师制定的课堂规则明确，并能坚持执行，而新手教师的课堂规则较为含糊，不能坚持执行下去。专家型教师集中关注学生应该做的和不应该做的事情。同时，专家型教师知道许多课堂规则是可以通过练习与反馈来习得的，是一种可以习得的技能。而新手教师却不会这样去做，在阐述规则的时候，新手教师往往是含糊其词的，执行的过程也可能半途而废。

(2) 吸引学生注意力。教师对学生活动的敏感性以及根据意外的情况快速做出反应，果断采取恰当教育措施的独特的心理素质即教育机智。专家型教师有一套完善的维持学生注意力的方法，新手教师则相对缺乏这些方法。专家型教师在课堂教学中运用不同的"技巧"来吸引学生的注意力；预先计划好每天的工作任务，使学生一上课就开始注意和立刻参与所要求的活动；在一个活动转移到另外一个活动时，或有重要的信息时，能提醒学生注意。而新手教师往往在没有暗示的情况下就变换课堂活动；遇到突发的事情会自己停止讲课，但却希望学生忽略这些干扰。

(3) 教材的呈现。专家型教师在教学时注重回顾先前知识，并能根据教学内容选择适当的教学方法，新手教师则不能。在教学内容的呈现上，专家型教师通常采用导入式方法，从实例出发，慢慢地引入要讲的教学内容。而新手教师一上课就开始直接讲授教学内容，而不注意此时学生还未进入课堂学习状态。

(4) 课堂练习。专家型教师将练习看作检查学生学习结果的手段，新手教师仅仅把它当作必经的步骤。学生做练习时，专家型教师关心的是学生是否学会了刚才传授的知识，而新手教师把维持课堂纪律看作最重要的事情。

(5) 家庭作业的检查。专家型教师具有一套检查学生家庭作业的规范化、自动化的常规程序，所花费时间短、效率高，而新手教师花费的时间长、效率低。

(6) 教学策略的运用。专家型教师具有丰富的教学策略，并能灵活应用。新手教师缺乏或者不会运用教学策略。在提问策略与反馈策略上，首先，专家型教师比新手教师提的问题更多，从而学生获得反馈的机会就多，学生获得精确学习的机会也较多。其次，学生正确回答问题后，专家型教师会比新手教师更多地引申出一个问题，这样可促使学生进一步思考。再次，对于学生错误的回答，专家型教师比新手教师更易针对同一学生提出另一个问题，或者给出指导性反馈。最后，专家型教师比新手教师在学生自发的讨论中更可能提出反馈。在对学生发出的非言语线索上，专家型教师常利用这些线索来判断和调整教学。新手教师往往只注意课堂中的细节，难以解释事情间的联系，而专家型教师则试图从这些活动中做出推论。

3. 课后评价的差异

课后评价时，专家型教师和新手教师关注的焦点不同。研究发现，新手教师的课后评价要比专家型教师更多地关注课堂中发生的细节，而专家型教师则较多地关注学生对新材料的理解情况和他认为课堂中值得注意的活动。

(二) 专家型教师的基本特征

一般来说，专家型教师具有以下 3 个方面的特征。

1. 拥有丰富的组织化的专门知识，并能有效运用

舒尔曼认为，专家型教师应具备的知识主要包括：所教学科的知识；教学方法和理论；适用于各学科的一般教学策略(诸如课堂管理的原理、有效教学、评价等)；课程材料，以及适用于不同学科和年级的程序性知识；教授特定学科所需要的知识；教授某些学生和特定概念的特殊方式；学习者的性格特征和文化背景；学生的学习环境(同伴、小组、班级、学校以及社区)；教学目标和目的。除了拥有这些丰富的知识，专家型教师还能将一些广博的、可利用的知识灵活地组织起来运用在教学中。

2. 高效率解决教学领域内的问题

在教学领域内，专家型教师解决问题的效率比非专家型教师高。他们在广泛的知识和经验的基础上，能够迅速完成多项活动。专家型教师的某些教育技能已经程序化、自动化，这使他们能够将注意力集中于教学领域高水平的推理和问题解决上。此外，很重要的一点是，专家型教师善于监控自己的认知执行过程，即在接触问题时，他们具有计划性且善于自我观察。时机不成熟时，他们不会进行尝试，而在教学行为进行过程中，他们又能主动对自己的行为做出评价，并随时做出相应的调节。

3. 善于创造性地解决问题，有很强的洞察力

专家型教师和非专家型教师都应用知识分析、解决问题，但专家型教师更能创造性地解决问题，他们的解答方法既新颖又恰当，往往能够产生独创的、有洞察力的解决方法。专家型教师在教学中能够鉴别出有助于问题解决的信息，并能够有效地将这些信息联系起来，重新加以组织。通过这些过程，专家型教师能够对教学中的问题做出新颖而恰当的解决。

三、教师成长的途径

从一名新手教师成长为专家型教师，需要不断地培训、学习、反思。下面介绍几种主要的教师成长途径。

(一) 理论学习

理论学习是对书本知识的学习，是对前人、他人知识和经验的掌握与继承。如果理论水平有所提高，知其然又知其所以然，对教育教学实践的指导意义就可以显现出来。

理论学习的内容包括以下 4 个方面：①本体性知识，是某一学科教师进行教学工作所需要的特定学科知识及相关知识，如语文教师的汉语言文学专业知识；②条件性知识，是做好教育工作所需要的专门知识，如教育学、心理学、教学法、教育技术、心理健康教育等方面的知识；③实践性知识，是与教师训练基本功、提高职业能力直接相关的实用性、可操作性强的知识，如演讲口才、科学发声、课堂教学、组织管理、人际交往等方面的知识；④通识性知识，是与学科基础、社会生活、技术进步相关的知识，如科学文化基础知识、与时政要

闻相关的知识、与技术进步有关的知识等。

(二) 观摩教学

观摩教学又称公开教学，是指供教师或管理人员、同行、师范生观看、聆听并进行评析的教学活动。观摩的目的在于探讨教学规律，研究教学的内容、形式、方法和评价，或推广教学经验，进行教学改革试验，或培养师范生具备教学职业能力。

观摩教学可以分为组织化的观摩教学和非组织化的观摩教学两类。组织化的观摩教学是经过有关机构组织安排、以正式身份参加的观摩教学。观摩之前制订较详细的观察计划，确定观察的主要行为对象、角度及观察的大致程序，也可以进行有组织的讨论与分析。非组织性的观摩教学是指以个人身份进行的相对自由、随意的观摩教学。比如一个研究教学法的专业人员通过与学校的沟通去学校听课，获取第一手资料。

(三) 微格教学

微格教学又称微型教学，即以少数的学生为对象，在较短的时间内(5～20分钟)尝试做小型的课堂教学，可以对这种教学过程进行录像，课后进行分析。微型教学不仅对实习生有所帮助，对在职教师也是很有效的。

微格教学的基本程序包括7步：①明确选择特定的教学行为作为要着重分析的问题(如解释的方法、提问的方法等)。②观看有关的教学录像。指导者说明这种教学行为的特征，使实习生和教师能理解要点。③实习生和教师制订微型教学的计划，以一定数量的学生为对象，实行微型教学，并录音和录像。④和指导者一起观看录像，分析自己的教学行为。⑤在以上分析和评论的基础上，再次进行微型教学，这时要考虑改进教学的方案。⑥进行以另外的学生为对象的微型教学，并录音和录像。⑦与指导者一起分析第二次微型教学。

(四) 教学决策训练

教师的教学过程中包含一系列的决策，用以判断自己的教学行为所引起的学生的反应是否符合期望。如果符合期望，就继续维持自己的行为；如果不符合，就要采取一定的预防和矫正措施。教师或实习生通过教学决策的训练，可以提高教师的教学能力。

教学决策训练包括准备阶段和实施阶段。在准备阶段，向接受训练的教师或实习生提供有关所教班级的各种信息，包括学业水平、学习风格、班级风气等，可以是印刷资料，也可以是录像等。在实施阶段，让他们观看教学实况录像，从中吸取自己认为重要的成分。在此过程中，指导者一面呈现出更恰当的行为，一面给予说明。通过这种方法，教师和实习生不仅可以获得近乎实际上课的经验，而且可以获得指导者及时的解释、说明。这种方法不仅可以改善他们的教学行为，而且可以使他们对决策的有效线索更加敏感，这正是专家型教师的重要特征。

(五) 教学反思训练

教学反思是教师着眼于自己的教学活动过程来分析自己做出某种行为、决策，以及所产生的结果的过程，是一种通过提高参与者的自我觉察水平来促进能力发展的手段。

教学反思训练常用的方法有以下4种：第一，反思日记。反思日记是指在一天的教学工作结束后，要求教师写下自己的经验，并与其指导教师共同分析。第二，比较借鉴。比较借鉴是指观摩多位教师的教学，尤其是相同学科、相同内容时，更容易发现优缺点，可以借鉴其中的优点，对照发现的缺点努力克服。第三，阅读新知。各种教学方式的阅读新知是指结合观摩中的观察和思考，通过阅读有关理论知识，深挖现象背后的规律，进而发现解决问题的方法、方案。第四，行动研究。为弄明白课堂上遇到的问题的实质，探索用以改进教学的行动方案，教师以及相关人员合作进行调查和实验研究，直接着眼于教学实践的改进，属于行动研究。

四、教师职业倦怠

职业倦怠是个体在长时间的工作压力下表现出的一种情感、态度和行为的衰竭状态。职业倦怠几乎是每一个行业的从业者都要面临的问题，教师行业也不例外。本部分主要介绍职业倦怠的含义、特征，教师职业倦怠的类型、成因及应对措施。

(一) 职业倦怠的含义

职业倦怠，也有人称之为职业枯竭或工作耗竭，是一个人不能顺利应对工作压力时的一种极端反应，通常是在长时期压力体验下而产生的情感、态度和行为的衰竭状态。

一个人长期从事某种职业，在重复、机械的操作中，会渐渐产生一种疲惫、困乏甚至厌倦的心理，提不起兴致，打不起精神，只是依仗一种惯性来工作。有心理学家将职业倦怠者称为"职场瞌睡人"。在现代快节奏的工作生活条件下，人们产生职业倦怠的时间越来越短，有些人甚至工作几个月就开始流露厌倦情绪，产生跳槽换岗乃至辞职宅家的意向和行动。教师职业倦怠有其普遍性，成为妨碍其成长、成功的消极心理因素，应当引起各方面的足够重视。

(二) 职业倦怠的特征

玛勒斯(Maslach)等人认为职业倦怠的主要表现有以下3个方面。

(1) 情绪耗竭。情绪耗竭是倦怠的个体压力维度，主要表现在生理耗竭和心理耗竭两个方面。生理耗竭是职业耗竭的临床指标，表现为极度的慢性疲劳、力不从心、疲乏虚弱、睡眠障碍(失眠、嗜睡)、头痛、食欲异常(厌食、贪食)等；心理耗竭是职业倦怠的核心维度，也是最明显的症状表现，特指丧失工作热情、情绪波动大，容易迁怒他人，感到自己的感情处于极度疲劳状态。

(2) 去个性化。去个性化是职业倦怠的人际关系维度，是指刻意在自身和工作对象间保持距离，对工作对象和环境采取冷漠与忽视的态度。去个性化的教师表现出以一种消极的、否定的、麻木不仁的态度和情感对待学生。

(3) 个人成就感低。个人成就感低是职业倦怠的自我评价维度，表现为消极地评价自己，自我效能感下降，贬低自己工作的意义和价值，工作变得机械化且效率低下，缺乏适应性。

(三) 教师职业倦怠的类型

美国心理学家法贝(Farber)认为，具有职业倦怠的教师其表现可能有所不同，主要有3种类型。

(1) 精疲力竭型。这类教师在高压力下的表现是放弃努力，以减少对工作的投入来求得心理平衡。既然付出与收获不成正比，那就消极应付、敷衍了事。这类教师的职业倦怠一旦出现，要想恢复正常就很困难。

(2) 狂热型。这类教师有着极强的成功信念，能狂热地投入工作，但理想与现实之间的巨大反差使他们的这种热情大多坚持不了太久，整个信念系统突然塌陷，最终像发动机突然熄火那样，表现为精力耗竭。

(3) 低挑战型。对于这类教师而言，工作本身缺乏刺激，他们认为自己的能力很强，做当前的对技术、知识、智慧、经验要求不高的工作，简直是大材小用，因而厌倦工作。

猜一猜，想一想

有人把教师分为 4 种类型：谋生型——为了赚钱当教师；屈就型——志向、专长不在教育；爱而乏能型——热爱但能力不足；能而增爱型——擅长、有成绩从而更加热爱。
请你猜一猜，哪种类型的教师最容易职业倦怠？

(四) 教师职业倦怠的成因

教师职业倦怠的产生往往是多重因素共同作用的结果，接下来从社会、组织和个人 3 个层面来分析教师职业倦怠的成因。

(1) 社会层面。社会快速发展的今天，世界各国逐渐加大了对教育的投入，同时也对教育寄予了较大的期望。社会各方面对教师的要求在逐渐提高，工作压力、精神压力日益加剧。教师的教育教学任务异常繁重，日平均工作时间远远长于其他一般职业。"以分数论学生，以升学率论教师"的现象普遍存在，人为加重了教师间的竞争，迫使教师处于高负荷运转中。在教师的职称评聘、荣誉获得、物质待遇等方面，长期存在不合理、不公平、不平衡现象。如果教师的经济收入和社会地位与其劳动强度不成正比，极易挫伤教师的积极性，导致心理上的疲劳、厌倦。

(2) 组织层面。学校本身是一个复杂的社会组织。学校的组织氛围和谐，则教师心情愉悦，效率较高；如果领导专制，教师之间、师生之间、教师与家长之间关系紧张，教师就会感到压抑、烦躁和忧郁。同时，学校对教学的评价机制是否科学也会影响教师工作的积极性和创造性。教师职业的特殊性也决定了教师在这种工作压力下容易产生职业倦怠。教师职业是角色冲突的一种典型情境，随着学校功能的日趋复杂化和多样化，教师所要扮演的角色也越来越多重化，而一名教师往往难以处理两种同时并存但又相反的角色间的矛盾关系，如既要树立教师权威又要成为学生的朋友，既要为人师表又不可避免地关心个人名利，这使得具有责任心的教师在经历了多种角色冲突之后，不可避免地感到心力交瘁。工作压力大，相对的封闭性，使得教师长期处于习得性无助状态，最终发展成职业倦怠。

(3) 个人层面。研究表明，那些具有 A 型人格、低自尊或外控的教师容易产生职业倦怠。这类教师常常抱有不现实的理想和期望，对外界干扰容易妥协，在人际交往中体验到无能感，不能客观评价自我使得他们容易产生职业倦怠。自尊是教师职业倦怠一个重要的和起控制作用的因素，它通过影响教师对以环境为基础的组织因素的过滤来起作用。一些研究认为自尊和倦怠密切相关。大多数人对社会支持有一种强烈的需要，任何感到遭受社会拒绝的事件都被认为是有压力的，而且缺乏自信的人更容易受到这种威胁而感受到压力和产生倦怠。此外，那些容易受外界干扰的教师更容易倦怠。

(五) 教师职业倦怠的应对措施

为缓解教师的职业倦怠，可以采取以下 3 个方面的措施。

1. 建立一个和谐的社会支持网络

首先，要给教师合理的角色期待，引导教师合理的定位；其次，相关部门应切实采取措施提高教师的经济待遇和社会地位，维护教师权益，使教师切实感受到社会的尊重；最后，教育部门应该探索出有效的教师教育培训体系，将职前与职后培训有机结合，提高教师智力与非智力能力，重视教师承受工作压力和自我缓解压力的训练。在教师职业评价体系的独特性、适用性方面，也要加快改革、完善的步伐。

2. 学校领导应改进管理方式

学校领导改进管理方式是缓解教师职业压力的有效途径。学校领导要关心教师生活，力所能及地帮助教师解决一些实际生活困难，协调好教师的工作关系和人际关系。学校领导要主动关注教师，多与他们交流、沟通，鼓励他们将消极情绪排解出来；还可以邀请专家对教师进行咨询或培训，让教师学习一些积极的应对策略，让他们感受到组织的支持与关怀，以帮助他们平稳度过心理的危机期。在教学管理方面，学校要完善教学评价机制，提倡过程性评价、发展性评价。另外，要为教师提供深造及参与学校民主决策的机会，增强教师对学校的认同感和自尊心，有效地防止职业倦怠的发生。

3. 教师应提高自身的抗压能力

教师本人应认识到倦怠源于自己所遇到的压力，解决的最好途径是提高自己的耐压能力。教师必须采取适当的措施，增加自己工作的内部动力。实践证明，坚持对教育工作艺术性、创造性的探索，有意识地观察自己的工作环境，反省自己的失误，及时处理问题，可以有效地减少倦怠。此外，教师了解自我，悦纳自我，培养开朗、乐观、积极向上的个性品质，多参与社会活动，与他人分享工作体验，也可以减轻工作压力。对于已出现倦怠症状的教师，在自己有意识调整情绪的过程中，也可借助他人的力量，找朋友倾诉、找专家咨询，都是缓解倦怠的有效手段。

教师职业倦怠往往是由多重因素导致

本章知识要点

教师劳动的特点包括复杂性与创造性、主体性与示范性、连续性与广延性、长期性与间接性、个体性与群体性。

教师扮演的角色包括指导者和促进者、行为规范的示范者、组织者和管理者、心理健康辅导者、教育研究者、终身学习者。

教师威信是指教师所具有的一种使学生感到有尊严而且信服的精神感召力量。教师威信的作用主要体现在：学生接受教诲的基础和前提；有威信的教师被学生看作仿效的典型和行为的楷模；有威信的教师能唤起学生积极的情感体验。

我国学者申继亮等认为，教师的知识结构包括本体性知识、实践性知识、条件性知识。

教师的教学能力包括教学认知能力、教学操作能力和教学监控能力，其中，教学认知能力是基础，教学操作能力是教学能力的集中体现，而教学监控能力是关键。

教学效能感一般指教师对自己影响学生行为和学习结果的能力的一种主观判断。

教师通过行为表达出来的对学生的期望，是影响学生发展的一种教学行为，这种影响称为教师期望效应，也称为罗森塔尔效应或皮格马利翁效应。

富勒等人根据教师所关注的焦点问题不同，把教师的成长分为关注生存、关注情境和关注学生 3 个阶段。

专家型教师的基本特征表现在 3 个方面：拥有丰富的组织化的专门知识，并能有效运用；高效率解决教学领域内的问题；善于创造性地解决问题，有很强的洞察力。

教师的成长途径包括理论学习、观摩教学、微格教学、教学决策训练、教学反思训练。

职业倦怠是一个人不能顺利应对工作压力时的一种极端反应，通常是在长时期压力体验下而产生的情感、态度和行为的衰竭状态。

玛勒斯等人认为职业倦怠主要表现在以下 3 个方面：情绪耗竭、去个性化、个人成就感低。

美国心理学家法贝认为职业倦怠可分为精疲力竭型、狂热型和低挑战型三种类型。

教师职业倦怠的应对可从以下 3 方面进行：建立一个和谐的社会支持网络；学校领导改进管理方式；教师提高自身的抗压能力。

本章练习题

一、单选题

1. 教师在劳动方式和劳动成果上所表现出的特点，具有(　　)。
   - A. 复杂性与创造性
   - B. 主体性与示范性
   - C. 长期性与间接性
   - D. 个体性与群体性
2. 平常所说的"教师要以身作则、为人师表"，反映了教师角色中的(　　)。
   - A. 指导者和促进者
   - B. 行为规范的示范者
   - C. 组织者和管理者
   - D. 教育研究者

3. 不属于优秀教师性格特征的是(　　)。

    A. 处事热情　　　　　B. 情绪稳定　　　　　C. 待人亲切　　　　　D. 老谋深算

4. 认为教师专业发展分为关注生存阶段、关注情境阶段、学生关注阶段等三个发展阶段的研究者是(　　)。

    A. 富勒　　　　　　　B. 费斯勒　　　　　　C. 罗森塔尔　　　　　D. 沃尔夫

5. 不属于高效教师的教学行为的是(　　)。

    A. 清晰授课　　　　　B. 任务导向　　　　　C. 题海战术　　　　　D. 确保学生成功率

6. 以个人身份进行的相对自由、随意的观摩教学属于(　　)。

    A. 组织化的观摩教学　　　　　　　　　B. 非组织化的观摩教学

    C. 校级观摩教学　　　　　　　　　　　D. 上级观摩教学

7. 在一天的教学工作结束后，要求教师写下自己的经验，并与其指导教师共同分析，这种教学反思训练的形式属于(　　)。

    A. 反思日记　　　　　B. 比较借鉴　　　　　C. 阅读新知　　　　　D. 行动研究

8. 微格教学的时间通常短于平时一节课的时间，具体为(　　)。

    A. 5～20 分钟　　　　B. 10～25 分钟　　　C. 15～30 分钟　　　D. 20～35 分钟

9. 李老师最近感觉工作特别没意思，对学生的请求总是爱答不理，对工作上的安排也总是敷衍了事。李老师上述职业倦怠的主要表现是(　　)。

    A. 情绪耗竭　　　　　B. 去个性化　　　　　C. 个人成就感低　　　D. 以上都不对

10. 不属于教师职业倦怠常见类型的是(　　)。

    A. 悲观厌世型　　　　B. 精疲力竭型　　　　C. 狂热型　　　　　　D. 低挑战型

二、判断题

1. 教师劳动同样具有一定的创造性。　　　　　　　　　　　　　　　　　(　　)

2. 学校有专门的心理学教师，其他教师不必参与学生的心理健康教育工作。(　　)

3. 教师态度严厉，经常体罚学生，让学生都害怕他，就很容易建立教师威信。(　　)

4. 教师的成长，一般需要经历由新手到熟手再到专家的发展过程。　　　　(　　)

5. 专家型教师对职业的情感投入程度高，职业的义务感和责任感比较强。　(　　)

6. 在教师培养过程中，教育学、心理学之类的知识属于实践性知识。　　　(　　)

7. 微格教学是以少数的学生为对象，在较短的时间(15～30 分钟)内进行的小型课堂教学。

                                                                 (　　)

8. 教师职业倦怠是在长期工作过程中出现的一种现象，年轻老师不会出现倦怠。(　　)

9. 当一名教师越来越关注学生的成绩，并且把精力放在如何教好每一堂课的时候，说明他已经是一名成熟的教师。　　　　　　　　　　　　　　　　　　　　　(　　)

10. 一名老师觉得自己的能力很强，从事当前的教师工作简直是大材小用。根据法贝的观点，这名教师可以算是狂热型的职业倦怠。　　　　　　　　　　　　　(　　)

三、主观题

1. 简述教师的教学效能感的含义与作用。

2. 材料题：

王老师是一位有着 5 年工作经验的大学老师。她记得自己刚刚走上工作岗位时，激情满满，斗志昂扬。然而，她很快发现，自己似乎年复一年地做着同样的事情：自己始终教着同一门课程，用着同一个课件；学生上课始终是无精打采，师生互动基本为零；自己和同事除了课间见面寒暄几句，其他时间几乎没有交流；偶尔能和自己的领导说上几句话，但确信自己处于领导人际圈的边缘地位；工资年年不变，而物价却越来越高；想跳槽，但不知道自己除了上课还能干什么……王老师很迷茫，她不知道自己做的事情有何意义，接下来应该做什么。

请你根据上述材料想一想，有哪些因素可能导致教师职业倦怠？教师应该如何应对？

参考文献

[1] Anderson J R. Learning and memory：An integrated approach[M]. New York：John Wiley & Son，1995.

[2] Ashton P，Webb R. Making a difference：Teachers' sense of efficacy and student achievement[M]. New York：Longman，1986.

[3] Ausubel D P.意义学习新论：获得与保持知识的认知观[M]. 毛伟，译. 盛群力，校. 杭州：浙江教育出版社，2018.

[4] Bandura A.社会学习理论[M]. 陈欣银，李伯黍，译. 北京：中国人民大学出版社，2015.

[5] Bereiter C. A dispositional view of transfer. In A. McKeough, J. Lupart, & A. Marini (Eds.), Teaching for transfer: Fostering generalization in learning[M]. Mahwah，NJ：Erlbaum，1995：21-34.

[6] Bloom B，Englehart M，Hill W，Furst E，Krathwohl D. Taxonomy of educational objectives：The classification of educational goals. Handbook I: Cognitive domain[M]. New York：Longman Green，1984.

[7] Bohlin L，Durwin C C，Reese-Weber M.教育心理学：激发自主学习的兴趣[M].2 版. 连榕，缪佩君，陈坚，林荣茂，等译. 北京：机械工业出版社，2018.

[8] Brophy J E，Evertson C. Learning from teaching: A developmental perspective[M]. Boston：Allyn & Bacon，1976.

[9] Davidson J E，Sternberg R J. Smart problem solving：How metacognition helps. In D. J. Hacker, J. Dunlosky, & A. C. Graesser (Eds.), Metacognition in educational theory and practice[M]. Mahwah，NJ：Erlbaum，1998：47-68.

[10] Doyle W. Classroom organization and management. In M. C. Wittrock (Ed.)，Handbook cf research on teaching [M] .3rd edition. New York：Macmillan，1986：392-431.

[11] Drapeau P. 激发学生的创造性：提高创新思维能力和解决问题能力的实践方法[M]. 王海燕，刘兆洋，译. 北京：科学出版社，2020.

[12] Dweck C. Self-theories: Their role in motivation, personality, and development[M]. Philadelphia：Psychology Press，2000.

[13] Emmer E T，Evertson C M，Worsham M E.Classroom management for middle and high school teachers [M] .7th edition. Boston：Pearson Education，2006.

[14] Farber B A. Crises in education: Stress and burnout in the American teacher[M]. San Francisco：Jossey Bass，1991.

[15] Fessler R，Christensen J. The teacher career cycle: Understanding and guiding the professional development of teachers[M]. Boston: Allyn and Bacon，1992.

[16] Fitts P M，Posner M I. Human performance[M]. Belmont，CA：Brooks/Cole，1967.

[17] Flavell J H. Meta-cognitive aspects of problem solving. In L. R. Resnick (ed.). The nature of intelligence[M]. Hillsdale，HJ：Erlbaum，1967.

[18] Fuller F. Conncerns of teachers: A developmental conceptualization[J]. American Educational Research Journal, 1969，6(2)，207-226.

[19] Gazda G M，等.教师人际关系培养——教育者指南[M] .7 版. 吴艳艳，杜蕾，陈伟嘉，译. 北京：中国轻工业出版社，2006.

[20] Hamilton R，Ghatala E.Learning and instruction[M]. New York：McGraw-Hill，1994.

[21] Kohlberg L. 道德发展心理学：道德阶段的本质与确证. 郭本禹，等译. 上海：华东师范大学出版社，2004.

[22] Maslach C，Jackson S E，Leiter M P.Maslach Burnout Inventory: Third edition. In C. P. Zalaquett & R. J. Wood (Eds.), Evaluating stress: A book of resources[J]. Scarecrow Education，1997：191-218.

[23] Maslow A H. 动机与人格[M]. 3 版. 许金声，译. 北京：人民大学出版社，2013.

[24] Mayer R E. Thinking, problem solving, cognition[M]. New York：W. H. Freeman，1983.

[25] Mayer R E. Multimedia learning[M]. New York：Cambridge University Press，2001.

[26] McClelland D. The Achievement Motive[M]. New York：Appleton-Century-Crofts，1953.

[27] McKeachie W J，Pintrich，P R，Lin，Yi-Guang，Simth D A，Sharma R. Teaching and learning in the college classroom: A review of the research literature. National Center for Research in Postsecondary Teaching and Learning[M]. 2nd edition. Ann Arbor：University of Michigan，1990.

[28] Newell　A，Simon H A. Human problem solving[M]. Englewood Cliffs，NJ：Prentice Hall，1972.

[29] Piaget J. The psychology of intelligence[M]. London：Routledge，1950/2001.

[30] Piaget J. 儿童的道德判断[M]. 傅统先，陆有铨，译. 济南：山东教育出版社，1984.

[31] Piaget J. 发生认识论原理[M]. 王宪钿，等译. 北京：商务印书馆，1981.

[32] Piaget J. Piagef's theory. In P. H. Mussen(Ed.)[J]. Carmichael's manual of child psychology，1970：703-732.

[33] Schunk D H.学习理论[M]. 何一希，等译. 南京：江苏教育出版社，2012.

[34] Seligman M，Maier S. Failure to escape traumatic shock[J]. Journal of Experimental Psychology，1967(74)：1-9.

[35] Skinner B F.The science of learning and the art of teaching[J]. Harvard Education Review，1954(14)：86-97.

[36] Skinner E A，Belmont M J. Motivation in the classroom: Reciprocal effects of teacher behavior and student engagcment across the school year[J]. Journal of Educational Psychology，1993，85(4)：571-581.

[37] Sternberg R J. Criteria for intellectual skills training[J]. Educational Researcher，1983，12(2)：6-12，26.

[38] Vygotsky L S. Mind in society: The development of higher psychological processes[M]. Cambridge，MA：Harvard University Press，1978.

[39] Weiner B. Intrapersonal and interpersonal theories of motivation from an attributional perspective[J]. Educational Psychology Review，2000(12)：1-14.

[40] 陈立翰. 心理学研究方法[M]. 北京：北京大学出版社，2017.

[41] 陈琦，刘儒德.当代教育心理学[M]. 3 版. 北京：北京师范大学出版社，2019.

[42] 冯忠良. 教育心理学[M]. 2 版. 北京：人民教育出版社，2010.

[43] 侯玉波. 社会心理学[M]. 4 版. 北京：北京大学出版社，2018.

[44] 李东斌，刘经兰. 教育心理学[M]. 南昌：江西高校出版社，2011.

[45] 林崇德，申继亮，辛涛. 教师素质的构成及其培养途径[J]. 中国教育学刊，1996(6)：16-22.

[46] 林永惠. 经典性条件反射同操作性条件反射的异同[J]. 沧州师范学院学报，1997(1)：73-76.

[47] 刘国权. 小学教育心理学[M]. 北京：人民教育出版社，2003.

[48] 刘宣文. 人本主义学习理论述评[J]. 浙江师范大学学报(社会科学版)，2002，27(01)：91-94.

[49] 柳学友，张建鲲，张伟娜. 教育心理学[M]. 北京：北京师范大学出版社，2015.

[50] 麻彦坤，叶浩生. 维果茨基最近发展区思想的当代发展[J]. 心理发展与教育，2004(2)：89-93.

[51] 毛景焕. 谈针对学生个体差异的班内分组分层教学的优化策略[J]. 教育理论与实践，2000，20(9)：40-45.

[52] 闵卫国，傅淳. 教育心理学[M]. 云南：云南人民出版社，2004.

[53] 莫雷，王瑞明，陈彩琦，温红博. 心理学研究方法的系统分析与体系重构[J]. 心理科学，2006，29(5)：1026-1030.

[54] 莫雷. 教育心理学[M]. 广州：广东高等教育出版社，2005.

[55] 潘菽. 教育心理学[M]. 北京：人民教育出版社，1980.

[56] 彭聃龄. 普通心理学[M]. 5 版. 北京：北京师范大学出版集团，2019.

[57] 皮连生. 教育心理学[M]. 3 版. 上海：上海教育出版社，2004.

[58] 全国十二所重点师范大学联合编写. 教育学基础[M]. 北京：教育科学出版社，2002.

[59] 任朝霞，陈萍. 班杜拉社会学习理论及其在教育中的应用[J]. 山东农业工程学院学报，2004，20(5)：138-140.

[60] 申继亮，王凯荣. 论教师的教学能力[J]. 北京师范大学学报(社会科学版)，2000(1)：64-71.

[61] 王春阳，杨彬，张婕. 教育心理学[M]. 成都：电子科技大学出版社，2016.

[62] 王道俊，郭文安. 教育学[M]. 北京：人民教育出版社，2009.

[63] 王沛，康廷虎. 建构主义学习理论述评[J]. 教师教育研究，2004，16(5)：17-21.

[64] 王雁飞，方俐洛，凌文辁. 关于成就目标定向理论研究的综述[J]. 心理科学，2001，24(1)：85-86.

[65] 温恒福. 怎样用好教育经验总结法[J]. 黑龙江教育：理论与实践，2001(6)：14-15.

[66] 伍新春，曾玲娟，秦宪刚，郑秋. 中小学教师职业倦怠的现状及相关因素研究[J]. 心理与行为研究，2003(4)：262-267.

[67] 夏正江. 论因材施教的实施策略[J]. 教育研究与实验，2008(4)：37-42.

[68] 叶浩生. 心理学史[M]. 北京：高等教育出版社，2011.

[69] 张爱卿. 归因理论研究的新进展[J]. 教育研究与实验，2003(1)：38-41.

[70] 张大均，胥兴春. 近 20 年来教育心理学研究对我国教育改革的推动作用[J]. 心理科学，2005，28(6)：1418-1420，1423.

[71] 张大均. 教育心理学[M]. 2 版. 北京：人民教育出版社，2004.

[72] 张鼎，方俐洛，凌文辁. 自我效能感的理论及研究现状[J]. 心理科学进展，1999，17(1)：39-431.

[73] 张丽华，白学军.创造性思维研究概述[J]. 教育科学，2006，22(5)：86-89.

[74] 赵洪涛. 教育经验总结法探析[J]. 现代教育科学(普教研究)，2008(2)：62-63，30.

[75] 郑宗军. 普通心理学[M]. 济南：山东人民出版社，2014.

[76] 周详，潘慧. 教育心理学[M]. 天津：南开大学出版社，2014.

[77] 朱燕. 现代知识分类思想下的学习迁移理论述评[J]. 心理科学，1999，22(3)：229-232.